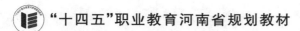"十四五"职业教育河南省规划教材

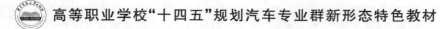高等职业学校"十四五"规划汽车专业群新形态特色教材

汽车电气系统检测与维修

主　编　何伟丽　李　通
副主编　李来运　闫守成
参　编　商宇宁　张亚军

华中科技大学出版社
中国·武汉

内 容 简 介

本书以汽车电气系统检修为主线,介绍了汽车电气基础、汽车电源系统检修、汽车起动系统检修、汽车照明、信号及仪表系统检修,汽车辅助电气系统检修,汽车空调系统检修等内容。

本书的特点是深入挖掘课程思政元素,构建内容多元化、形式多样化的教材模式。本书丰富的数字资源以二维码形式呈现,从而实现立体化教学。本书内容通俗易懂、深入浅出,适合作为高等职业院校汽车制造与试验技术、汽车检测与维修、汽车技术服务与营销等相关专业的核心教材,也可作为汽车服务人员技术培训及自学用书。

图书在版编目(CIP)数据

汽车电气系统检测与维修/何伟丽,李通主编. —武汉:华中科技大学出版社,2023.11
ISBN 978-7-5772-0058-3

Ⅰ.①汽… Ⅱ.①何… ②李… Ⅲ.①汽车-电气设备-车辆修理 Ⅳ.①U472.41

中国国家版本馆 CIP 数据核字(2023)第 222921 号

汽车电气系统检测与维修 　　　　　　　　　　　　　　　何伟丽　李　通　主编
Qiche Dianqi Xitong Jiance yu Weixiu

策划编辑:王　勇
责任编辑:李梦阳
封面设计:廖亚萍
责任校对:张会军
责任监印:周治超

出版发行:华中科技大学出版社(中国·武汉)　　　电　话:(027)81321913
　　　　　武汉市东湖新技术开发区华工科技园　　　邮　编:430223
录　　排:武汉三月禾文化传播有限公司
印　　刷:武汉科源印刷设计有限公司
开　　本:787mm×1092mm　1/16
印　　张:19.25
字　　数:433 千字
版　　次:2023 年 11 月第 1 版第 1 次印刷
定　　价:49.80 元(含任务工单)

本书若有印装质量问题,请向出版社营销中心调换
全国免费服务热线:400-6679-118　竭诚为您服务
版权所有　侵权必究

前言

教育部、人力资源社会保障部、工业和信息化部发布的《制造业人才发展规划指南》指出,到2025年,节能与新能源汽车人才总量预测达到120万人,人才缺口预测达到103万人。其中,新能源汽车维修领域或将面临80%的人才空白,急需培养高素质汽车机电维修技术技能型人才。

"汽车电气系统检测与维修"是高职汽车制造与试验技术、汽车技术服务与营销等专业的重要课程,旨在培养学生汽车电气设备的使用、拆卸、安装、调试及常见故障检修的职业岗位能力。本书以"德为先、思而学、精于技"为设计原则;以汽车电气设备故障检修为载体,对接企业实际的工作任务;将劳动精神、爱国精神、工匠精神、创新意识、安全意识、规范意识、社会责任等思政内容融入课程中。

本书共分6个模块、20个工作任务,主要包括汽车电气基础,汽车电源系统检修,汽车起动系统检修,汽车照明、信号及仪表系统检修,汽车辅助电气系统检修,汽车空调系统检修等内容。

本书编写特点概括如下。

(1)在书中融入思政元素。梳理课程的知识点和技能点,深入挖掘课程思政元素,构建内容多元化、形式多样化的教材模式。比如,结合教材内容引入车辆事故等典型案例,落实立德树人的根本任务。

(2)对接职业岗位需求,基于工作任务设计。本书以任务为载体构建职业能力主线,内容建设衔接产业一线工作规范和技术要求。从分析岗位工作流程和任务开始,拆解完成工作任务所需的技能和理论知识及素养规范,将其转化为结构化的教学任务,加强学生技能培养和训练,体现针对性与实用性。

(3)注重综合能力培养。将汽车电气系统的结构、工作原理、电路分析、使用与维修等内容融为一体,培养学生的学习能力和解决实际问题的能力,体现了产教融合和学以致用。

(4)本书内容紧跟汽车技术发展及后市场需求。随着新能源汽车市场份额不断提升,汽车后市场服务的人才需求发生变化。当前汽车相关行业、企业需要大量既精通传统燃油车技术又懂新能源汽车技术的后市场服务人员,基于此,本书增加了关于新能源汽车技术的拓展内容。

(5)资源配套丰富合理。以河南省职业教育精品在线开放课程"汽车电气系统检测与维修"为依托,精心设计微课视频,深入直观地讲解重难点,并配有大量与教材对应的实训案例,有利于促进学生自主学习。每个任务都配有"在线测评"及"实训工单",便于检测学习效果。

本书由长期从事汽车专业教学的教师与具有丰富实践经验的汽车 4S 店的技术服务人员,以及校企合作单位广东车拉夫汽车科技有限公司的技师共同编写。本书由何伟丽、李通主编,编写人员还有李来运、闫守成、商宇宁、张亚军。其中,模块 1 为汽车电气基础、模块 5 为汽车辅助电气系统检修,由何伟丽编写;模块 2 为汽车电源系统检修,由闫守成编写;模块 3 为汽车起动系统检修,由李来运编写;模块 4 为汽车照明、信号及仪表系统检修,由商宇宁编写;模块 6 为汽车空调系统检修,由李通编写;书中拓展内容为新能源汽车电气知识,由张亚军编写。

本书为 2021 年驻马店职业技术学院立项的校本教材、"十四五"首批职业教育河南省规划教材,在编写过程中,得到河南省教育相关职能部门以及学校的大力支持。广东车拉夫汽车科技有限公司、驻马店一汽大众 4S 店、驻马店诚安新能源汽车服务有限公司提供了原厂资料和技术支持。经过课题组全体教师以及相关企业的技术人员反复讨论、修改,并参阅许多国内外公开出版与发表的文献资料,本书最终得以成形。在此,一并致以诚挚的谢意。

由于编者水平有限,书中可能存在不妥或疏漏之处,恳请读者批评指正。

编 者

2023 年 6 月

二维码索引

名称	二维码	页码	名称	二维码	页码
1-1 汽车用导线、线束与插接器		2	1-7 新能源汽车高压安全与防护		25
1-2 导线、线束		4	模块1测评		26
1-3 插接器的认识		8	2-1 蓄电池的功能、结构及工作原理		28
1-4 汽车电路保护装置		10	2-2 蓄电池的型号、选用及常见故障		34
1-5 汽车开关、继电器及中央配电盒		16	2-3 蓄电池常见故障检修		35
1-6 继电器的检查		24	2-4 前期准备、检查蓄电池外观		36

续

名称	二维码	页码	名称	二维码	页码
2-5 检查蓄电池电解液		36	2-14 分解发电机		50
2-6 检查蓄电池电压		37	2-15 检查发电机		51
2-7 蓄电池充电		37	2-16 组装发电机		51
2-8 拆卸蓄电池		38	2-17 安装发电机		51
2-9 安装蓄电池及项目检查		38	2-18 锂离子电池的基本特征		52
2-10 交流发电机的结构		38	2-19 常见锂离子电池的性能		52
2-11 交流发电机工作原理		47	2-20 锂离子电池工作原理		54
2-12 发电机的拆装及检测		50	2-21 燃料电池的分类、原理及特性		55
2-13 拆卸发电机		50	2-22 质子交换膜燃料电池及直接甲醇燃料电池		56

续

名称	二维码	页码	名称	二维码	页码
2-23 动力电池的检测		59	3-5 起动系统电路分析		73
2-24 动力电池的更换		59	3-6 起动系统常见故障检修		75
2-25 动力电池均衡仪的使用		59	3-7 新能源汽车电机驱动控制系统		77
2-26 动力电池的日常保养		59	3-8 新能源汽车驱动电机结构及原理		82
模块2测评		59	模块3测评		82
3-1 起动机的结构		61	4-1 照明系统检修1		85
3-2 起动机的工作原理		68	4-2 照明系统检修2		87
3-3 起动机的拆卸及安装		69	4-3 大灯拆装		92
3-4 起动机的检修		71	4-4 灯光系统故障检修		96

续

名称	二维码	页码	名称	二维码	页码
4-5 左前近光灯不亮故障检修		96	模块4 测评		128
4-6 信号系统检修1		99	5-1 汽车电动刮水器的结构及工作原理		130
4-7 信号系统检修2		100	5-2 风窗刮水和洗涤装置检修		141
4-8 信号系统故障		106	5-3 风窗洗涤器的组成、拆装及工作原理		141
4-9 双人手势检查车辆外部灯光		106	5-4 电动车窗的组成及工作原理		141
4-10 电喇叭的开关		108	5-5 电动车窗常见故障检修		149
4-11 喇叭故障检修		112	5-6 电动后视镜的组成及工作原理		151
4-12 汽车组合仪表不显示故障检修		112	5-7 电动后视镜的调节		151
4-13 报警灯的故障与检修		121	5-8 电动后视镜故障检修		161

续

名称	二维码	页码	名称	二维码	页码
5-9 电动座椅的调节		163	6-4 汽车空调系统的制冷原理		190
5-10 电动座椅的故障检修		171	6-5 汽车空调系统的使用与维护		210
5-11 中控门锁的组成及使用方法		175	6-6 汽车空调系统电路分析及故障检修		219
5-12 中控门锁的故障检修		182	6-7 汽车空调的电路分析		221
模块5测评		184	6-8 汽车空调压力检测及制冷剂添加		225
6-1 空调系统的认知		186	6-9 汽车空调压力的测量		225
6-2 电动汽车空调系统的结构		187	6-10 汽车空调故障的检修过程		230
6-3 汽车空调系统的组成		188	模块6测评		232

目录

模块 1　汽车电气基础　1

　　任务 1.1　汽车用导线、线束与插接器的认知　2

　　任务 1.2　汽车电路保护装置的检测　10

　　任务 1.3　汽车开关、继电器及中央配电盒的认知　16

模块 2　汽车电源系统检修　27

　　任务 2.1　蓄电池的使用与维护　28

　　任务 2.2　交流发电机的检修　38

模块 3　汽车起动系统检修　60

　　任务 3.1　起动机的检修　61

　　任务 3.2　起动系统电路检修　72

模块 4　汽车照明、信号及仪表系统检修　83

　　任务 4.1　汽车照明装置的检修　84

　　任务 4.2　汽车灯光信号装置的检修　98

　　任务 4.3　汽车声音信号装置的检修　107

任务4.4　汽车组合仪表的故障检修　112

　　任务4.5　汽车报警灯的故障检修　121

模块5　汽车辅助电气系统检修　129

　　任务5.1　汽车电动刮水器及风窗洗涤器的检修　130

　　任务5.2　汽车电动车窗的检修　141

　　任务5.3　汽车电动后视镜的检修　151

　　任务5.4　汽车电动座椅的检修　162

　　任务5.5　汽车中控门锁的检修　174

模块6　汽车空调系统检修　185

　　任务6.1　汽车空调系统的组成与工作原理认知　186

　　任务6.2　汽车空调系统的使用与维护　210

　　任务6.3　汽车空调系统常见故障检修　219

参考文献　233

模块 1 汽车电气基础

模块描述

汽车电气设备是汽车的重要组成部分,其性能的好坏直接影响汽车的动力性、经济性、可靠性、舒适性及环保性。本模块主要学习汽车用导线、线束、插接器、开关、继电器、中央配电盒以及电路保护装置等汽车电气基础知识,为本书后续内容的学习打好基础。

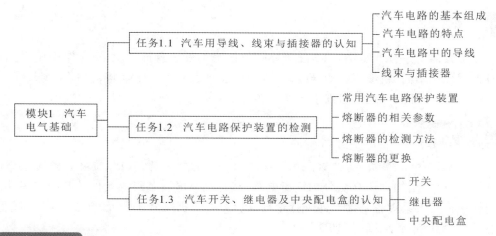

教学目标

素养目标

(1) 培养严谨的科学态度和扎实、勤奋、求实的学习精神。

(2) 培养安全、规范操作的职业素养。

(3) 培养踏实肯干、恪尽职守的敬业精神。

知识目标

(1) 熟悉汽车电路的基本组成。

(2) 熟悉运用六要素法分析汽车电路。

(3) 熟悉汽车电路各组成元件的基础知识和检测方法。

(4) 掌握汽车电路保护元件的作用。

(5) 了解常用汽车电路保护元件的类型。

(6) 掌握电容器额定电流值的选用方法。
(7) 熟悉汽车中央配电盒。
(8) 熟悉汽车开关和继电器的类型及应用。

技能目标

(1) 能够正确使用检测工具对各基础元件进行基本检测。
(2) 能够识别电路保护元件。
(3) 能够正确对熔断器的好坏进行检查。
(4) 能够正确选用熔断器。
(5) 能够正确使用汽车各电器开关。
(6) 能够正确检修汽车继电器。

任务 1.1 汽车用导线、线束与插接器的认知

1-1 汽车用导线、线束与插接器

任务导入

在维修店里进行汽车维修时,在维修师傅把汽车仪表盘拆开后,车主李先生看到里面有很多颜色不同、粗细不同的导线,导线和仪表盘之间由一个插接器连在一起。李先生觉得好奇,为什么导线的粗细不一样?颜色不一样?

任务分析

要了解这些问题,首先,要对汽车用导线的规律有所了解;其次,要熟悉汽车电路的基本组成,能够运用六要素法分析汽车电路,熟悉汽车电路各组成元件的基础知识并能正确使用检测工具对各基础元件进行检测;最后,要依据维修手册及相关的国家、行业、企业标准,能够正确地读图和识图。

任务要求

(1) 知识要求。熟悉汽车电路的基本组成;熟悉汽车电路各组成元件的基础知识和检测方法。
(2) 能力要求。能够运用六要素法分析汽车电路;能够正确使用检测工具对各基础元件进行基本检测。

1.1.1 知识链接

1. 汽车电路的基本组成

汽车电路一般由电源、电路保护装置、控制器件、用电设备及导线等组成,如图 1-1 所示。

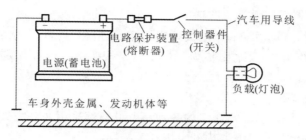

图 1-1 汽车电路的基本组成

1) 电源

传统汽车上装有两个电源,即蓄电池和发电机,其功能是保证汽车各用电设备在不同情况下都能正常工作。发电机与蓄电池并联,发动机不工作时,由蓄电池供电;发动机启动后,主要由发电机供电。

2) 电路保护装置

电路保护装置主要有熔断器、易熔线和断路器等,在电路中起保护作用。当电路中电流超过规定电流时即可切断电路,防止烧坏导线和用电设备。

3) 控制器件

控制器件包括电子控制单元(ECU)、开关和继电器等元件。

4) 用电设备

汽车上用电设备较多,大致包括起动机、照明设备、信号装置、仪表及报警装置、电动刮水器、电动车窗、电动座椅、电动后视镜、中控门锁及空调装置等。

5) 导线

导线用于将上述装置连接起来构成电路。汽车上通常用车体代替部分用电器返回电源导线。

2. 汽车电路的特点

在智能网联大环境下,汽车上的用电设备越来越多,其安装位置、接线方法等也有一定的规律可循,这就形成了汽车电路的特点。了解汽车电路的特点,对汽车电气设备的学习尤为重要,是学习汽车电路维修的基础。

1) 两个电源

传统汽车上有两个电源,分别是蓄电池和发电机。蓄电池在发动机未运转时可以向用电设备供电,例如车灯、刮水器、喇叭等。发电机在发动机运转到一定转速后可以代替蓄电池向用电设备供电,同时也可以对蓄电池进行充电。这样既能使用电设备在不同情况下都能正常工作,也可以延长蓄电池的供电时间。

2) 单线制

普通电气系统电路必须用两条导线,一条为火线,另一条为零线,从而形成闭合回路,使电气设备正常工作。单线制指用电设备到电源只用一根导线连接,而把发动机、汽车底盘等金属机体作为另一根共用导线。单线制节省导线,线路简化清晰,安装和检修方便,且电气元件也不需要与车体绝缘,所以现在汽车电气系统普遍采用单线制。

3) 负极搭铁

采用单线制时,蓄电池的一个电极接到车体上,俗称"搭铁"。若蓄电池的负极与车体相接,则称为负极搭铁;反之则称为正极搭铁。按照国家标准规定,国产汽车电气系统均采用负极搭铁。

4) 用电设备并联

所谓用电设备并联,就是汽车上的各种用电设备都采用并联方式与电源连接,每个用电设备都由各自串联在其支路中的专用开关控制,互不产生干扰。

5) 低压、直流供电

汽车用电设备都是采用低压、直流方式进行供电的,一般分为12 V和24 V两种。如今柴油车普遍采用24 V,而汽油车采用12 V。低压系统的优点主要是安全性好,对减小蓄电池的质量和尺寸有利。汽车采用直流系统的原因是发动机要靠电力起动机启动,起动机由蓄电池供电,而蓄电池电能消耗后又必须用直流电充电,发电机必须输出直流电。

3. 汽车电路中的导线

1) 导线的分类

汽车电气设备的连接导线一般由铜质多丝软线外包绝缘层构成,分为低压导线与高压导线两种。低压导线又有普通低压导线、起动电缆和蓄电池搭铁电缆之分;高压导线又有铜芯线与阻尼线之分。汽车用导线主要根据导线的绝缘性能、通过电流的大小和机械强度三个方面的要求来选择。例如,点火的次级电压一般为10000～20000 V,对导线的绝缘性能要求较高,因此,必须采用耐高压的导线。其他线路均采用低压导线。

(1) 低压导线。

① 普通低压导线:普通低压导线为铜质多丝软线,根据外包绝缘层的材料不同又分为QVR型和QFR型两种。

② 起动电缆:起动电缆是指连接蓄电池正极与起动机电源端子"30"的电缆,其横截面积有25 mm^2、35 mm^2、50 mm^2、70 mm^2 等多种规格,每100 A电流所产生的电压降一般不超过0.1～0.15 V,允许电流高达500 A乃至1000 A以上,因此该导线横截面积较大。

③ 蓄电池搭铁电缆:蓄电池搭铁电缆是由铜丝编织成的扁形软铜线。国产汽车常用搭铁线长度有300 mm、450 mm、600 mm、760 mm四种。

(2) 高压导线。

高压导线用来传送高压,由于工作电压很高(一般都在10 kV以上)、电流较小,因此高压导线的外包绝缘层很厚、线芯横截面积很小,但耐压性能很好。国产汽车用高压导线主要有普通高压铜芯导线和高压阻尼导线,主要用在点火模块和氙气大灯上。带阻尼的高压导线可抑制和衰减点火系统产生的高频电磁波,降低对电控装置和无线设备的干扰。

2) 导线的横截面积

普通低压导线为铜质多丝软线,不同导线的横截面积不同,导线的横截面积主要根据用电设备的工作电流来选择。然而,对功率很小的设备而言,如果仅根据工作电流来选择导线,那么由于其横截面

1-2 导线、线束

积小、力学强度低,导线就很容易折损,因此汽车电路所用的导线横截面积大于或等于 0.5 mm²。所允许通过的最大电流也不同。各种低压导线的标称截面积所允许的负载电流值见表 1-1。

表 1-1 低压导线的标称截面积所允许的负载电流值

导线横截面积/mm²	允许通过的最大电流/A
1.0	11
1.5	14
2.5	20
3.0	22
4.0	25
6.0	35
10	50
13	60

导线的横截面积还受通过电路的电压降制约。整车电路的电压降最大允许值为 0.8 V。当发电机以额定负载工作时,电源线的电压降最大允许值为 0.3 V;当起动机通过起动电流时,电压降最大允许值为 0.5 V,这是因为导线的横截面积较小时,导线电阻增大,温度升高。电阻增大会使电压降增大,可能导致用电设备供电电压不足而无法正常工作。温度升高会加速导线老化,缩短其使用寿命;温度过高还可能导致火灾。因此,汽车用电设备不同,所选用的导线的横截面积不同,如表 1-2 所示。

表 1-2 汽车电气设备的导线横截面积

导线横截面积/mm²	用途
0.5	尾灯、顶灯、仪表灯、指示灯、牌照灯、燃油表、油压表
0.8	转向灯、制动灯、停车灯、点火线圈初级绕组
1.0~4	前照灯、电喇叭等
4~6	电热塞
4~25	电源线
16~95	起动电缆

拓展思考

导线横截面积的大小与所能承载的电流大小的关系是怎样的。要提高安全防范意识,规范使用导线,以免过载,出现安全隐患。

拓展案例

2020 年 8 月 19 日,南京市某建筑公司以 57.28 万元的价格,从某 4S 店购买越野皮卡车一辆,并办理了车辆初次登记且缴纳了车辆购置税,为车辆购买了机动车交通事故责任强制保险和商业险。同年9月5日至6日,该建筑公司以6125元的价格,从某商贸公司购买中网车灯,并委托其对车辆的车灯进行改装。

2020年9月30日晚,该建筑公司的司机驾驶车辆行至南京市江心洲街道后停车下车,但车辆未熄火,随后车辆起火。司机发现起火后,尝试用现场挖掘机盖土灭火未果,报警后消防部门扑灭火情,车辆被严重烧毁。

经法院委托专业鉴定机构鉴定,起火原因鉴定意见为中网改装灯具导线过流超载导致电线发热而引起火灾。

结合此次事故,思考一下导线过流超载和什么有关系?

3) 导线的颜色及代号

为了便于安装、维修,不同用电设备和同一元件不同接线柱上的低压导线常用不同的颜色加以区分,用电设备不同,所选用的导线的颜色也不同。

各国汽车厂商在电路图上多以字母(主要是英文字母)来表示导线外皮的颜色及其条纹的颜色,如表1-3所示,但各个国家表示的方法有所区别。

表1-3 低压导线的颜色、代号和用途

导线颜色	代号	用途
黑	B	电气装置接地线
白	W	点火起动系统
红	R	电源系统
绿	G	灯光信号系统
黄	Y	车身内部照明系统
棕	Br	仪表、报警指示、喇叭系统
蓝	Bl	前照灯、雾灯等外部照明系统
灰	Gr	各种辅助电气系统
紫	V	收音机、点烟器等

导线的颜色要易于区分,导线上采用的条纹标志要对比强烈,双色线中的主色占比大些,辅色占比小些,主色条纹与辅色条纹沿圆周表面比例为3∶1～5∶1。双色线标注的第一色为主色,第二色为辅色。

大多数低压导线上都标注有符号。符号由两部分组成:第一部分是数字,表示导线的横截面积,其单位为mm^2;第二部分是英文字母,表示导线的主色和辅色。主色为导线的基础颜色,辅色为导线上呈条纹状的色条或呈螺旋状的色环的颜色。例如,1.5RB表示横截面积为1.5 mm^2、带有黑色条纹的红色低压导线。

4. 线束与插接器

1) 线束的组成

为了使汽车上繁多的低压导线整齐美观、不凌乱,接线安装方便以及保护绝缘层,汽车上的全车线路除高压导线、蓄电池搭铁电缆、起动电缆外,一般将同区域不同规格的导线用棉纱或薄聚氯乙烯带缠绕包扎成束,称为线束,如图1-2所示。汽车电路的线束主要有发动机部分线束、底盘部分线束、车身部分线束。

2)线束的安装与检修注意事项

(1)线束应用卡簧和绊钉固定,以免松动磨损。

(2)线束不可拉得过紧。

(3)在绕过锐角或穿过金属孔时,应用橡皮或管套保护,否则易磨坏线束。

(4)连接电器时,根据插接器规格及导线的颜色连接,并插接到位。

注意:汽车装配必须依据厂家的绑扎工艺标准进行,养成良好的职业素养。

3)插接器

插接器是汽车线路中经常用到的一种元件,将不同导线或线束连接在一起,从而使电流流通,使电路导通,如图1-3所示。为了防止插接器在汽车行驶中脱开,所有的插接器均采用了闭锁装置。

图1-2 线束

图1-3 插接器

(1)插接器的结构及分类。

插接器主要由针脚、外壳、附件组成。插接器有两部分,即公插头和母插头,公插头主要以插针为主,母插头主要是弹簧片,如图1-4所示。

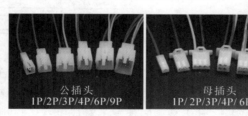

图1-4 插接器的结构及分类

(2)插接器的常见故障。

① 插头脏污。插头脏污或腐蚀,容易造成插头各针脚间短路。

② 针脚脱落。插头外壳上的针脚卡子损坏容易造成插头针脚脱落,针脚脱落后就会引起插头接触不良。

③ 插头松脱。插头外壳上的固定卡子损坏容易造成插头松脱,这样会影响电气元件的工作。

(3) 插接器的检查。

主要从以下几个方面对插接器进行检查。

① 目测检查。

a. 检查氧化情况,氧化可能会引起插头内部端子连接不良。

b. 检查插脚和端子是否损坏。

c. 检查其是否正确地插入接头。

d. 检查电线是否正确地连接在插脚或端子上。

1-3 插接器的认识

② 插头测量。

在电线两端之间连接一个万用表测量电阻。如果插头接触良好,没有开路,万用表的读数应大约是0。

③ 插头针脚松脱检查。

检查插头上的导线针脚是否有松脱迹象,如有,需及时修复。

(4) 插接器的拆卸。

拆卸插接器时,首先要解除闭锁装置,然后把插接器拉开,不允许在未解除闭锁的情况下用力拉导线,否则会损坏闭锁装置或连接导线,如图1-5所示。有些插接器用钢丝扣锁止,取下钢丝扣后才能将插接器拉开,如图1-6所示。在插接器端子有接触不良或断线故障时,可将插接器分解,用小号一字螺丝刀或专用工具从壳体中取出导线及端子进行修理或更换。

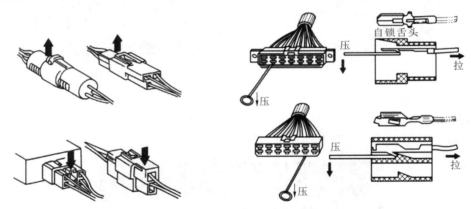

图1-5 拉开插接器的方法 图1-6 取出插接器端子的方法

用工具压锁舌时,用力要适当,不能用力太大,否则会损坏锁舌和接头。如果用工具压住锁舌后仍然不能移动端子,可能是压的地方不对或没有压住锁舌,而不是用力不够。如果位置正确,轻轻用力即可压住锁舌。通过维修手册可以很容易确定锁舌位置。

拓展知识

高压线束及连接器

汽车线束可分为低压线束和高压线束两种,传统燃油汽车主要采用低压线束,新能源汽车主要使用高压线束。高压线束可以根据不同的电压等级配置,与电动汽车内部和外部线束连接。

新能源汽车中常见的高压线束主要有单线高压线束和双线高压线束两种。

1) 单线高压线束

单线高压线束主要由外部保护绝缘层、电磁兼容保护层（屏蔽层）、中间绝缘层和电缆组成，如图1-7所示。

图1-7 单线高压线束

（1）外部保护绝缘层：用于保护整个高压线束，一般为橙色，有一定的绝缘要求，因此若它有破损，则整条高压线束必须更换。

（2）电磁兼容保护层（屏蔽层）：主要用于屏蔽外界信号干扰和电缆的电磁、电容辐射，同时增大高压线束的强度。

（3）中间绝缘层：用于对电缆和屏蔽层进行分离绝缘。

（4）电缆：主要用于传递高电压能量。

单线高压线束比双线高压线束粗，主要用于连接功率较高的高压部件，例如驱动电机、高压蓄电池、电子功率控制装置等。

2) 双线高压线束

双线高压线束主要由外部保护绝缘层、电磁兼容保护层（屏蔽层）、高压正极电缆、高压负极电缆和控制线路（互锁线路）组成，如图1-8所示。

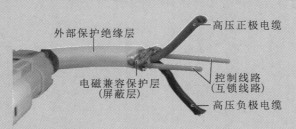

图1-8 双线高压线束

（1）外部保护绝缘层、电磁兼容保护层（屏蔽层）：其作用与单线高压线束的对应部分相同。

（2）高压正、负极电缆：主要用于连接高压部件正、负极端，并传递高电压能量。

（3）控制线路（互锁线路）：用于检测高压线束和高压部件之间的连接是否完整，并传递低压信号。

双线高压线束比单线高压线束细，主要用于连接功率较低的高压部件，例如电动空调压缩机、高压加热装置（PTC）、车载充电装置、充电接口等。

注意：外部保护绝缘层、电磁兼容保护层（屏蔽层）、中间绝缘层、高压正极和负极电缆、控制线路（互锁线路）等的任何部分受损，高压线束必须更换。

1.1.2 任务实施

1. 前期准备

安全防护：实训着装、完成车辆防护。
实训设备：实训车或实训台架总成。
辅助资料：维修手册、教材。

2. 实施过程

1）汽车导线线束的认识

在实训车上找到远光灯、近光灯、喇叭、刮水器等用电设备的导线，写出每根导线的颜色以及该导线所在插接器的位置。

2）插接器的拆装及识别

（1）插接器的拆卸方法。

拆卸插接器时，首先要解除闭锁装置，然后把插接器拉开，不允许在未解除闭锁的情况下用力拉导线，这样会损坏闭锁装置或连接导线。

（2）插接器的连接方法。

插接器接合时，应把插接器的导向槽重叠在一起，使插头和插孔对准，然后平行插入即可十分牢固地连接在一起。

（3）插接器针脚的识别。

如图1-9所示，在每一个插接器上都有若干插头和插孔，不同的线路采用不同的针孔进行连接。在分析故障时，必须清楚知道各针脚所对应连接的电路，便于故障诊断。在插接器上，一般对各针脚进行了标注，便于识别。

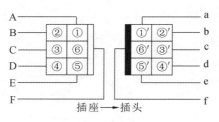

图1-9 插接器针脚

任务1.2 汽车电路保护装置的检测

1-4 汽车电路保护装置

任务导入

车主李先生在等交通信号灯时，前车司机没有看到交通信号灯已经变绿，李先生想按喇叭，提醒前车司机，结果发现按了几次喇叭也没有响。经过维修师傅检查，发现喇叭电路的熔断器损坏,导致其无法正常工作。熔断器为什么会影响喇叭工作?如何检查熔断器是否损坏?

任务分析

要了解这些问题,首先,要掌握电路保护元件的作用,识别常用汽车电路保护元件的类型,掌握电容器额定电流值的选用方法;其次,要能够识别电路保护元件,检查熔断器的好坏,正确选用熔断器;最后,要依据维修手册及相关的国家、行业、企业标准,能够正确地识读电路图。

任务要求

(1)知识要求。掌握汽车电路保护元件的作用;了解常用汽车电路保护元件的类型;掌握电容器额定电流值的选用方法。

(2)能力要求。能够正确使用检测工具对电路保护元件进行基本检测;能够正确选用熔断器。

1.2.1 知识链接

1. 常用汽车电路保护装置

当电路中流过超过规定的过大电流时,汽车电路保护装置能够切断电路,从而防止烧坏电路连接导线和用电设备,并把故障限制在最小范围内。常见汽车电路保护装置有易熔线、断路器、熔断器,它们的电路符号如图 1-10 所示。

(a) 易熔线　　　(b) 断路器　　　(c) 熔断器

图 1-10　常用汽车电路保护装置的电路符号

1) 易熔线

如图 1-11 所示,易熔线是一种大容量的熔断器,用于保护电源电路和大电流电路。易熔线的安装位置接近电源。易熔线通常在不宜采用熔断器或断路器的情况下保护较大范围的车辆电路。若发生过载,易熔线较细的导线将熔断,以在发生损坏前断开电路。

一辆汽车有一根或几根易熔线。易熔线盒外壳上标有额定值,电路过载时,易熔线会熔断,从而切断电路。易熔线一般位于蓄电池附近的主连接处。易熔线的电流容量由它的线号决定,易熔线一般比它保护的线号大 4 个线号(即大 4 个号码),导线越细,其线号越大,比如 14 号线需要 18 号易熔线保护。

注意:绝对不允许换用比规定容量大的易熔线。易熔线熔断,可能是主要电路发生短路,因此需要仔细检查,彻底排除隐患。易熔线不能和其他导线绞合在一起。

(a) 电源电路易熔线　　　　　　(b) 易熔线实物图

图 1-11　易熔线

2) 断路器

断路器在电路中用于防止有害的过载(额外的电流)。断路器是机械装置,它利用两种不同金属(双金属)的热效应断开电路。如果额外的电流经过双金属带,双金属带弯曲,触点分开,阻止电流通过。当电路断路器冷却时,触点再次闭合,电路导通。当无电流时,双金属带冷却而使电路重新闭合,电路断路器复位。双金属电路断路器按其能否自动复位分为一次作用式和循环式断路器,如图 1-12 所示。

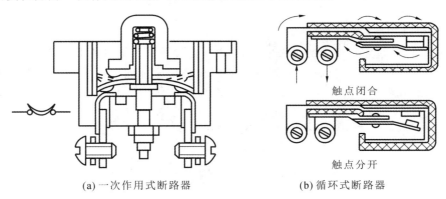

(a) 一次作用式断路器　　　　　　(b) 循环式断路器

图 1-12　双金属电路断路器

3) 熔断器

熔断器俗称保险丝,其保护元件是熔丝,串联在其所保护的电路中。当通过熔丝的电流超过其规定值时,熔丝发热熔断,从而保护线路和用电设备不被烧坏。

通常将熔断器集中安装在仪表盘附近或发动机罩下面的熔断器盒内,常与继电器组装在一起,构成全车电路的中央配电盒,如图 1-13 所示。各熔断器都编号排列,有的还在熔断器上涂上不同的颜色,以便于检修时识别。

2. 熔断器的相关参数

常见的熔断器类型有熔管式、绝缘式、金属丝式、插片式、平板式,如图 1-14 所示。熔断器损坏后,可以直接观察到熔丝断开。插片式熔断器在汽车上的应用非常广泛,并具有规定的安培值和颜色编码,熔断器上标明额定电流。一般情况下,环境温度为 18~

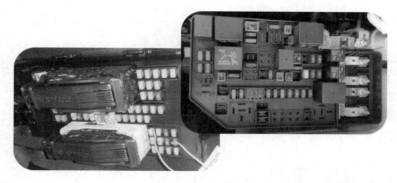

图1-13 中央配电盒

32 ℃且流过熔断器的电流为额定电流的1.1倍时,熔丝不熔断;达到1.35倍时,熔丝在60 s内熔断;达到1.5倍时,20 A以内的熔丝在15 s内熔断,30 A的熔丝在30 s内熔断。

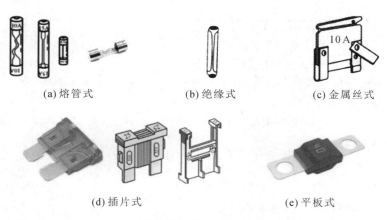

图1-14 熔断器类型

不同类型的熔断器所允许的额定电流不同,如表1-4所示。

表1-4 不同类型的熔断器及其对应的额定电流

熔断器种类	额定电流/A
熔管式、插片式熔断器	2,3,5,7.5,10,15,20,30
金属丝式熔断器	7.5,10,15,20,25,30
平板式熔断器	30,40,60

不同类型的熔断器保持特性的时间也不同,如表1-5所示。

表1-5 不同类型的熔断器保持特性的时间

状态特性	熔管式熔断器	插片式熔断器	金属丝式熔断器
110%额定电流能持续的时间/h	4	100	4
135%额定电流能持续的时间/min	60	0.75～30	—

续表

状态特性	熔管式熔断器	插片式熔断器	金属丝式熔断器
200%额定电流能持续的时间/s	<10	0.15～5	≤30
350%额定电流能持续的时间/s	—	≤0.08	—

不同规格的熔断器通常使用不同的颜色以便区分。常见的颜色有红色、黄色、绿色、黑色、茶色等，如表1-6所示。

表1-6　熔断器的颜色及特性

颜色	横截面积	构成/股	1 m长的电阻值	连续通电电流	5 s内熔断的电流
茶色	0.3 mm²	f 0.32 mm×5	0.0475 Ω	13 A	150 A
绿色	0.5 mm²	f 0.32 mm×7	0.0325 Ω	20 A	200 A
红色	0.8 mm²	f 0.32 mm×11	0.0205 Ω	25 A	250 A
黑色	1.2 mm²	f 0.50 mm×7	0.0141 Ω	33 A	300 A

熔断器的使用需要注意以下几点。

(1) 熔丝熔断后，必须找到故障原因，彻底排除故障。

(2) 使用更高额定值的熔断器进行更换时，一定要参阅维修手册和用户手册，以确认电路保护装置能正常工作。

(3) 熔断器支架与熔断器接触不良会产生压降和发热，安装时要保证接触良好。

3. 熔断器的检测方法

1) 目测法

(1) 找到汽车中央配电盒，打开配电盒盖子。

(2) 取下熔断器夹子，将熔断器夹出。

(3) 仔细观察熔断器，若发现中间熔丝断裂，则说明熔断器损坏，需要更换同等规格的熔断器。

2) 试灯检测法

(1) 打开汽车电源，用试灯检查，将试灯的夹子夹在车上的搭铁点。

(2) 用试灯笔分别搭到熔断器插脚的两端，观察试灯，若试灯都点亮，则说明该熔断器工作正常；若试灯笔搭到熔断器插脚的一端点亮，另一端不亮，则有可能熔断器损坏，需要进一步检测；若试灯笔搭到熔断器插脚的两端均不点亮，可能线路出现问题，需要进一步检测。

3) 万用表检测法

(1) 在车上检测：将万用表调到直流电压挡，黑色表笔接到可靠的搭铁点，红色表笔分别接在熔断器的两个插脚，观察万用表示数，若测得熔断器两端的电压一致，说明该熔断器正常；若测得熔断器两端的电压不一致，则该熔断器可能有故障，需要拔下来进一步检测。

(2) 拔下来检测：将万用表调到电阻挡，红色、黑色表笔分别接到熔断器的两个插脚，若此时万用表的示数接近于零，说明该熔断器正常，若示数为无穷大，说明该熔断器断路。

4. 熔断器的更换

（1）找到中央配电盒位置。汽车的熔断器大多数集中在中央配电盒里，根据车辆零件的大概位置找到对应的中央配电盒。一般汽车内零件的中央配电盒在发动机舱内和驾驶员侧仪表板下方或左侧。

（2）查阅维修手册找到熔断器位置图。

（3）对照维修手册上的熔断器位置图或熔断器盒盖上的图示找到熔断器实际位置。一般的车型在熔断器盒盖上有熔断器位置分布图，把维修手册和熔断器盒盖并排放置，结合实际的熔断器位置分布，就很容易找到要找的熔断器。

（4）更换熔断器。利用汽车配备的专用工具拔出损坏的熔断器，之后换上备用的新熔断器即可。目前车辆使用的插片式熔断器没有正、负极之分，因此更换熔断器时只需要注意熔断器型号和额定电流大小就可以。

注意： 只有选择合适的熔断器，才能够对汽车用电设备起到保护的作用。更换熔断器时务必选择相同规格的，不能随意加大熔断器的电流规格，更不能用铁丝代替，否则会出现安全隐患。

很多汽车自燃事件与改装汽车电路有关，其中包括线路老化、线路超载，改装、加装用电设备未通过熔断器，因此很多车企都郑重声明，车辆的保修并不包含线路改装所造成的事故。由于加装用电设备未通过熔断器所导致的自燃案例很多，因此改装作业必须按照标准进行，养成良好的职业素养。

拓展知识

高压熔断器

电动汽车在正常使用的情况下，无论是主回路还是各个支路都会受到不规则的浪涌电流的循环冲击，尤其是在高压线缆发生短路故障时短时间内会形成强大的浪涌冲击电流，为保证电动汽车高压部件及车内人员安全，将熔断器串联在高压回路中，当电路或电路中的设备过载或发生故障时，熔断器熔体发热而熔化，并熄灭电弧，从而切断过电流，保护电气设备免受过载和短路电流的损害。

1. 结构

如图1-15所示，高压熔断器主要由连接片、熔断器盖、保护套、熔体、沙子等组成。

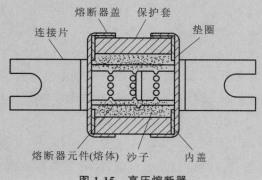

图1-15 高压熔断器

2. 工作原理

当发生短路电流时,熔体升温到熔点的速度比它释放热量的速度快,这样就迅速地阻断了短路电流。当熔断器烧断时,沙子就会起灭弧作用。它会吸收能量而成为"熔岩"然后使线路同负载绝缘,消除了电击的危险。

1.2.2 任务实施

1. 前期准备

安全防护:实训着装、完成车辆防护。
工具设备:万用表、常用工具套装。
实训设备:实训车或实训台架总成。
辅助资料:维修手册、教材。

2. 实施过程

(1) 在迈腾轿车上找到 SB3、SB9、SB14 等熔断器,并完成相应的任务工单。

(2) 基于本任务导入案例中喇叭电路的熔断器损坏,在实训车辆上找到喇叭电路的熔断器,并规范检测,在任务工单中填写具体的检测步骤及检查结果。

任务1.3 汽车开关、继电器及中央配电盒的认知

1-5　汽车开关、继电器及中央配电盒

任务导入

车主李先生在打转向灯时,转向灯不亮,去汽车维修店里进行维修。李先生看到维修师傅把引擎盖打开后,找到一个黑色的盒子,打开盒子,找到一个电气元件,进行一番检测后,维修师傅告诉李先生,是转向继电器坏了;维修师傅换了一个继电器后,转向灯亮了。那么维修师傅打开的这个黑色盒子是什么?继电器是怎么工作的呢?

任务分析

要了解这些问题,首先,要对汽车中央配电盒有所了解;其次,要熟悉汽车电路的基本组成,能够运用六要素法分析汽车电路,熟悉汽车继电器的检测方法;最后,要依据维修手册及相关的国家、行业、企业标准,能够正确地读图和识图。

任务要求

(1) 知识要求。掌握汽车电路的基本组成;掌握汽车中央配电盒的作用及布置形式;掌握电子开关和继电器的类型及应用。

（2）能力要求。会使用汽车各电器开关；能够在汽车中央配电盒里找到熔断器、继电器等电气元件；能够正确使用检测工具对继电器进行基本检测。

1.3.1 知识链接

1. 开关

为了方便、有效地控制各用电设备的工作，汽车电路中安装了许多开关。有些开关只控制一种用电设备，功能单一，结构和接线比较简单；有些开关则控制多种用电设备，功能多，结构和接线比较复杂，如点火开关、灯光开关及组合开关等。按操纵方式不同，汽车开关分为旋转式、推拉式、顶杆式、翘板式及组合式等类型。

1）旋转式开关

旋转式开关是以旋转手柄来控制主触点通断的一种开关，常见的有灯光开关、鼓风机开关、空调温控开关、点火开关等，如图 1-16 和图 1-17 所示。

图 1-16　灯光开关

图 1-17　空调温控开关

部分车型的点火开关是复合旋转开关，需要用钥匙对其进行操纵，一般都具有自动复位的启动挡位，并配有钥匙以备停车时锁住，因此又称为点火钥匙开关。

点火开关除控制点火电路外，通常还控制仪表电路、发电机励磁电路、起动继电器电路及一些辅助电器电路等。大多数汽车的旋转点火钥匙开关安装在转向柱上，如图 1-18 所示，以便停车时锁止转向盘。

点火开关挡位图如图 1-19 所示。

图 1-18　点火开关实物图

开关挡位	接线柱			
	1 (BAT)	2 (ON)	3 (ACC)	4 (ST)
Ⅲ	○			○
0	○			
Ⅰ	○	○	○	
Ⅱ	○	○		○

○─○:连接

图 1-19　点火开关挡位图

（1）Ⅱ挡为 START 挡，即发动机的启动挡，将钥匙拧到这个挡位的时候，汽车的起动机电路接通，带动汽车发动机运转，松开钥匙后会自动恢复到 ON 挡。

（2）0 挡为 LOCK(OFF) 挡，即锁止挡，这个位置是汽车钥匙插入和拔出的位置，此时车辆除了具有防盗功能和车内小灯亮着,电路是完全关闭的,转向盘也被锁止。驾驶员锁车离开后,汽车处于 LOCK 的状态,这时不仅锁住钥匙门,而且全车的电源都被切断。

(3) Ⅲ挡为 ACC 挡,即附件通电挡,将钥匙拧到这个位置,接通附件用电路,可以使用收音机、空调等设备。

(4) Ⅰ挡为 ON 挡,是接通挡,将钥匙拧到这个位置,全车的电路通电,系统会为汽车发动机的启动做准备工作和自检工作。车辆正常行驶的时候,钥匙会保持在这个位置。

图 1-20 所示为点火开关原理图,该图右侧表示此开关为旋转式 3 挡钥匙开关。虚线中间下三角及数字表示开关在 0、Ⅰ、Ⅱ挡可以定位,Ⅲ挡不能定位(开关旋转至Ⅲ挡松开时自动回到Ⅱ挡)。该图左侧表示开关在 0、Ⅰ、Ⅱ、Ⅲ挡时的通断功能。

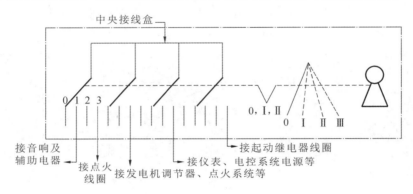

图 1-20　点火开关原理图

近年来,有很多汽车采用按钮式点火开关,并将其安装在仪表板台板上(见图 1-21 和图 1-22)。将钥匙插入点火开关后,轻按一下按钮即可接通汽车电源,稍长时间按下按钮则可启动发动机,再按一下按钮即可熄火。

图 1-21　钥匙按压式点火开关　　　图 1-22　一键启动式点火开关

2) 推拉式开关

在汽车上常采用推拉式开关控制灯光和刮水器,如图 1-23 所示。推拉式开关主要由手柄、拉杆、绝缘的滑块、接触片、外壳、锁止装置等组成,如图 1-24 所示。

3) 顶杆式开关

顶杆式开关凭借作用于顶杆上的外力和内部的弹簧力变化来控制触点的闭合和断

(a) 推拉式灯光开关　　　　　(b) 刮水器开关

图 1-23　推拉式灯光开关和刮水器开关

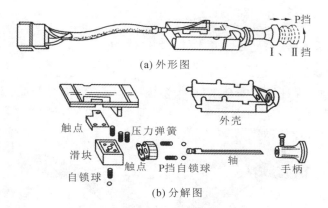

图 1-24　推拉式开关

开,主要用作门灯开关、机械式制动灯开关、倒车灯开关等,如图 1-25 所示。

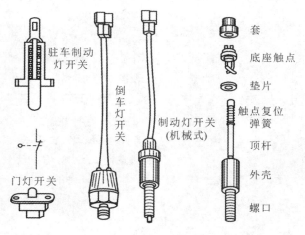

图 1-25　顶杆式开关

4）翘板式开关

翘板式开关常用作顶灯开关、雾灯开关、危险信号灯开关等,一般带有指示板照明灯,指示板上有表示用途的图形符号,如图 1-26 所示。

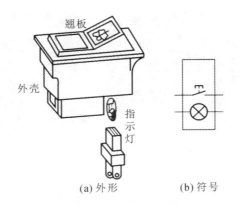

图1-26 翘板式开关

5）组合式开关

为了操作方便，保证行车安全，现在大多数汽车都将转向灯开关、小灯与大灯开关、变光开关、刮水器开关、洗涤喷水开关、喇叭按钮（或其中部分开关）等组装在一个组合体内，称之为组合式开关，如图1-27所示。

图1-27 组合式开关

拓展知识

新能源汽车手动维修开关

手动维修开关（MSD）是一种带熔断器的高压连接器，如图1-28所示。新能源汽车做车辆检修时，为了确保人车安全，通过拔出MSD将高压系统的电源断开。它可以实现高压系统的电气隔离，同时也可以起到短路保护的作用。

1. 刀闸型高压维修开关

刀闸型高压维修开关的特点如下：结构复杂，成本较高，体积较大，电流较大；内有互锁插头，通过断开高压蓄电池的串联模组来切断高压电的输出，适用于大电流的高压系统。它一般安装在高压电池包上。

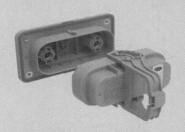

图1-28 新能源汽车手动维修开关

2. 低压控制型高压维修开关

低压控制型高压维修开关的特点如下：成本较低，体积较小，电流较小，通过断开高压电控制互锁和低压模块供电线来切断高压电的输出。

2. 继电器

1）继电器的作用

汽车上的继电器可分为专用继电器和一般继电器两大类。专用继电器在开关接通后能自动控制电路通断转换，以实现特定功能，如闪光继电器、刮水间歇继电器等。一般继电器在开关接通后使电路始终处于接通或断开状态，以减小开关的负荷，保护开关，从而实现以小（电流）控大（电流），以弱控强。常用的继电器有前照灯继电器、喇叭继电器、起动继电器、预热继电器、卸荷继电器等。

> **拓展思考**
> 引导学生思考以小电流控制高压电路工作的好处，引出用电安全，培养学生的安全意识。

2）继电器的结构

一般继电器由电磁铁、触点、外壳和接线端子或引脚等组成；为了减小继电器线圈断电时产生的自感电动势，保护开关和电子元件，有些继电器线圈两端还并联电阻或续流二极管，如图1-29、图1-30所示。

图1-29 继电器实物图

图1-30 继电器结构图

3）继电器的分类

按触点不工作时状态的不同，汽车继电器可分为以下三类：

（1）继电器常态下触点是断开的，继电器动作后触点接通，称为常开型继电器；

（2）继电器常态下触点是闭合的，继电器动作后触点断开，称为常闭型继电器；

（3）继电器常态下动断触点接通，动合触点断开，如果继电器线圈通电，则变成相反状态，这类继电器称为开闭混合型继电器。

为方便使用和接线，在继电器的外壳上都有简明扼要的接线图，如图1-31所示。

继电器标称电压有12 V和24 V两种，线圈电阻一般分别为65～85 Ω和200～300 Ω。不同标称电压和电流的继电器不能换用。

4）继电器的工作原理

以常开式电磁继电器为例介绍继电器工作原理（见图1-32）。常开式电磁继电器利用电磁效应来控制机械触点达到通断的目的。线圈两端加上一定的电压，线圈中就会

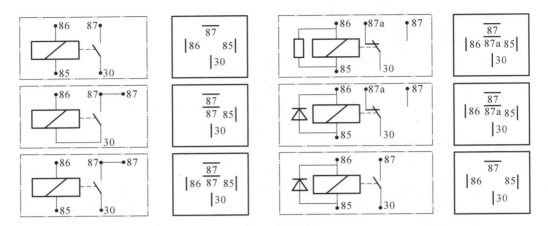

图 1-31 继电器接线图及引脚

流过一定的电流,从而产生电磁效应,衔铁在电磁力的作用下克服返回弹簧的拉力而被吸向铁芯,从而带动衔铁的动触点与静触点(常开触点)吸合。当线圈断电后,电磁的吸力也随之消失,衔铁就会在弹簧的反作用力的作用下返回原来的位置,使动触点与原来的静触点(常闭触点)吸合。这样吸合、释放,从而达到了在电路中的导通、切断的目的。

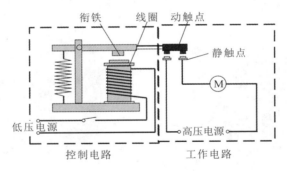

图 1-32 继电器工作原理图

拓展案例

勇担振兴民族工业使命,打造全球继电器领先企业。厦门宏发电声股份有限公司,从濒临破产的小厂,到世界最大继电器制造商;从连行业展会的门槛都进不去,到成为世界知名品牌。近 40 年的发展历程,厦门宏发电声股份有限公司始终坚持"不断进取,永不满足"的企业精神和"以质取胜"的经营方针,奋勇争先,闯出了一条富有特色的成功之路,成为民族继电器工业的杰出代表。

通过对厦门宏发电声股份有限公司的发展史的了解,引出民族振兴、科技强国,提升学生的民族自豪感,培养学生的爱国情操。

5) 继电器的检测

以图 1-33 所示四插脚常开继电器为例,介绍继电器的检测方法。

(1) 外观检查。

检查继电器规格是否与要求的一致,外壳是否有划痕、裂纹、破损等机械损伤;检查继电器引出脚是否弯曲、变色或者有其他机械损伤。

(2) 电阻值检测。

将万用表拨至 200 Ω 挡,然后将两表笔分别与线圈接线脚(85 号和 86 号端子)接触,测量其电阻值;正常时线圈电阻值为 75~80 Ω,若测量电阻值为∞,说明线圈断路;若测量电阻值过小,说明线圈短路。

图 1-33 四插脚常开继电器

将万用表拨至 200 Ω 挡,然后将两表笔分别与 30 号和 87 号端子接触测量其电阻值;正常时电阻值为∞,若测量电阻值过小,说明端子间出现粘连的情况。

(3) 性能检测。

借助两根跨接线用 12 V 的蓄电池电压给线圈通电,通电持续 1 min 后,将万用表拨至 200 Ω 挡,然后将两表笔分别与触点接线脚(30 号和 87 号端子)接触,测量其电阻值。正常时万用表应有电阻值,其小于或等于 1.4 Ω 且继电器不发热,若测量电阻值为∞,说明触点烧蚀。

断开 12 V 电源,将万用表拨至 200 Ω 挡,然后将两表笔分别与 30 号和 87 号端子接触测量其电阻值;正常时电阻值为∞,若测量电阻值过小,说明端子间出现粘连的情况。

(4) 负载测试。

将 12 V 的直流电源、负载(选择合适的用电器)接入 30 号端子和 87 号端子之间的电路,并将 12 V 电源接入继电器线圈 85 号和 86 号端子两侧,通电 10 min,观察运行情况。若用电器运行正常,继电器发热不严重,则合格。

拓展知识

高压继电器

高压继电器又可称为高压接触器,是一种广泛使用在新能源汽车高压系统中的电气元件,其原理是利用触点的开断和闭合间接实现对高压电路的断开和接通,具有高度隔离的效果。

1. 高压接触器的应用

主(HV+、HV-)接触器:用于动力电池的正、负极线路,控制高压蓄电池的 HV+、HV- 的通断。

预充电接触器:为保护主接触器免受过度浪涌电流冲击,结合使用预充电接触器和预充电电阻,通常将电子功率和控制装置的滤波电容器充电至高压蓄电池电压的 90%~98%。

充电接触器:用于在车辆连接到充电站时建立电池充电器和高压蓄电池之间的连接。

辅助接触器:控制车辆中由高压蓄电池带动的其他电气负载。

2. 高压接触器的结构与工作原理

（1）高压接触器的结构。

高压接触器一般采用全密封结构，内腔充注氢气，主要由高压接线端子、低压控制端接口、固定触点、运动触点、复位弹簧、铁芯、惰性气体等组成。

（2）高压接触器的工作原理。

① 接触器触点处于常开状态，电磁线圈通电后产生磁场并磁化铁芯，铁芯磁化后与上方运动触点产生吸力，吸力克服复位弹簧的力后，铁芯（运动触点与铁芯为一体）向上运动，运动触点与固定触点接触而连通两个高压接线端子。

② 接触器电磁线圈断电时，铁芯磁性消失，复位弹簧使铁芯（运动触点）复位，运动触点与固定触点断开。

③ 高压接触器灭弧过程：高压接触器内部充有氢气，主要目的是灭弧，氢气快速冷却电弧，确保在很小的间隙就能使高压切断。当高压接触器断开时，固定触点和运动触点之间会产生电弧，温度最高可达 8000 ℃，氢气能够将电弧的温度迅速降低，使高压立即被切断。

3. 中央配电盒

为了便于故障检修和元件的更换，在汽车电路中设有中央配电盒（见图 1-34），继电器与熔断器都安装在中央配电盒里面。汽车上一般有两个配电盒，分别位于发动机舱左侧和仪表板左下方。

图 1-34　中央配电盒

1.3.2　任务实施

1. 前期准备

安全防护：实训着装、完成车辆防护。

工具设备：万用表、常用工具套装。

实训设备：实训车或实训台架总成。

辅助资料：维修手册、教材。

1-6　继电器的检查

2. 实施过程

（1）根据维修手册和中央配电盒盖上的提示，在实训车上找到起动继电器、喇叭继电器，描述其所在位置，对其进行检测并写出检测结果。

（2）转向继电器的检测方法及步骤。

在实训车上找到转向继电器，并对其进行检测，写出详细的检测步骤以及检测结果。

拓展知识

新能源汽车高压安全操作规范

1. 高压防护用品

新能源汽车高压防护用品有：绝缘手套、绝缘鞋、绝缘帽、护目镜、绝缘服、绝缘垫等，如图1-35所示。

1-7　新能源汽车高压安全与防护

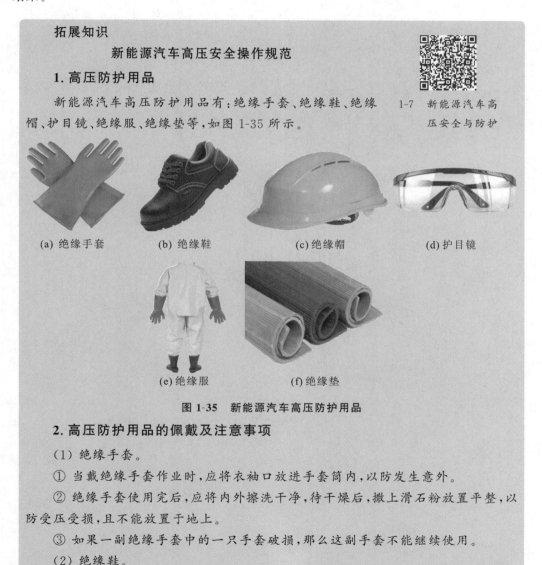

(a) 绝缘手套　　(b) 绝缘鞋　　(c) 绝缘帽　　(d) 护目镜

(e) 绝缘服　　(f) 绝缘垫

图1-35　新能源汽车高压防护用品

2. 高压防护用品的佩戴及注意事项

（1）绝缘手套。

① 当戴绝缘手套作业时，应将衣袖口放进手套筒内，以防发生意外。

② 绝缘手套使用完后，应将内外擦洗干净，待干燥后，撒上滑石粉放置平整，以防受压受损，且不能放置于地上。

③ 如果一副绝缘手套中的一只手套破损，那么这副手套不能继续使用。

（2）绝缘鞋。

穿戴绝缘鞋前需检查鞋面有无划痕、鞋底有无断裂、鞋面是否干燥。

（3）绝缘帽。

绝缘帽使用前应检查：有无裂缝或损伤，有无明显变形，下颌带是否完好、牢固。

佩戴时必须按照头围的大小调整并系好下颏带。

(4) 护目镜。

护目镜使用前需要对其进行检查,看护目镜有无裂痕、损坏。

(5) 绝缘垫。

绝缘垫使用前需要检测对地绝缘性能。前后左右测量五个点。

3. 下电、上电操作

下电操作如下。

(1) 将启动开关打到 OFF 挡,等待 5 min。

(2) 拔下紧急维修开关。

(3) 断开 12 V 蓄电池负极。

(4) 检修高压系统前应使用万用表测量整车高压回路,确保无电。

上电操作与之相反。

模块 1 测评

模块2 汽车电源系统检修

模块描述

汽车电源系统是汽车电路的重要组成部分,主要功用是为汽车用电设备提供所需的电能。本模块的学习任务是:对汽车电路中的电源系统(蓄电池和发电机)的功能、结构及工作原理进行分析;对蓄电池进行日常的使用和维护;对发电机进行拆装和检测;对汽车电源系统典型的故障进行检修等。此外,本模块还介绍了当前新能源汽车电源常用的锂离子电池及燃料电池等相关的理论和实践操作知识,作为拓展知识供大家学习及实践。

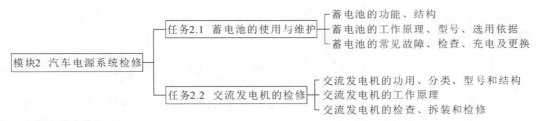

教学目标

素养目标

(1) 培养探索能力和创新思维。
(2) 培养精益求精、坚持、执着的工匠精神。
(3) 培养分工协作的团队精神。

知识目标

(1) 熟悉蓄电池系统的结构、作用和蓄电池系统的工作原理。
(2) 了解蓄电池的型号、选用依据及常见故障。
(3) 掌握蓄电池状态的检查方法、蓄电池的维护方法。
(4) 熟悉交流发电机的结构和型号。
(5) 理解交流发电机的工作原理。
(6) 掌握交流发电机及相关电路的检修方法。

技能目标

(1) 能够对汽车蓄电池进行检查、充电及更换工作。

（2）能够规范完成交流发电机的结构分解。

（3）能够对交流发电机及相关电路进行检查及常见故障的检修。

任务 2.1　蓄电池的使用与维护

2-1　蓄电池的功能、结构及工作原理

任务导入

在一辆迈腾轿车中，打开点火开关，启动无力；打开大灯，灯光微弱。测量车辆蓄电池电压，发现低于 12 V。

任务分析

要排除此故障，首先，要熟悉蓄电池的功能，能够确认故障现象是由蓄电池引起的；其次，要熟悉蓄电池的结构和工作原理，能分析故障原因；最后，要依据维修手册及相关的国家、行业、企业标准，按照正确的操作规程排除此故障，并能够在以后规范使用和维护蓄电池。

任务要求

（1）知识要求。熟悉蓄电池的功能、蓄电池的结构；掌握蓄电池的工作原理；掌握蓄电池检测与更换的方法。

（2）能力要求。能够正确地对蓄电池进行检查、充电、更换及性能检测；能够按照正确的操作规程排除蓄电池的常见故障。

2.1.1　知识链接

1. 蓄电池的安装位置及功能

蓄电池在车辆上的安装位置如下：一般传统汽车的蓄电池安装在汽车发动机引擎盖下方，少数车辆也会把蓄电池安装在副驾驶座位下方区域或者行李舱备胎下。图 2-1 所示为大众 Polo 和奥迪轿车上蓄电池的安装位置。

蓄电池是汽车的主要电源之一，它是一种可逆的直流电源，放电后经过充电能复原续用，是能够提供和存储电能的电化学装置，主要有以下三种功能。

1）供电功能

蓄电池在发电机不发电时为起动机、点火系统和其他用电设备供电，或在用电需求超过发电机供电能力时协助发电机供电。

2）储电功能

发电机正常工作时，蓄电池将发电机剩余电能存储起来。

3）稳压功能

蓄电池起到整车电气系统的电压稳定器作用，能缓和电气系统的冲击电压，保护汽

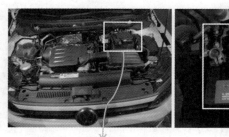 

(a) 大众Polo引擎盖下方的蓄电池　　(b) 奥迪行李舱内的蓄电池

图2-1　蓄电池在汽车上的安装位置

车上的电子设备。

2. 蓄电池的类型

汽车上常用的蓄电池主要有铅酸蓄电池、干荷蓄电池和免维护蓄电池。

1）铅酸蓄电池

铅酸蓄电池主要由极板、隔板、壳体、电解液和联条等组成，如图2-2所示。它的主要优点是稳定、价格便宜；缺点是比能低（即每千克蓄电池存储的电能）、寿命短和日常维护频繁。

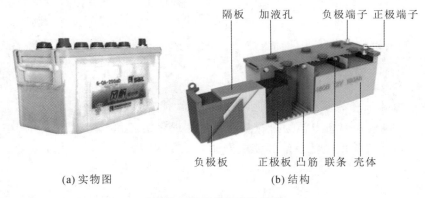

(a) 实物图　　　　　　　　　(b) 结构

图2-2　铅酸蓄电池结构图

（1）极板。

极板是蓄电池的核心部分，蓄电池充、放电的化学反应主要是依靠极板上的活性物质与电解液进行的。极板分为正极板和负极板，均由栅架和活性物质组成，如图2-3所示。栅架的作用是固结活性物质。栅架一般由铅锑合金铸成，具有良好的导电性、耐蚀性和一定的机械强度。

为了增大蓄电池的容量，常将多片正、负极板分别并联，组成正、负极板组。

（2）隔板。

为减小蓄电池的内阻和尺寸，正、负极板应尽可能靠近。但同时为避免蓄电池极板接触而短路，正、负极板间还要用隔板隔开。隔板的结构如图2-4所示。

隔板材料应具有多孔性，以便电解液渗出，还应具有良好的耐酸性和抗氧化性。常

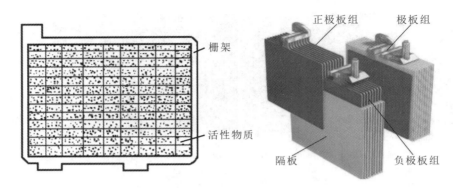

图 2-3　极板及极板组

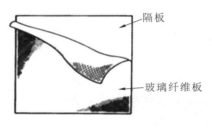

图 2-4　隔板的结构

用的隔板材料有木质、微孔橡胶、微孔塑料及玻璃纤维等。微孔塑料隔板孔径小而且孔率高,应用极为广泛。

（3）壳体。

壳体一般采用整体式结构,由耐酸、耐热、耐振动材料制成。壳体内分成若干互不相通的单格,每个单格内装有极板组和电解液,从而组成一个单格蓄电池。同时壳体的底部有凸起的肋条,用来支撑极板组,并使极板上脱落下来的活性物质落入凹槽中,防止极板短路。壳体的结构如图 2-5 所示。

（4）电解液。

电解液由硫酸和蒸馏水按一定比例配制而成,其密度一般为 $1.24\sim1.30$ g/cm^3,如图 2-6 所示。电解液是蓄电池通过化学反应来实现化学能和电能相互转换的主要物质,电解液的纯度是影响蓄电池性能和使用寿命的重要因素。

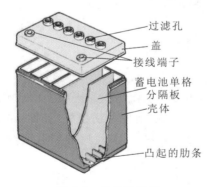

图 2-5　壳体的结构

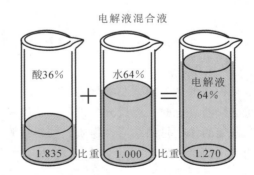

图 2-6　电解液

电解液密度对蓄电池工作具有一定的影响。密度大,可以减少结冰,提高电池容量;但是密度过大时,黏度增加,反而降低电池容量,缩短使用寿命。使用时应根据使用地区、气候条件和制造厂的要求确定其密度,可参照表 2-1。

表 2-1　不同使用地区的电解液密度要求

使用地区最低温度 $T/℃$	冬季密度/(g/cm^3)	夏季密度/(g/cm^3)
$T<-40$	1.31	1.27
$-30<T\leqslant-40$	1.29	1.25
$-20<T\leqslant-30$	1.28	1.25
$0\leqslant T\leqslant 20$	1.27	1.24

(5) 联条。

蓄电池中各单格电池之间均用铅质联条串联,有外露式、穿壁式和跨接式三种连接方式,如图 2-7、图 2-8 所示。

穿壁式联条应用广泛,其是在蓄电池的中间格壁上打孔,使极板组柄直接穿过中间格壁而将单格电池相互串联起来。

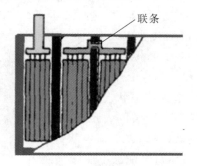
图 2-7　穿壁式联条 1

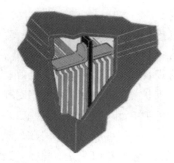
图 2-8　穿壁式联条 2

2) 干荷蓄电池

干荷蓄电池在干燥状态下,能够较长时间(两年)地保存在制造过程中所得到的电荷,如图 2-9 所示。如果干荷蓄电池在规定的保存期内,加入符合规定密度的电解液,静置 15~20 min,调整液面高度至规定标准,则不需要进行充电即可使用。

干荷蓄电池的正极板上的活性物质是二氧化铅,其化学活性较稳定,它的荷电性能可以较长时间地保持。其负极板的铅膏中添加了防氧化剂,且在生成过程中进行了一次深放电或反复充、放电循环等。

3) 免维护蓄电池

密封免维护铅酸蓄电池(以下简称免维护蓄电池)采用全密封结构及现代化生产工艺,在整个使用过程中无须加注蒸馏水,基本上不用维护,因此得名。其具有高性能、长寿命、无污染、免维护、安全可靠的卓越性能。

图 2-9　干荷蓄电池

免维护蓄电池同样由极板、隔板、壳体、电解液和接线端子等组成,如图 2-10 所示。

免维护蓄电池的优点如下:整个使用过程中无须补加蒸馏水,减小了维护工作量;

(a) 实物图

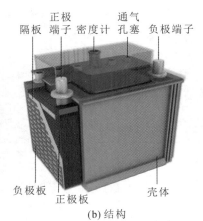
(b) 结构

图 2-10 免维护蓄电池

电池盖上设有安全通气装置,可阻止水蒸气和硫酸气体的通过,减少了电解液的消耗,并能减弱电桩和附近机件的腐蚀;自放电少,可储存 2 年以上,使用寿命长,约为普通蓄电池的 4 倍;耐过充电性能好,免维护蓄电池的过充电电流在充满电时可接近零,减少了电和水的损耗;内阻小,启动性能好等。

有些免维护蓄电池内置一支相对密度计,指示荷电状况,如图 2-11 所示,根据观察镜看到的颜色判断电池的荷电状态。一般情况下,绿色表示蓄电池的技术状况良好(65%以上荷电状态),黑色表示电解液密度偏低(60%以下荷电状态),应对蓄电池进行补充充电,浅黄色或者白色表示电解液液面过低,蓄电池已不能继续使用。

3. 蓄电池的工作原理

铅酸蓄电池放电过程是将化学能转换成电能向用电设备供电,充电过程是将电能转化为化学能储存在蓄电池里。其充、放电过程是可逆的,通过极板上的活性物质与电解液的电化学反应来实现,如图 2-12 所示,电化学反应式为

$$PbO_2 + Pb + 2H_2SO_4 \underset{充电}{\overset{放电}{\rightleftharpoons}} 2PbSO_4 + 2H_2O$$

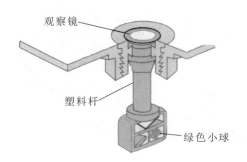

图 2-11 观察荷电状态

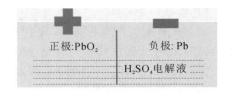

图 2-12 蓄电池的活性物质及电解液示意图

1) 电动势的建立

在负极板上,纯铅溶于溶液生成 Pb^{2+} 积浮在负极板,留下 $2e^-$,负极电位达到平衡

时约为 -0.1 V。

在正极板上,二氧化铅与电解液发生如下反应,Pb^{4+} 有积浮于正极板的倾向,也有与溶液中 OH^- 结合生成 $Pb(OH)_4$ 的倾向,平衡时,正极电位为 2 V。因此未接通时蓄电池的静电动势为 2.1 V。电化学反应式为

$$PbO_2 + 2H_2O \longrightarrow Pb(OH)_4$$

$$Pb(OH)_4 \longrightarrow Pb^{4+} + 4OH^-$$

2) 蓄电池的放电

当铅酸蓄电池的正、负极板浸入电解液时,在正、负极板间就会产生约 2.1 V 的静电动势,此时若接入负载,在电动势的作用下,电流就会从蓄电池的正极经外电路流向蓄电池的负极,这一过程称为放电。蓄电池的放电过程是化学能转变为电能的过程。

如图 2-13 所示,蓄电池放电时,正极板上的 PbO_2 和负极板上的 Pb 都与电解液中的 H_2SO_4 发生反应,生成硫酸铅($PbSO_4$),积浮在正、负极板上。电解液中 H_2SO_4 转化为 H_2O,不断减少,密度下降,具体的反应式如下。

正极板处反应式为

$$Pb^{4+} + 2e^- \longrightarrow Pb^{2+}$$

$$Pb^{2+} + SO_4^{2-} \longrightarrow PbSO_4$$

负极板处反应式为

$$Pb - 2e^- \longrightarrow Pb^{2+}$$

$$Pb^{2+} + SO_4^{2-} \longrightarrow PbSO_4$$

溶液中反应式为

$$H^+ + OH^- \longrightarrow H_2O$$

图 2-13 蓄电池的放电过程示意图

3) 蓄电池的充电

如图 2-14 所示,充电时蓄电池的正、负极分别与直流电源的正、负极相连,当充电电源的端电压高于蓄电池的电动势时,在电场的作用下,电流从蓄电池的正极流入、负极流出,这一过程称为充电过程。蓄电池的充电过程是电能转化为化学能的过程。

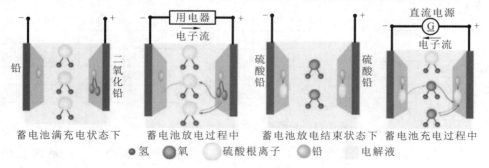

图 2-14 蓄电池整个充、放电过程示意图

充电过程中,正、负极板上的 PbSO₄ 分别转化为 PbO₂ 和 Pb,电解液中的 H_2SO_4 浓度逐渐增大,电池内阻减小,如图 2-15 所示。

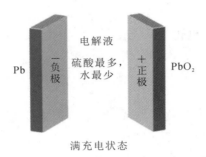

图 2-15 蓄电池的满充电状态

拓展思考

通过了解蓄电池的组成和使用过程中可能产生的污染物,我们可以认识到蓄电池回收再利用的重要性,提高了我们对环境保护和可持续发展的认知。此外,我们可以通过户外宣传、知识讲解等方式推广和倡导绿色环保理念,做好废旧蓄电池的回收处理工作,促进经济可持续发展。

4. 铅酸蓄电池的型号

如图 2-16 所示,铅酸蓄电池型号共分为以下几个部分:

(1) 第 1 部分表示串联的单格蓄电池数,用阿拉伯数字表示,蓄电池额定电压为这个数字的两倍;

(2) 第 2 部分表示蓄电池类型,用字母表示,如 Q 表示启动型铅酸蓄电池;

(3) 第 3 部分表示蓄电池特征,用字母表示,如 A 代表干荷电,W 代表免维护;

(4) 第 4 部分表示蓄电池的额定容量;

(5) 第 5 部分表示蓄电池的特殊性能,如 G 表示高启动率;D 表示低温启动性能好。

2-2 蓄电池的型号、选用及常见故障

图 2-16 铅酸蓄电池的型号及特征代号

例如:6-QAW-100 表示由 6 个单格蓄电池组成,额定电压为 12 V,额定容量为 100 A·h 的启动型干荷电免维护蓄电池。

5. 蓄电池选用依据

蓄电池的选用依据主要考虑电压、容量、尺寸三个方面。首先,根据汽车上用电器所需的额定电压;其次,还要考虑蓄电池的容量以及车上的安装尺寸。

(1) 选购汽车蓄电池时,尽可能买品牌蓄电池产品质量有保障。

(2) 选择适用的蓄电池种类和规格型号。蓄电池尺寸过大或者过小都会产生安全隐患,因此要选择适合自己汽车的蓄电池,并依据电器耗电的多少和特点,选购适合电器的蓄电池。

(3) 选购新蓄电池时要特别注意查询蓄电池的生产日期和质保期,选购近期生产的蓄电池(新蓄电池),因为新蓄电池性能好。

(4) 要特别注意查看蓄电池的外观设计,应选购外包装精致、外观设计整洁、液晶屏无漏液迹象的蓄电池。

(5) 选择环保蓄电池。由于蓄电池中汞对环境有害,为了保护生态环境,在选购时应选用商标上标有无汞、零汞、不添加汞字样的蓄电池。

> **拓展案例**
>
> 宁德时代新能源科技股份有限公司(CATL)成立于2011年,是全球领先的锂离子电池研制造公司,专注于新能源汽车动力电池系统、储能系统的研发、生产和销售,致力于为全球新能源应用提供一流解决方案。2018年6月,该公司在深圳证券交易所上市。它的总部位于福建省宁德市,在福建宁德、青海西宁、江苏溧阳、四川宜宾和德国图林根州埃尔福特等地设有制造基地。它的四个研发中心分别位于宁德、溧阳、上海和德国图林根州。据报道,2019年,该公司营业收入457.88亿元,同比增长54.63%。动力电池系统实现销量40.25 GW·h,同比增长90.04%,动力电池使用量连续多年排名全球第一。
>
> (1) 目前新能源电动汽车使用什么类型的动力电池?新能源汽车动力电池发展的壁垒是什么?
>
> (2) 汽车蓄电池与动力电池的主要区别有哪些?

6. 蓄电池常见故障

1) 蓄电池极板硫化

故障现象如下:

(1) 放电时蓄电池端电压下降较快;

(2) 充电时电压上升快,温度上升快,电解液过早出现大量气泡;

(3) 充电时电解液的密度上升缓慢,且达不到规定值;

(4) 通过加液孔看到极板上部有白色的霜状物。

2-3 蓄电池常见故障检修

处理措施如下:

(1) 当硫化不严重时,通过去硫化充电法减弱或消除极板上的粗晶粒 $PbSO_4$;

(2) 极板硫化严重时,需要更换新的蓄电池。

2）蓄电池自放电

故障现象如下：充电时其端电压和电解液密度上升缓慢，用高率放电计测单格电池压降时，其端电压会迅速下降。

处理措施如下：蓄电池全放电或过度放电后将电解液全部倾倒，再用蒸馏水冲洗壳体内部，然后加注电解液，并将蓄电池充满电。

3）蓄电池极板活性物质早期脱落

故障现象如下：

（1）充电时电解液会成为浑浊褐色溶液，充电电压上升过快，电解液过早出现"沸腾"现象，密度达不到规定的最大值；

（2）放电时电压下降过快，也会与蓄电池极板硫化一样，容量明显不足。

处理措施如下：

（1）当活性物质脱落较少时，倾倒全部电解液，用蒸馏水冲洗后重新加注电解液，充满电后继续使用；

（2）当活性物质脱落过多时，需要更换极板组或报废蓄电池。

2.1.2 任务实施

蓄电池的检测与维护工作主要分为七个步骤：前期准备、检查蓄电池外观、检查蓄电池电解液、检查蓄电池技术状况、蓄电池充电、更换蓄电池、项目检查。

1. 前期准备

关闭灯光、空调等所有用电设备。拉紧驻车制动手柄，换挡杆置于 P 挡。注意，确保关闭所有用电设备。

2. 检查蓄电池外观

（1）检查蓄电池外壳是否破裂或出现电解液渗漏现象。如有，则更换蓄电池。

（2）检查蓄电池安装架是否夹紧、有无腐蚀，连接导线有无破损。如有，则进行修复或更换。

2-4 前期准备、检查蓄电池外观

（3）检查蓄电池电缆接头与极柱和连接导线有无松动。如有，应紧固或更换电缆接头。

（4）检查蓄电池表面是否清洁。清洁时用蘸有清污剂的清洁布。注意，清洁时戴橡胶手套。

（5）检查蓄电池加液孔盖的通气孔是否通畅。

3. 检查蓄电池电解液

检查方法一般有玻璃管测量法、液面高度指示线法、加液孔观察法。

2-5 检查蓄电池电解液

（1）玻璃管测量法。液面高度可用玻璃管测量，液面应高出极板 10～15 mm，如图 2-17 所示。

(2)液面高度指示线法。根据蓄电池上的高度指示线,观察液面高度,如图 2-18 所示。

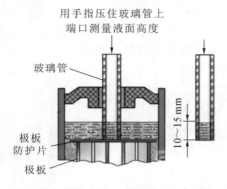

图 2-17 用玻璃管测量电解液液面高度　　图 2-18 观察液面的高度

(3)加液孔观察法。根据观察镜看到的颜色判断电池的荷电状态:绿色表示蓄电池的技术状况良好(65%以上荷电状态);黑色表示电解液密度偏低(60%以下荷电状态),应对蓄电池进行充电;浅黄色或白色表示电解液液面过低,蓄电池已不能继续使用。

4. 检查蓄电池技术状况

(1)检查蓄电池静态电压。

选用万用表的直流电压挡 20 V 量程,红色表笔与蓄电池的正极接线柱相连,黑色表笔与蓄电池的负极接线柱相连。

2-6 检查蓄电池电压

注意事项:测电压时,表笔要接触蓄电池的极柱上方,不能与正、负极电缆接头相连;确保关闭所有的用电设备。

(2)检查蓄电池启动时电压。

先启动车辆,再使用万用表测量动态电压。

注意事项:启动时间不超过 10 s,再次进行启动测试时,要间隔 15 s 以上。

5. 蓄电池充电

(1)将充电机的输出电缆线正、负极分别与蓄电池正、负极接线柱相连。

2-7 蓄电池充电

(2)将充电机接在 220 V 的交流电源上,并选择合适的电压。确认充电电流调到最小值。

(3)打开充电机的电源开关,并选择合适的电流挡位和合适的充电时间。

(4)充电完毕,关闭充电机电源开关,分离充电机负极电缆与蓄电池负极接线柱。

注意:充电机电源的正极接蓄电池的正极,充电机电源的负极接蓄电池的负极。

6. 更换蓄电池

(1)拆卸蓄电池。

① 拧松蓄电池上方压板的固定螺母及螺栓,然后旋出压板外侧的固定螺栓,拧松压

板内侧的固定螺母,将压板和钩形螺杆一同取下。

② 用梅花扳手拧松蓄电池负极接线柱固定螺母,取下负极电缆,并放置于合适位置。按照同样的方法取下正极电缆。

③ 取出蓄电池,放置于工作台上。

2-8　拆卸蓄电池

注意:拆卸蓄电池正、负极电缆接头时,必须先拆负极接线柱。取下蓄电池时,要防止跌落,严禁在地上拖拽、翻转。

(2) 安装蓄电池。

① 检查蓄电池底座有无裂纹和破损。如有,应更换。

② 检查蓄电池支撑座有无腐蚀或变形。如有,应清洁或修复。

③ 检查蓄电池型号是否正确。

④ 将蓄电池对正平放在底座的凹槽中。

2-9　安装蓄电池及项目检查

⑤ 将钩形螺杆与支撑座相连,将压板对正安装位置,旋入固定螺栓并拧紧固定螺母及螺栓。

⑥ 安装蓄电池正极电缆,拧紧固定螺母并确保安装牢固;装上蓄电池正极保护盖。

⑦ 检查启动时蓄电池电压。

7. 项目检查

通过以上步骤的检查与维修,工作结束时,进行维修质量的验证,启动车辆,检查车辆运行是否正常。

任务2.2　交流发电机的检修

2-10　交流发电机的结构

任务导入

一辆迈腾轿车正常启动后,蓄电池充电指示灯一直亮、蓄电池不充电。

任务分析

要排除此故障,首先,要熟悉发电机的功能,能够确认故障现象是由发电机引起的;其次,要熟悉发电机的结构和工作原理,能分析故障原因;最后,要依据维修手册及相关的国家、行业、企业标准,按照正确的操作规程排除此故障,并能够在以后规范使用和维护发电机。

任务要求

(1) 知识要求。掌握发电机的功能、结构和工作原理。

(2) 能力要求。能够正确地对发电机进行检查、拆装及性能检测;能够按照正确的操作规程排除发电机的常见故障。

2.2.1 知识链接

1. 交流发电机的功用

汽车上的发电机为交流发电机,位于汽车发动机的前端,由曲轴带轮驱动,如图 2-19 所示。

图 2-19 交流发电机

汽车发电机是汽车的主要电源之一,与蓄电池并联,主要功能是:在发动机正常运转(怠速以上)时,向所有用电设备(起动机除外)供电,同时向蓄电池充电。

2. 交流发电机的分类

1)按总体结构分类

(1)普通交流发电机:使用时需要配装电压调节器。

(2)整体式交流发电机:发电机和调节器制成一体的发电机。

(3)带泵交流发电机:与真空助力泵和汽车制动系统安装在一起的发电机。

(4)无刷交流发电机:无电刷和滑环结构的发电机。

(5)永磁交流发电机:转子磁极用永磁铁制成的发电机。

2)按整流器结构分类

如图 2-20 所示,按汽车发电机整流器的结构分类,交流发电机可分为 6 管交流发电机、8 管交流发电机、9 管交流发电机和 11 管交流发电机。

3)按励磁绕组搭铁形式分类

如图 2-21 所示,按励磁绕组(两只电刷引线)和发电机的连接不同,交流发电机分为内搭铁型和外搭铁型两种。

(1)内搭铁型交流发电机:励磁绕组在发电机内部与壳体直接相连而搭铁,即两只电刷的引线一根与后端盖上的磁场接线柱"F"相连,另一根直接与发电机外壳上搭铁接线柱(标记为"E"或"—")相连。

(2)外搭铁型交流发电机:励磁绕组的两只电刷都和壳体绝缘,通过调节器搭铁,即两只电刷的接线柱均与发电机外壳绝缘,分别用"F_1"和"F_2"表示。

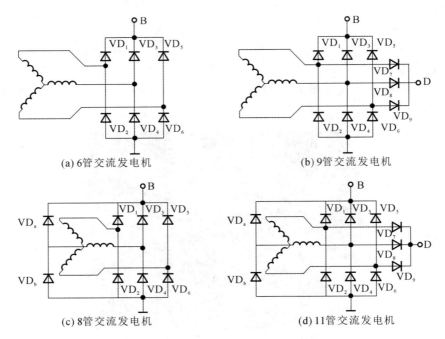

图 2-20　交流发电机按整流器结构分类

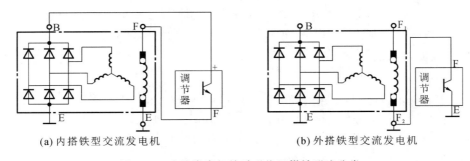

图 2-21　交流发电机按励磁绕组搭铁形式分类

3. 交流发电机的型号

根据《汽车电气设备产品型号编制方法》QC/T 73—1993 的规定，国产汽车交流发电机的型号主要由五大部分组成，如图 2-22 所示。

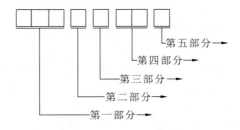

图 2-22　交流发电机的型号组成

1) 第一部分：产品代号

产品代号用字母表示，具体如下。

(1) JF：交流发电机。

(2) JFZ：整体式交流发电机。

(3) JFB：带泵交流发电机。

(4) JFW：无刷交流发电机。

2) 第二部分：电压等级代号

电压等级代号用1位阿拉伯数字表示，具体如下。

(1) 1：12 V系统。

(2) 2：24 V系统。

(3) 6：6 V系统。

3) 第三部分：电流等级代号

电流等级代号用1位阿拉伯数字表示，具体如下。

(1) 1：电流≤19 A。

(2) 2：电流≥20～29 A。

(3) 3：电流≥30～39 A。

(4) 4：电流≥40～49 A。

(5) 5：电流≥50～59 A。

(6) 6：电流≥60～69 A。

(7) 7：电流≥70～79 A。

(8) 8：电流≥80～89 A。

(9) 9：电流≥90 A。

4) 第四部分：设计序号

设计序号按产品先后顺序，用1位阿拉伯数字表示。

5) 第五部分：变型代号

交流发电机以调整臂的位置作为变型代号，用字母表示，从驱动端看。

(1) Z：左边。

(2) Y：右边。

(3) 无：中间。

例如，某车用交流发电机代号为JFZ1913Z，表示：电压等级为12 V，输出电流大于90 A，第十三代设计，调整臂位于左边的整体式交流发电机。

4. 交流发电机的结构

图2-23所示交流发电机由转子总成、定子总成、整流器、端盖、带轮、风扇等组成。

1) 转子

功用：产生旋转磁场。

结构：由磁轭、爪极、励磁绕组、滑环和转子轴等组成，如图2-24所示。

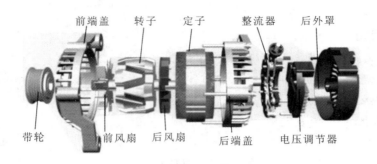

图 2-23 交流发电机结构

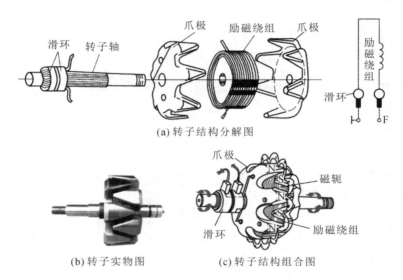

图 2-24 交流发电机转子

(1) 励磁绕组:由高强度漆包铜线绕成一定匝数而成,套装在磁轭上。

(2) 磁轭:导磁,由软磁材料的低碳钢制成。

(3) 爪极:转子轴上压装着两块爪极,鸟嘴形,多采用6对,空腔内装有磁轭,磁轭上绕有励磁绕组,励磁绕组的两根引线分别焊在与转子轴绝缘的两个滑环上。

(4) 滑环:与转子轴绝缘,与装在后端盖上的两个电刷相接触。电刷通过滑环向励磁绕组供电,使得爪极中的一块被磁化为 N 极,另一块被磁化为 S 极,从而形成 6 对相互交错的磁极,当转子转动时,就形成了旋转的磁场。两个电刷分别装在与端盖绝缘的电刷架内,电刷和滑环通过电刷弹簧保持紧密接触。

2) 定子

功用:产生交流电动势,又称电枢。

结构:交流发电机定子由定子铁芯和定子绕组组成,如图 2-25 所示。

(1) 定子铁芯:由内圈带槽的环状硅钢片叠成,各硅钢片之间相互绝缘。

(2) 定子绕组:嵌放在铁芯的槽中,定子绕组为三相对称绕组。定子绕组的连接方式有星形连接和三角形连接两种。

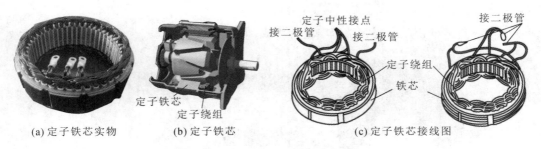

图 2-25 交流发电机定子

① 星形连接:简称 Y 形连接,应用广泛。当采用 Y 形连接时,三相绕组的三个末端连接在一起,称为中性点 N。星形连接如图 2-26 所示。

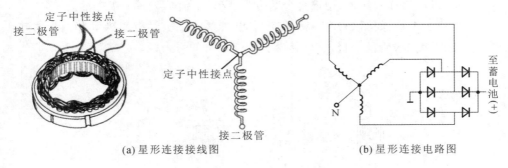

图 2-26 星形连接

② 三角形连接:简称△形连接。三角形连接如图 2-27 所示。

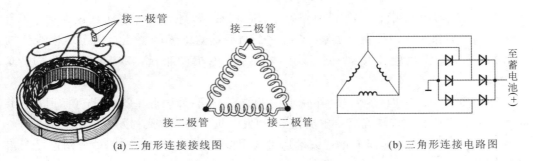

图 2-27 三角形连接

定子绕组必须按一定要求绕制,才能获得频率相同、幅值相等、相位互差 120°的三相电动势。三相绕组的绕制原则如下。

① 每相绕组的线圈个数、每个线圈的匝数和每个线圈的大小应完全相等。
② 每个线圈的节距(每个线圈的两个有效边所跨的定子槽数)必须相等。
③ 每相绕组的首端或末端在定子槽内的排列应相互间隔 120°电角度。

3) 整流器

功用:将定子绕组产生的三相交流电变为直流电,并可阻止蓄电池电流向发电机倒流。

结构:整流器由整流板和整流二极管组成,如图 2-28 所示。

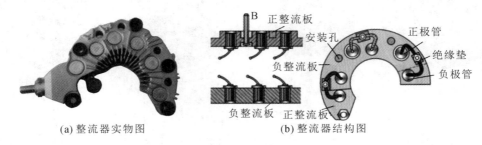

(a) 整流器实物图 (b) 整流器结构图

图 2-28 整流器

(1) 整流板:又称散热板,用铝合金制成月牙形,整流板与后端盖绝缘。

(2) 整流二极管:如图 2-29 所示,交流发电机整流二极管有正极管和负极管之分。二极管的引线为二极管的一极,其壳体部分为二极管的另一极。

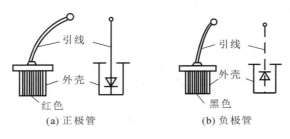

(a) 正极管 (b) 负极管

图 2-29 整流二极管

① 正极管:中心引线为正极,外壳为负极的二极管,外壳底一般涂红色标记。3 个正极管的外壳压装或焊接在整流板上,由一个与后端盖绝缘的整流板固定螺栓通至机壳外,作为发电机的输出接线柱。该接线柱为发电机的正极,相应的标记为"B"或"+"极。

② 负极管:中心引线为负极,外壳为正极的二极管,外壳底一般涂黑色标记。3 个负极管的外壳压装或焊接在另一整流板上,和发电机外壳一起成为发电机的负极。

3 个正极管和 3 个负极管的引线端通过 3 个接线柱一一对应连接,并分别连接三相绕组的 A、B、C 端,组成三相桥式全波整流电路。星形连接的整流电路和三角形连接的整流电路如图 2-30 所示。

4) 端盖

功用:支撑转子、定子、整流器和电刷组件等。

结构:端盖由前、后端盖两部分组成,如图 2-31 所示。一般由铝合金铸造,重量轻,既可防止漏磁,又有良好的散热性。

前端盖有凸出的安装臂和调整臂,后端盖上装有电刷组件与电压调节器总成。前、后端盖上均有通风口。

(1) 电刷组件:如图 2-32 所示,电刷组件由电刷、电刷架和电刷弹簧组成。电刷通

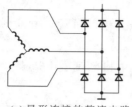
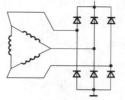

(a) 星形连接的整流电路　　(b) 三角形连接的整流电路

图 2-30　整流电路

过滑环向励磁绕组供电。两个电刷分别装在与端盖绝缘的电刷架内,电刷弹簧使电刷和滑环保持紧密接触。

交流发电机的电刷架有两种形式:外装式电刷架和内装式电刷架,如图 2-33 所示。

① 外装式电刷架:可以从发电机的外面拆装,由于电刷的拆装和更换不需要解体发电机,维修方便,因此得到广泛应用。

(a) 前端盖　　(b) 后端盖

图 2-31　端盖

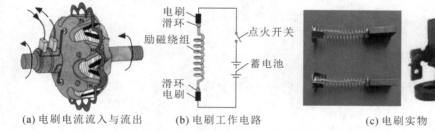

(a) 电刷电流流入与流出　　(b) 电刷工作电路　　(c) 电刷实物

图 2-32　电刷组件

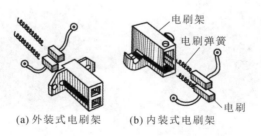

(a) 外装式电刷架　　(b) 内装式电刷架

图 2-33　电刷架

② 内装式电刷架:由于电刷检修、更换不便,已很少采用。

电刷包括绝缘电刷和搭铁电刷。每个电刷都有一根引线。

① 绝缘电刷:外壳绝缘,其引线接到发电机后端盖外部的接线柱"F"上,称为发电机的磁场接线柱。

② 搭铁电刷:用来搭铁。

（2）电压调节器：当发电机转速变化时，自动控制发电机的输出电压，使其保持恒定，防止发电机电压过高而烧坏用电设备和导致蓄电池过量充电，同时也防止发电机电压过低而导致用电设备工作失常和蓄电池充电不足。

当交流发电机的转速改变时，调节器通过发电机的励磁电流来改变磁极磁通量，从而控制发电机输出电压，使之保持恒定。

按照搭铁极性，搭铁可分为内搭铁和外搭铁，分别配内搭铁发电机和外搭铁发电机。

按照工作原理，电压调节器可分为触点式电压调节器、晶体管调节器、集成电路调节器和电脑控制调节器。触点式电压调节器结构复杂、可靠性差，目前已淘汰。

5）带轮

作用：曲轴通过皮带、带轮驱动发电机转子运转进行发电。

类型：带轮常见的类型有单槽、双槽和多楔形槽，如图 2-34 所示。

(a) 单槽　　　　　　(b) 双槽　　　　　　(c) 多楔形槽

图 2-34　带轮

装配：利用半圆键装在前端盖外侧的转子轴上，再用弹簧垫片和螺母紧固。

6）风扇

作用：强制性通风散热，由铝合金制成或用薄钢板冲压而成。

类型：常见的有外置式和内置式两种类型，如图 2-35 所示。

(a) 外置式　　　　　　　(b) 内置式

图 2-35　风扇

（1）外置式风扇：装在前端盖与带轮之间。

（2）内置式风扇：直接焊在转子上，可减小发电机体积。

5. 交流发电机工作原理

1) 发电原理

当发电机工作时,由蓄电池通过电刷与滑环输入直流电,磁场绕组通电产生旋转的磁场,使爪极一端被磁化成 N 极,另一端被磁化成 S 极。

2-11 交流发电机工作原理

当转子旋转时,磁场在定子绕组中交替变化,根据电磁感应原理,定子的三相绕组切割磁场产生相位间隔 120°的三相感应电动势。这就是交流发电机的发电原理,如图 2-36 所示。

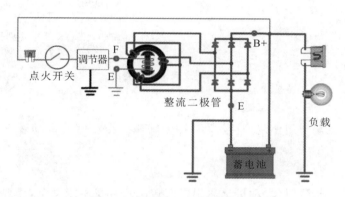

图 2-36 交流发电机发电原理示意图

2) 整流原理

将交流电变成直流电的过程称为整流。交流发电机定子三相绕组产生的交流电输入由 6 个二极管组成的三相桥式整流电路,经过整流后以直流电的形式为汽车电路各系统供电,如图 2-37 所示。

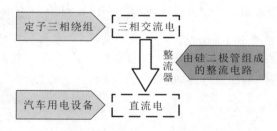

图 2-37 交流发电机整流原理示意图

二极管具有单向导通性,当给二极管加上正向电压时二极管导通;当给二极管加上反向电压时二极管截止。由于发电机定子产生的为三相交互式感应电动势,整流电路中导通的二极管总是两个。

如图 2-38 所示,三相桥式整流电路中的二极管依次循环导通,整流电路两端的电压则为导通的二极管相连接的两相定子的电动势之和,从而使负载 R_L 两端获得了一个从上到下较为平稳的脉动式直流电压,实现了将发电机产生的交流电转化为较为稳定的直流电的整流功能。

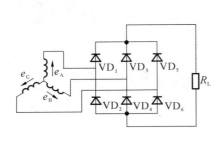
(a) 整流电路

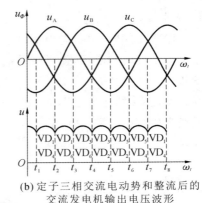
(b) 定子三相交流电动势和整流后的
交流发电机输出电压波形

图 2-38　交流发电机整流

3）励磁方式

将电流引入磁场绕组使之产生磁场，称为励磁。交流发电机励磁方式有他励和自励两种类型。

（1）他励。

在发电机转速较低时（发动机未达到怠速转速），自身不能发电，需要蓄电池供给发电机磁场绕组电流，使磁场绕组产生磁场来发电。这种由蓄电池供给励磁电流发电的方式称为他励发电。

（2）自励。

随着转速的提高（一般在发动机达到怠速时），发电机定子绕组的电动势逐渐升高并能使整流器二极管导通，当发电机的输出电压大于蓄电池电压时，发电机就能对外供电了。当发电机能对外供电时，就可以把自身发的电供给磁场绕组，这种自身供给励磁电流发电的方式称为自励发电。

交流发电机开始发电时，需由蓄电池供给励磁电流。当发电机电压达到蓄电池电压时，即由发电机自身供给励磁电流，也就是由他励转变为自励。

6. 交流发电机性能指标

1）额定电压

正常情况下，发动机达到怠速时，发电机的输出电压应能达到一个稳定值，这个电压值即额定电压。12 V 系统的发电机额定电压一般为 14 V，24 V 系统的发电机额定电压一般为 28 V。

2）空转转速

空转转速是指交流发电机不带负载，能够达到额定电压时的初始转速值。

3）额定电流

发电机输出最大电流的 2/3 定为发电机的额定电流。

4) 额定转速

达到额定电流时的转速定为额定转速。

> **拓展思考**
>
> 汽车发电机检修人员的工作就是确保汽车发电机的正常运转,为车主和社会提供稳定的服务。作为即将走入工作岗位的青年学生,要认识到自己工作的价值和使命,树立爱岗敬业的精神。

2.2.2 任务实施

1. 交流发电机就车检查项目

交流发电机就车检查项目主要有:检查传动带松紧度、检查导线连接、检查有无噪声、测试发电机电压、测试 B 接线柱电流。

1) 检查传动带松紧度

(1) 目视检查传动带有无裂纹或超出磨损极限,如不符合要求,应更换。

(2) 检查传动带的挠度。

当用 100 N 的力作用于两带轮之间的传动带中央部位时,新传动带的挠度应为 5～10 mm,旧传动带(即装到车上随发动机转动时间超过五个月以上)一般为 7～14 mm,具体指标应以车型手册规定为准。若传动带的挠度不符合要求,应及时调整。

(3) 检查传动带的张力。

传动带的挠度和张力都能反映发电机的驱动情况,因此,有的汽车只规定检查其中的一项。

2) 检查导线连接

(1) 检查各导线端头的连接部位是否正确、可靠。

(2) 发电机输出端子 B 必须加弹簧垫圈紧固接线。

(3) 对于采用插接器连接的发电机,其插座与线束插头的连接必须锁紧,不得有松动现象。

3) 检查有无噪声

发电机出现故障(特别是机械故障),如轴承破损、轴弯曲等,在发电机运转时,都会发出异常噪声。

检查时,逐渐加大发动机节气门开度,使发动机转速逐渐升高,同时监听发电机有无异常噪声,如有异常噪声,则应拆下发电机,并分解检修。

4) 测试发电机电压

(1) 在发动机停转且不使用车上电气设备的情况下,测量参考电压或基准电压。

(2) 启动发动机,使发动机转速保持在 2000 r/min,在不使用车上电气设备的情况下,测量空载充电电压。

(3) 在发动机转速仍为 2000 r/min 时,接通电器附件,当电压稳定时测量负载电压。

(4) 若有问题,可在充电电流为20 A时检查充电线路压降,将电压表正极接发电机"电枢"(B+)接线柱,电压表负极接蓄电池正极桩头,电压表读数不得超过0.7 V;将电压表正极接调节器壳体,另一端接发电机机壳,电压表读数不得超过0.05 V;当电压表一端接发电机机壳、另一端接蓄电池负极时,电压表读数不得超过0.05 V。

5) 测试B接线柱电流

(1) 将发动机熄火,拆掉蓄电池搭铁电缆端子,从硅整流发电机"电枢"(B+)接线柱上拆下原有引线,将0~40 A电流表串接在拆下的引线接头与"电枢"接线柱之间,并将电压表正极接"电枢"接线柱,负极与发动机机体相接。

(2) 切断汽车所有电器开关。

(3) 装复蓄电池搭铁电缆接头,启动发动机,使发电机在略高于额定负荷转速下工作,这时电流表读数应小于10 A,电压表读数应在调节器规定的调压值范围内。

(4) 接通汽车主要用电设备(如前照灯、远光灯、暖风机、空调、刮水器等),使电流表读数大于30 A,此时电压表读数应大于蓄电池电压。

(5) 熄火,先拆去蓄电池搭铁电缆端子,拆除电压表、电流表,重新装复发电机"电枢"线和蓄电池搭铁电缆端子。

注意:若电压值超过规定电压上限,一般为调压器故障;若电压值远低于电压下限,电流过小,应检查发电机个别二极管或个别电枢绕组是否有故障。

2. 交流发电机的不解体检测

(1) 用万用表R×1挡检测发电机各接线柱之间的阻值并进行分析判断。

(2) 手持带轮检查轴承轴向及径向间隙。

(3) 转动转子,检查轴承阻力、噪声以及转子与定子之间有无摩擦和异响。当发现阻力较大时,可拆除电刷再试,以确定阻力是来自电刷还是来自轴承。

(4) 转动转子轴,检查带轮的摆差(摇头)大小,以判断转子轴是否弯曲。

(5) 检查外壳、挂脚等处有无裂纹及损坏。

3. 交流发电机的检修

交流发电机的检修主要分为七个步骤,分别是拆卸发电机、分解发电机、检查发电机、组装发电机、安装发电机、检查发电机外围、项目检查。

2-12 发电机的拆装及检测

1) 拆卸发电机

将发电机从车上拆卸下来,拆卸蓄电池负极、断开负极线,拆下发电机和空调压缩机皮带,拆下发电机正极电缆螺母,断开发电机线束插头,拆下2个发电机螺栓,拆下发电机。

2-13 拆卸发电机

2) 分解发电机

(1) 分解发电机带轮。

(2) 分解发电机端盖。

(3) 分解电刷架总成。

2-14 分解发电机

(4) 分解发电机线圈总成。
(5) 分解发电机转子总成。
(6) 分解轴承挡片。

3) 检查发电机

(1) 检查发电机带轮。
(2) 检查电刷总成。
(3) 检查发电机转子总成。
(4) 检查发电机定子。
(5) 检查发电机整流器。
(6) 检查发电机驱动端端盖轴承。

2-15 检查发电机

4) 组装发电机

(1) 组装驱动端端盖挡片。
(2) 组装发电机转子总成。
(3) 组装发电机线圈总成。
(4) 组装发电机电刷架总成。
(5) 组装发电机后端盖。
(6) 组装发电机带轮。

2-16 组装发电机

5) 安装发电机

安装发电机到车上,连接发电机线束插头,安装发电机正极电缆螺母,安装发电机和空调压缩机皮带,安装蓄电池负极。

6) 检查发电机外围

(1) 确认发电机离合器带轮安装是否牢靠,锁止功能是否良好。

2-17 安装发电机

检查驱动皮带外观、挠度和张力。
(2) 检查并确认发电机配线,目视并徒手检查连接是否松动,保证连接牢靠。
(3) 检查发电机是否有异响。
(4) 检查充电警告灯电路。

7) 项目检查

通过以上检查与维修,工作结束时,进行维修质量的验证,启动车辆,检查车辆运行是否正常。

> **拓展思考**
>
> 汽车发电机检修涉及用电安全和举升机等机械装置的安全操作,在工作的过程中务必严格遵守操作规程,注重安全生产。

> **拓展知识**
>
> 动力电池认知
>
> 党的二十大报告提出,积极稳妥推进碳达峰碳中和,立足我国能源资源禀赋,坚持先立后破,有计划分步骤实施碳达峰行动,深入推进能源革命,加强煤炭清洁高效利用,加快规划建设新型能源体系,积极参与应对气候变化全球治理。"双碳"

目标中要控制的化石能源消耗、交通的清洁低碳转型,都需要新能源汽车及其连带产业来实现。目前常见的新能源汽车大多为纯电动汽车或混合动力汽车。无论是新能源汽车还是传统的燃油车都离不开电池。

新能源电动汽车使用的动力电池是什么类型？与传统汽车的蓄电池有什么区别？

1. 锂离子电池认知

锂离子电池是指以锂离子嵌入化合物为正极材料的电池的总称。

锂离子电池以碳材料为负极,以含锂的化合物为正极,没有金属锂存在,只有锂离子,这就是锂离子电池,如图2-39所示。

1) 锂离子电池结构

锂离子电池主要由正极、负极、隔膜板、电解液及安全阀等组成,如图2-40所示。

图 2-39 锂离子电池实物图

2-18 锂离子电池的基本特征

2-19 常见锂离子电池的性能

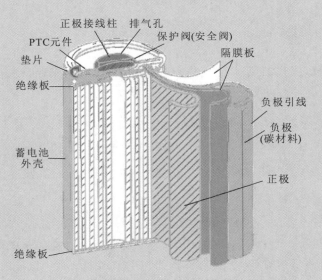

图 2-40 锂离子电池结构图

(1) 正极。

锂离子电池正极材料具有能使锂离子较为容易地嵌入和脱出,并能同时保持结构稳定的一类化合物——嵌入式化合物。目前,被用来作为正极材料的嵌入式化合物均由含锂的过渡金属氧化物组成,在锰酸锂离子电池中以锰酸锂为主要原料,在磷酸铁锂离子电池中以磷酸铁锂为主要原料,在镍钴锰锂离子电池中以镍钴锰锂为主要原料。在正极活性物质中再添加导电剂、树脂黏合剂,并涂覆在铝基体上,呈细薄层分布。

在充、放电循环过程中,锂离子会在金属氧化物的电极上进行反复的嵌入和脱出反应。金属氧化物结构内氧的排列和其稳定性是电极材料的重要指标。

(2) 负极。

负极活性物质由碳材料与黏合剂的混合物再加上有机溶剂调和而成,呈糊状,其涂覆在铜基上,呈薄层状分布。

负极材料是决定锂离子电池综合性能优劣的关键因素之一。比容量高、容量衰减率小、安全性能好是对负极材料的基本要求。目前,应用的负极材料有碳材料、氧化物负极材料、金属及合金类负极材料。

① 碳材料。

碳材料是目前商品化的锂离子电池中应用极为广泛的负极材料。碳材料包括石墨、无定形碳。其中石墨又分为天然石墨、人造石墨;无定形碳分为硬炭和软炭。石墨是锂离子电池碳材料中应用最早、研究最多的一种,其具有完整的层状晶体结构。石墨的层状结构,有利于锂离子的脱嵌,能与锂形成锂-石墨层间化合物,是一种性能较好的锂离子电池负极材料。

② 氧化物负极材料。

氧化物是当前人们研究的另一种负极材料,包括金属氧化物、金属基复合氧化物和其他氧化物。

③ 金属及合金类负极材料。

金属锂是最先采用的负极材料,因为充电时,负极表面会形成枝晶,导致电池短路,于是人们开始寻找一种能替代金属锂的负极材料。金属合金最大的优势就是能够形成含锂量很高的锂合金,具有很高的容量密度。相较于碳材料,合金的较大密度使得其理论体积能量密度也较大。同时,合金材料由于具有加工性能好、导电性好等优点,被认为是极有发展潜力的一种负极材料。

(3) 隔膜板。

隔膜板的功能是关闭或阻断通道,一般使用聚乙烯或聚丙烯材料的微多孔膜。关闭或阻断功能,是指电池出现异常温度上升,阻塞或阻断作为离子通道的细孔时,电池停止充、放电反应。隔膜板可以有效防止因外部短路等引起的过大电流而使电池产生异常发热现象。这种现象即使只产生一次,电池也不能再正常使用。

(4) 电解液。

电解液是以混合溶剂为主体的有机电解液。为了使作为主要电解质成分的锂盐溶解,溶剂必须具有高电容率且与锂离子相容性好,即以不阻碍离子移动的低黏度的有机溶液为宜,而且在锂离子电池的工作温度范围内,必须呈液体状态,凝固点低,沸点高。电解液对于活性物质具有化学稳定性,必须良好适应充、放电过程中发生的剧烈的氧化还原反应。又由于使用单一溶剂很难满足上述严格条件,因此电解液一般混合几种不同性质的溶剂使用。

(5) 安全阀。

为了保证锂离子电池的使用安全性,一般对外部电路进行控制或者在电池内部设有异常电流切断的安全装置。即使这样,在使用过程中也有可能由于其他原因电池内压异常上升,因此设置安全阀释放气体,以防止电池破裂。安全阀实际上是一次性非修复式保护破裂膜。

2) 锂离子电池工作原理

锂离子电池充电时,锂离子从正极材料的晶格中脱出,通过电解质溶液和隔膜嵌入负极材料晶格中。放电时,锂离子从负极中脱出,通过电解质溶液和隔膜嵌入正极材料晶格中。在整个充、放电过程中,锂离子往返于正、负极之间,如图 2-41 所示。

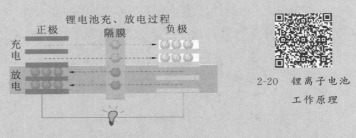

2-20 锂离子电池工作原理

图 2-41 锂离子电池工作原理图

(1) 钴酸锂离子电池。

钴酸锂离子电池由作为氧化剂的正极活性物质、作为还原剂的负极活性物质、作为锂离子导电的电解液以及防止两个电极产生短路的隔板组成,利用正极与负极之间锂离子的移动来进行充电和放电。

充电时的反应如下。

正极:$LiCoO_2 \Longrightarrow Li_{1-x}CoO_2 + xLi^+ + xe^-$

负极:$6C + xe^- + xLi^+ \Longrightarrow Li_xC_6$

放电时的反应如下。

正极:$Li_{1-x}CoO_2 + xLi^+ + xe^- \Longrightarrow LiCoO_2$

负极:$Li_xC_6 \Longrightarrow 6C + xe^- + xLi^+$

(2) 磷酸铁锂离子电池。

正极由橄榄石结构的磷酸铁锂组成,负极由石墨组成,中间是聚烯烃隔膜,用于隔离正极和负极、阻止电子而允许锂离子通过。充电时,锂离子从正极脱嵌,经过电解质进入负极,同时电子从外电路由正极向负极移动,以保证正、负极的电荷平衡。

放电时,锂离子从负极脱嵌,经过电解质嵌入正极。

充电:$LiFePO_4 - xLi^+ - xe^- \xrightarrow{充电} xFePO_4 + (1-x)LiFePO_4$

放电:$FePO_4 + xLi^+ + xe^- \xrightarrow{放电} xLiFePO_4 + (1-x)FePO_4$

(3) 锰酸锂离子电池。

充电时,正极上的电子从外部电路跑到负极上,锂离子从正极进入电解液,通过隔膜,到达负极,与电子结合在一起。

放电时,负极上的电子从外部电路跑到正极上,锂离子从负极进入电解液,通过隔膜,到达正极,与电子结合在一起。

负极反应如下。

充电时:$6C + xe^- + xLi^+ = Li_xC_6$

放电时:$Li_xC_6 = 6C + xe^- + xLi^+$

正极反应如下。

充电时:$LiMn_2O_4 \longrightarrow Li_{1-x}Mn_2O_4 + xLi^+ + xe^-$

放电时:$Li_{1-x}Mn_2O_4 + xLi^+ + xe^- \longrightarrow LiMn_2O_4$

(4) 镍钴锰锂离子电池。

镍钴锰锂离子电池又称三元锂电池、三元聚合物锂电池,是指以镍钴锰三元材料作为正极材料,以石墨作为负极材料的电池。

2. 燃料电池认知

1) 燃料电池结构

燃料电池主要由电极(阳极、阴极)、电解质隔膜等组成,如图 2-42 所示。

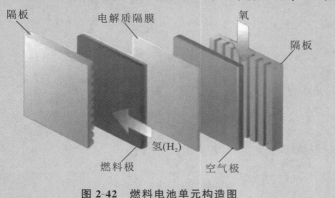

图 2-42 燃料电池单元构造图

2-21 燃料电池的分类、原理及特性

通常阳极为氢电极,阴极为氧电极。阳极和阴极上都需要含有一定量的电催化剂,用来加速电极上发生的电化学反应,两电极之间是电解质。

电解质隔膜的主要功能是分隔氧化剂与还原剂,并传导离子,故电解质隔膜越薄越好,但亦需顾及强度。就现阶段的技术而言,一般厚度在数十毫米至数百毫米之间。

集电器又称为双极板,具有收集电流、分隔氧化剂与还原剂、疏导反应气体等作用,集电器的性能主要取决于其材料特性、流场设计及加工技术。

2）燃料电池工作原理

燃料电池的工作原理相对简单,主要包括燃料氧化和氧气还原两个电极反应及离子传输过程,如图2-43所示。

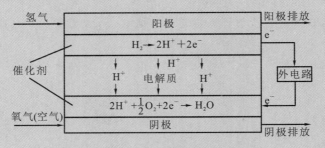

图2-43 燃料电池工作原理图

燃料电池的阳极输入氢气,氢气分子在阳极催化剂作用下被离解成为氢离子,氢离子穿过燃料电池的电解质层向阴极方向运动,电子因通不过电解质层而由一个外电路流向阴极;在电池阴极输入氧气,氧气在阴极催化剂作用下,与通过外电路流向阴极的电子和穿过电解质的氢离子结合生成结构稳定的水分子,完成电化学反应,放出热量。

总反应为

$$H_2 + \frac{1}{2}O_2 \longrightarrow H_2O$$

这种电化学反应与氢气在氧气中发生的剧烈燃烧反应是完全不同的,只要阳极不断地输入氢气,阴极不断地输入氧气,电化学反应就会连续不断地进行下去,电子就会不断地通过外电路流动形成电流,从而连续不断地向汽车提供电力。

3）质子交换膜燃料电池

质子交换膜燃料电池采用可传导离子的聚合膜作为电解质,所以也叫聚合物电解质燃料电池（PEFC）、固体聚合物燃料电池（SPFC）或固体聚合物电解质燃料电池（SPEFC）,是目前应用非常广泛的燃料电池。

2-22 质子交换膜燃料电池及直接甲醇燃料电池

（1）质子交换膜燃料电池单体基本结构。

质子交换膜燃料电池单体由质子交换膜、电催化剂、电极、集流板与流道等组成,如图2-44所示。

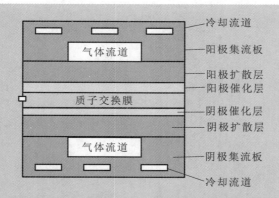

图 2-44　质子交换膜燃料电池单体基本结构图

① 质子交换膜。

质子交换膜是质子交换膜燃料电池中非常重要的部件之一,其性能好坏直接影响电池的性能和寿命。它不仅是一种将阳极的燃料与阴极的氧化剂隔开的隔膜,还是电解质和电催化剂(电极活性物质)的基底,即兼有隔膜和电解质的作用。另外,质子交换膜还是一种选择透性膜,在质子交换膜的高分子结构中,含有多种离子基团,它只允许氢离子穿过,其他离子、气体及液体均不能通过。

② 电催化剂。

为了加快电化学反应速度,气体扩散电极上都含有一定量的催化剂。质子交换膜燃料电池的电催化剂主要有铂系和非铂系两类。目前多采用铂催化剂。

③ 电极。

质子交换膜燃料电池的电极是一种多孔气体扩散电极,一般由扩散层和催化层构成。扩散层是由导电材料制成的多孔合成物,起着支撑催化层,收集电流,为电化学反应提供电子通道、气体通道和排水通道的作用。催化层是进行电化学反应的区域,是电极的核心部分,其内部结构粗糙多孔,因而有足够的表面积来促进氢气和氧气的电化学反应。

④ 集流板与流道。

集流板又称双极板,是电池的重要部件之一,其作用是分隔反应气体,收集电流,将各个单电池串联起来以及通过流场为反应气体进入电极和水的排出提供通道。燃料电池极板的冷却流道是指极板上的一系列通道,用于循环冷却剂以控制极板的温度。冷却剂可以是液体或气体,其作用是吸收极板产生的热量,并将其带走,以保持极板适宜的工作温度。

(2) 质子交换膜燃料电池工作原理。

质子交换膜燃料电池在原理上相当于水电解的"逆"装置。其单电池由阳极、阴极和质子交换膜等组成,阳极为氢气燃料氧化的场所,阴极为氧化剂还原的场所,两个电极都含有加速电极电化学反应的催化剂,质子交换膜为电解质。

导入的氢气通过阳极集流板经由阳极扩散层到达阳极催化层,在阳极催化剂的作用下,氢气分子分解为带正电的氢离子(即质子)并释放出电子,完成阳极反应。

氢离子穿过质子交换膜到达阴极催化层,而电子则由集流板收集,通过外电路到达阴极,电子在外电路形成电流,通过适当连接可向负载输出电能。在电池另一端,氧气通过阴极集流板经由阴极扩散层到达阴极催化层,在阴极催化剂的作用下,氧气与透过膜的氢离子及来自外电路的电子发生反应生成水,完成阴极反应。

阳极反应:$2H_2 \Longrightarrow 4H^+ + 4e^-$

阴极反应:$4H^+ + 4e^- + O_2 \Longrightarrow 2H_2O$

电池的总反应:$2H_2 + O_2 \Longrightarrow 2H_2O$

上述过程是理想的工作过程,实际上,整个反应过程中会存在很多中间步骤和中间产物。

4) 直接甲醇燃料电池

直接甲醇燃料电池(DMFC)属于质子交换膜燃料电池中的一类,是将液体燃料甲醇的化学能直接转化为电能的一种电化学反应装置。

(1) 直接甲醇燃料电池单体基本结构。

直接甲醇燃料电池单体主要由阳极、固体电解质膜和阴极构成。

阳极和阴极分别由多孔结构的扩散层和催化层组成。

通常使用不同疏水性、亲水性的炭黑和聚四氟乙烯作为直接甲醇燃料电池的阳极材料和阴极材料。

(2) 直接甲醇燃料电池工作原理。

燃料甲醇(水溶液)沿阳极区的极板流场通道,经扩散层进入催化层并在阳极催化剂的作用下发生电化学氧化反应产生质子、电子和二氧化碳。其中二氧化碳从阳极出口排出,质子经固体电解质膜传递到阴极区,电子则经外电路做功后进入阴极区,如图2-45所示。

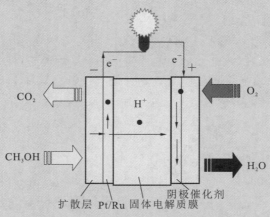

图2-45 直接甲醇燃料电池工作原理图

氧化剂(氧气或空气)则沿阴极区的极板流场通道,经扩散层进入催化层并在阴极催化剂的作用下与流经外电路进入阴极的电子和流经固体电解质膜进入阴极的质子发生电化学还原反应生成水。电子的传递形成外电路,实现化学能到电能的转化。

阳极反应:$CH_3OH + H_2O \longrightarrow CO_2 + 6H^+ + 6e^-$

阴极反应:$6e^- + \frac{3}{2}O_2 + 3H_2O \longrightarrow 6OH^-$

电池的总反应:$CH_3OH + \frac{3}{2}O_2 \longrightarrow CO_2 + 2H_2O$

 2-23 动力电池的检测

 2-24 动力电池的更换

 2-25 动力电池均衡仪的使用

 2-26 动力电池的日常保养

模块2测评

模块3

汽车起动系统检修

模块描述

为了提高车辆的启动性能,现今汽车上普遍采用直流电机来驱动发动机启动运转。本模块的教学任务是对汽车起动系统各零部件的作用、操控方法、结构及工作原理进行分析,就典型的故障进行检修。

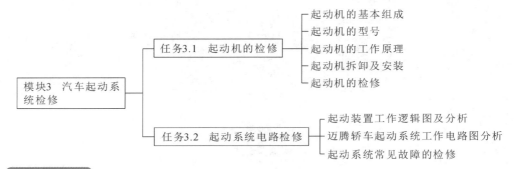

教学目标

素养目标

(1)培养负责、诚实守信的职业精神。
(2)培养执事敬、事思敬、修己以敬的工匠精神。
(3)培养耐心、专注、执着的良好品质。

知识目标

(1)了解起动机的功用、构造、工作原理。
(2)掌握起动机的分解、检修步骤。
(3)掌握汽车起动系统电路图识读方法。
(4)掌握汽车起动机维修技术标准及安全操作程序。
(5)掌握检修工具的选择与正确使用方法。
(6)掌握起动系统工作异常的故障分析和诊断方法。
(7)掌握起动系统工作异常的故障排除方法。
(8)掌握起动机的拆卸和安装的步骤。

技能目标

(1) 能进行起动机的拆装、检修。
(2) 能按照检修技术标准进行规范操作。
(3) 能进行起动机不转的故障原因分析和故障诊断。
(4) 能进行起动机运转无力的故障原因分析和故障诊断。
(5) 能进行起动机空转的故障原因分析和故障诊断。
(6) 能进行起动机的拆卸、安装。
(7) 能进行起动系统工作异常的故障排除。

任务 3.1 起动机的检修

任务导入

有一辆迈腾轿车,早上准备开车时发现发动机启动不着。根据车主反映,启动车辆时起动机不转。

任务分析

要排除此故障,首先,要正确了解起动系统的基本工作原理,能够确认故障现象;其次,要熟悉起动机的结构和工作原理,能分析故障原因;最后,要依据维修手册及相关的国家、行业、企业标准,按照正确的操作规程排除此故障。

任务要求

(1) 知识要求。掌握起动机的结构和拆装方法;掌握起动机的工作原理;掌握启动系统的工作过程。
(2) 能力要求。能够分析起动系统电路图;能够拆装起动机并对其进行检修,能够按照正确的操作规程排除起动系统故障。

3.1.1 知识链接

1. 起动机的基本组成

1) 作用

起动系统由蓄电池、点火开关、起动机等组成(见图 3-1)。其中,起动机的作用是将蓄电池的电能转化为机械能,驱动发动机飞轮旋转实现发动机的启动。

3-1 起动机的结构

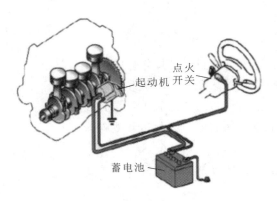

图 3-1 起动系统的结构

2) 起动机的分类
(1) 按磁场产生的方式分类。
① 励磁式起动机:磁场由励磁线圈产生。
② 永磁式起动机:以永磁材料为磁极。
(2) 按操纵机构分类。
① 直接操纵式起动机:很少使用。
② 电磁操纵式起动机:广泛采用。
(3) 按传动机构的啮合方式分类。
① 惯性啮合式起动机:借助惯性力使小齿轮啮入齿圈。
② 强制啮合式起动机:靠电磁力拨动小齿轮强制啮合。
③ 电枢移动式起动机:靠磁通力使电枢产生移动啮合。
④ 齿轮移动式起动机:依靠电磁开关推动电枢轴孔内的啮合杆,使驱动齿轮啮入飞轮齿圈。

3) 起动机的结构
起动机一般由串励式直流电动机、传动机构和电磁操纵机构等组成,如图 3-2 所示。

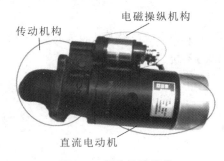

图 3-2 起动机的结构

串励式直流电动机的作用是将蓄电池输入的电能转化为机械能,产生转矩。
传动机构的作用是在发动机启动时,使起动机驱动齿轮啮入飞轮齿圈,将起动机转矩传递给发动机曲轴;而在发动机启动后,使驱动齿轮打滑而与飞轮齿圈自动脱开。

电磁操纵机构(控制机构)用来接通和切断起动机与蓄电池之间的电路。在有些汽车上,它还具有接入和隔除点火线圈附加电阻的作用。

(1) 串励式直流电动机。

① 串励式直流电动机的构造。

如图3-3所示,串励式直流电动机主要由电枢(转子)、磁极(定子)、电刷架与机壳等部件构成。

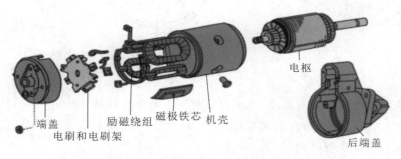

图3-3　串励式直流电动机解体图

a. 机壳。

机壳的作用是安装磁极,固定机件。机壳由低碳钢卷制而成,或由铸铁铸造而成。起动机工作时间很短,所以一般采用滑动轴承。机壳一端有四个检查窗口,便于进行电刷和换向器的维护,同时起动机的电磁开关也安装在机壳上,其上有一绝缘接线端,是电动机电流的引入线,并在内部与励磁绕组的一端相连。

b. 磁极。

磁极用来产生电动机运转所必需的磁场。

磁极由铁芯和励磁绕组构成。磁极铁芯一般由低碳钢制成,并通过螺钉固定在电动机壳体的内壁上。磁极一般是4个,由4个励磁绕组形成两对磁极,并两两相对,磁极绕组一端接在外壳的绝缘接线柱上,另一端与两个非搭铁电刷相连,当励磁绕组接通产生电流时,在磁极铁芯中就会产生磁场,如图3-4、图3-5所示。

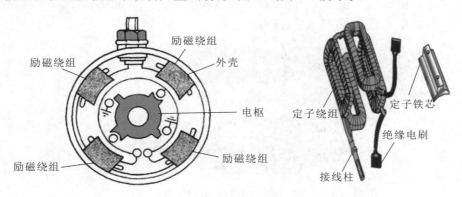

图3-4　磁极结构

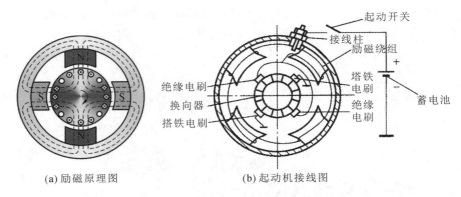

(a) 励磁原理图　　　　　(b) 起动机接线图

图 3-5　励磁电路

励磁绕组的连接方式有两种：将所有励磁绕组的所有线圈串联在一起，然后再与电枢绕组串联（见图 3-6(a)）；将励磁绕组的线圈分成两组，每组线圈相互串联，然后两组再并联起来与电枢绕组串联（见图 3-6(b)）。

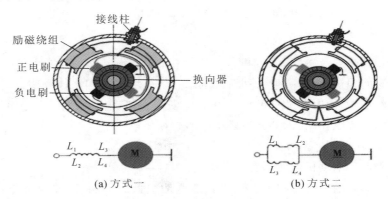

(a) 方式一　　　　　(b) 方式二

图 3-6　励磁绕组连接方式

c. 电枢。

电枢的作用是产生电磁转矩。电枢是直流电动机产生转矩的输出部分，包括电枢轴、换向器、电枢铁芯、电枢绕组，如图 3-7 所示。

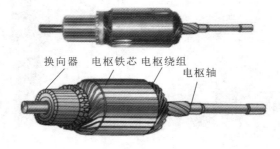

图 3-7　电枢结构

电枢轴起固装电枢铁芯和换向器的作用，还伸出一定长度的花键，和啮合器总成内花键相配合来传递电磁转矩;电枢铁芯由多片互相绝缘的硅钢片叠成,如图 3-8 所示。

换向器的作用是将电枢绕组的电流及时换向,以使电枢各绕组受磁场力作用后,产生方向不变的电磁转矩而能够转动起来。它由若干铜片组成,各铜片之间通过云母片绝缘,每匝电枢绕组的端子都焊接在相应的铜片上,如图 3-9 所示。

图 3-8　电枢轴　　　　　　图 3-9　换向器

d. 电刷与电刷架。

电刷与电刷架的作用是将电流引入电枢,使电枢产生连续转动,如图 3-10 所示。

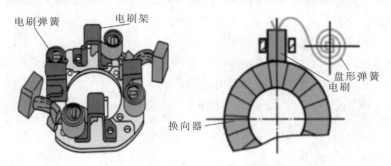

图 3-10　电刷与电刷架结构

电刷一般用铜和石墨压制而成,有利于减小电阻及提高耐磨性。电刷装在电刷架中,借弹簧压力紧压在换向器上。电刷根据其功能不同又分为正电刷和负电刷。其中与外壳直接相连构成电路搭铁的电刷,称为搭铁电刷(负电刷);与励磁绕组和电枢绕组相连,且与外壳绝缘的电刷,称为绝缘电刷(正电刷)。

② 串励式直流电动机的工作原理。

直流电动机是将电能转变为机械能的设备,它是根据带电导体在磁场中受到电磁力作用的原理而制成的。

电动机工作时,电流通过电刷和换向片流入电枢绕组。如图 3-11(a)所示,换向片 A 与正电刷接触,换向片 B 与负电刷接触,此时绕组中的电流方向为 $a-d$,根据左手定则可确定绕组的两个匝边 ab、cd 均受到电磁力 F 的作用,由此产生逆时针方向的电磁转矩 M 使电枢转动;如图 3-11(b)所示,在 M 的作用下,电枢绕组转动,当匝边 ab 转到下半平面、匝边 cd 转到上半平面时,a 端换向片与 d 端换向片交换所接触的电刷,使电枢绕组的电流换向,线圈中电流的方向变为 $d-a$,电枢绕组两匝边受磁场力 F 作用所形成的电磁转矩 M 的方向保持不变。在方向不变的电磁转矩 M 的作用下,电枢便可持续转动。

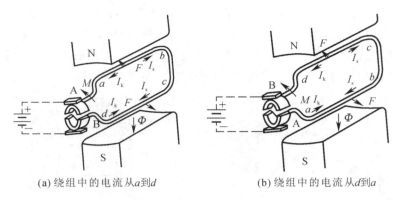

(a) 绕组中的电流从 a 到 d　　　　(b) 绕组中的电流从 d 到 a

图 3-11　直流电动机的工作原理

（2）传动机构。

功用：启动时，使起动机的驱动齿轮与发动机的飞轮齿圈啮合，将电动机产生的转矩传递给飞轮。启动后自动切断动力传递，防止电动机被发动机带动超速运转而损坏。

结构：由驱动齿轮、单向离合器、拨叉等组成，如图 3-12 所示。

① 单向离合器。

作用：启动时将电枢的电磁转矩传递给发动机飞轮；启动后，发动机带动起动机时，啮合机构立即打滑，即具有单向传递动力的作用。

单向离合器常见的类型有滚柱式（见图 3-13）、摩擦片式、扭簧式和棘轮式等。

图 3-12　传动机构结构图

图 3-13　滚柱式单向离合器

滚柱式单向离合器是利用滚柱在两个零件之间的楔形槽内的楔紧和放松作用，实现扭矩传递和打滑的。

滚柱式单向离合器的工作原理：启动时，电枢轴通过花键套筒带动十字块旋转，这时滚柱在摩擦力作用下，滚入楔形槽的窄端，将十字块与外壳楔成一体，于是将转矩传给了驱动齿轮，带动飞轮齿圈转动，启动发动机，如图 3-14 所示。

② 拨叉。

拨叉的作用是使离合器做轴向移动，将驱动齿轮啮入和脱离飞轮齿圈，如图 3-15 所示。

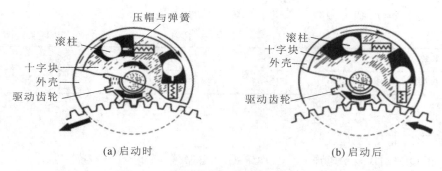

(a) 启动时　　　　　　(b) 启动后

图 3-14　滚柱式单向离合器的工作原理

（3）电磁操纵机构。

电磁操纵机构利用电磁力操纵拨叉,使起动机驱动齿轮与飞轮齿圈啮合或分离,并控制电动机主电路的接通与切断,如图 3-16 中的虚线框所示。

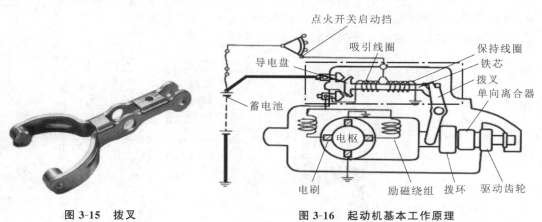

图 3-15　拨叉　　　　　　图 3-16　起动机基本工作原理

2. 起动机的型号

根据《汽车电气设备产品型号编制方法》QC/T 73—1993 的规定,起动机铭牌上的规格型号如图 3-17 所示。

(a) 型号编码规则　　　　　　(b) 起动机铭牌

图 3-17　起动机铭牌上的规格型号

（1）第 1 部分:产品代号。QD、QDJ、QDY 分别表示起动机、减速起动机及永磁起动机。

（2）第 2 部分:电压等级。1 代表 12 V,2 代表 24 V,6 代表 6 V。

(3) 第3部分:功率等级。其含义如表3-1所示。

表3-1 功率等级

功率等级	1	2	3	4	5	6	7	8	9
功率/kW	0~1	1~2	2~3	3~4	4~5	5~6	6~7	7~8	8~9

(4) 第4部分:设计序号。

(5) 第5部分:变型代号。

例如,QD124B表示电压12 V、功率1~2 kW、第四次设计的起动机。

3. 起动机的工作原理

起动机的直流电动机将电能转换为机械能,它是根据直流电动机电枢上的载流导体在磁场中受电磁力作用而发生运动的原理工作的。发动机启动的过程是通过控制起动机的电磁开关及直流电动机的供电、断电来实现的。如图3-18所示,当起动电路接通后(即接通点火开关启动挡后),电磁开关通电,其电路如下。

3-2 起动机的工作原理

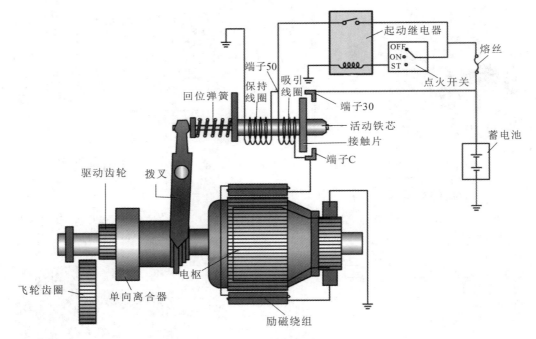

图3-18 起动机工作电路图

(1) 保持线圈电流:蓄电池正极—点火开关—端子50—保持线圈—搭铁—蓄电池负极。

(2) 吸引线圈电流:蓄电池正极—点火开关—端子50—吸引线圈—端子C—励磁线圈—正电刷—换向器片—电枢绕组—换向器片—负电刷—搭铁—蓄电池负极。

此时吸引线圈和保持线圈并联,在电路(1)和(2)的共同作用下,流经吸引线圈和保持线圈的电流方向相同,产生的电磁力克服回位弹簧弹力,使活动铁芯向右移动,推动接触片向右移动,使端子30和端子C接通。同时活动铁芯左端又通过拨叉带动驱动齿轮向左移向飞轮齿圈。由于电路(2)的作用,电动机会缓慢旋转,使驱动齿轮与飞轮齿圈啮合。在驱动齿轮与飞轮齿圈啮合后,接触片正好将两个主触点端子30和端子C接通,接通起动机的主电路,电动机开始转动。

(3) 起动机主电路电流:蓄电池正极—端子30—接触片—端子C—励磁线圈—正电刷—换向器片—电枢绕组—换向器片—负电刷—搭铁—蓄电池负极。

在主电路(3)工作期间,吸引线圈由于两端均连接蓄电池正极而被短路,因此无电流通过,主触点接通的位置靠保持线圈来保持。

发动机启动成功后,松开点火开关启动挡,在电磁和机械惯性作用下端子30和端子C仍然保持接合状态,此时蓄电池继续给电磁开关供电,形成退磁电路。

(4) 退磁电路电流:蓄电池正极—端子30—接触片—端子C—吸引线圈—保持线圈—搭铁—蓄电池负极。

此时吸引线圈与保持线圈相互串联,产生的电磁力方向相反,相互抵消,电磁开关在回位弹簧的作用下,使活动铁芯迅速回位,切断了起动机主电路,同时驱动齿轮在拨叉的作用下与飞轮齿圈脱离啮合,启动过程完成。

3.1.2 任务实施

1. 前期准备

安全防护:实训着装、完成车辆防护。

工具设备:举升机、常用工具套装。

实训设备:实训车或实训台架总成。

辅助资料:维修手册、教材。

2. 实施过程

1) 起动机的拆卸及安装

步骤一:拆卸起动机。

(1) 断开蓄电池负极电缆。

(2) 拆卸散热器上空气导流板。

(3) 分离线束卡夹,拆下发动机上部固定螺栓。

(4) 断开电磁开关线束连接器,拆下端子盖。

(5) 拆下起动机端子30固定螺母,并断开端子30。

(6) 拆下起动机下部固定螺栓并取下起动机总成。

图3-19所示为拆卸起动机。

步骤二:拆解起动机总成。

(1) 拆卸磁力起动机开关总成。

(2) 拆卸起动机磁轭总成。

3-3 起动机的拆卸及安装

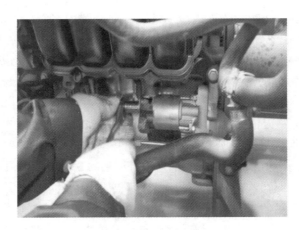

图 3-19　拆卸起动机

（3）拆卸起动机电枢总成。
（4）拆卸起动机电枢板。
（5）拆卸起动机电刷架总成。
（6）拆卸行星齿轮。
（7）拆卸起动机单向离合器总成。

图 3-20 所示为拆解起动机总成。

图 3-20　拆解起动机总成

步骤三：组装起动机总成。
（1）安装起动机单向离合器总成。
（2）安装行星齿轮。
（3）安装起动机电刷架总成。
（4）安装起动机电枢板。
（5）安装起动机电枢总成。
（6）安装起动机磁轭总成。
（7）安装磁力起动机开关总成。

图 3-21 所示为组装起动机总成。

图 3-21　组装起动机总成

步骤四：安装起动机。
(1) 安装起动机总成。
(2) 安装散热器上的空气导流板。
(3) 连接蓄电池负极端子。
2) 起动机的检修
(1) 起动机常见故障分析。
起动机常见故障现象和故障原因如表 3-2 所示。

表 3-2　起动机常见故障分析

序号	起动机常见故障现象	故障原因
1	接通起动开关后,起动机高速旋转而发动机曲轴无反应	传动齿轮或单向离合器磨损
2	起动机无法正常工作,驱动齿轮不转	电源线出现问题、起动开关接触盘烧蚀以及发动机阻力过大,等等
3	起动机动力输出不足,无法带动曲轴	励磁线圈短路和蓄电池亏电均可引发起动机动力不足
4	起动机运转声音刺耳	单向离合器卡死或起动机安装不当
5	起动机开关时有"嗒嗒"声,且不工作	线圈断线或蓄电池严重亏电

(2) 起动机解体检测。
① 直流电动机励磁绕组及电刷的检测：有无断路、短路和搭铁故障。
② 直流电动机电枢的检测：有无断路、短路和搭铁故障以及电枢轴是否弯曲变形。
③ 电磁开关的检测。
a. 检查吸引线圈。
用万用表 R×1 挡测量,两表笔分别接端子 50 和端子 C。若电阻值符合标准,则线

3-4　起动机的检修

圈良好；如果测得电阻值为 0 或 ∞，说明吸引线圈有匝间短路或断路。

b. 检查保持线圈。

检查电磁开关接线柱与电磁开关壳体的导通情况。若不导通，线圈开路，应更换。

④ 单向离合器及驱动齿轮的检查。

任务 3.2　起动系统电路检修

任务导入

一辆迈腾轿车，早上准备开车时发现发动机启动不着。经过检查，起动机工作良好，那么下一步如何去检查，如何快速找到故障点？

任务分析

要排除此故障，首先，要正确了解起动系统的基本工作原理，能够确认故障现象；其次，要熟悉起动系统控制电路，能分析故障原因；最后，要依据维修手册及相关的国家、行业、企业标准，按照正确的操作规程排除此故障。

任务要求

（1）知识要求。掌握起动系统工作原理；掌握起动系统电路分析方法。

（2）能力要求。能够熟练分析起动系统电路；能够结合起动系统电路排除起动系统电路故障。

3.2.1　知识链接

1. 起动装置工作逻辑图及分析

迈腾轿车带有 KESSY 功能，不带启停功能，起动系统控制逻辑图（见图 3-22），具体的控制过程如下：

（1）起动按钮 E378 将启动请求传给 J764；

（2）J764 在相关条件（如防盗）满足后将启动信号端子 50 传给 J519；

（3）J519 在附加信号（P/N 挡信号）满足后控制起动继电器 J710 工作；

（4）起动继电器 J710 闭合，并将 50 号电传递给起动机电磁开关中的线圈，控制起动机工作，同时将反馈信号传递给 J764；

（5）起动机电磁开关中触点吸和，电流从蓄电池流向起动机，完成启动过程。

2. 迈腾轿车起动系统工作电路图分析

根据图 3-23，迈腾轿车起动系统工作过程如下。

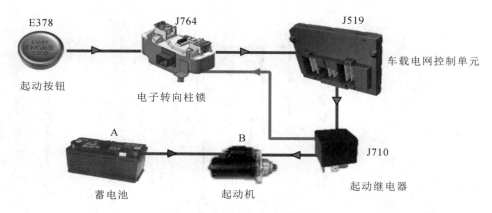

图 3-22 起动系统控制逻辑图

(1) 车载电网控制单元 J519 收到上游 15 号电信号后,为 15 号电继电器 J682 线圈供电;

(2) 15 号电继电器 J682 吸合后对下游电路输出 15 号电;

(3) 车载电网控制单元 J519 收到上游 50 号电信号后,为 50 号电继电器 J710 线圈供电;

(4) J710 获得来自 J682 的供电,当 J710 线圈通电、触点吸合时,输出 50 号电;

(5) 50 号电一方面供给起动机,启动发动机;另一方面反馈 50 号电信号状态至电子转向柱锁 J764,判断 50 号电继电器 J710 工作状态。

根据图 3-23,我们可以画出迈腾轿车起动系统电路简图,如图 3-24 所示,起动系统的具体控制过程如下。

(1) 起动机的工作由三个继电器来控制,分别是 J329、J682、J710。

(2) 当打开点火开关的时候,J329 继电器线圈通电产生磁场,进而导致 J329 继电器开关闭合。此时电流从 SB 30 保险丝进入 J329 端子,电流通过 J329 端子之后,进入 SC 10 保险丝。电流在此位置分成两路,一路进入 J682,一路进入 J710。这两路电流最终分别进入 J623 的两个端子。

(3) 当 J623 接收到制动信号、P 挡信号时,才会控制 T94/31、T94/9 对地接通。

(4) 当 T94/31、T94/9 对地接通时,J682、J710 两个继电器线圈通电产生磁场,进而两个继电器开关闭合。

(5) 此时三个继电器开关都处于闭合状态,起动机启动线圈通电,控制起动机工作。

3. 起动系统常见故障的检修

1) 点火开关及线路检修

(1) 点火开关到继电器的线路检测。

轻轻地上下或者左右摆动电气配线,检查导线是否从端子中脱开,如果异常,则需要进行紧固或者更换新的配线。

3-5 起动系统电路分析

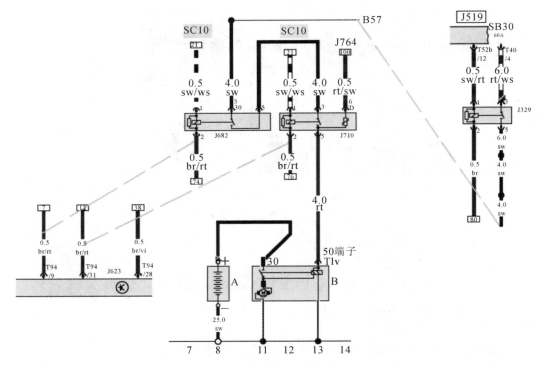

图 3-23 迈腾轿车起动系统电路图

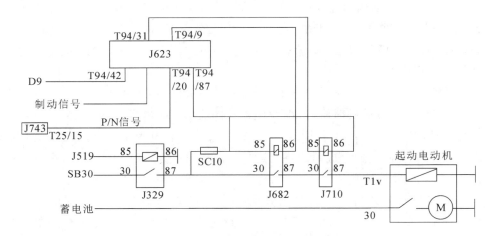

图 3-24 迈腾轿车起动系统电路简图

断开插接器,查看线头是否被腐蚀,如果被腐蚀,则需要更换新的配线。

(2) 点火开关检查。

用万用表测量点火开关的电阻。如果结果不符合规定,更换开关总成。

2) 继电器及线路检修

(1) 继电器到起动机的线路检测。

用万用表测量继电器到起动机的线路电阻。如果结果不符合规定,更换开关总成。

(2) 继电器检测。

根据表 3-3 中的值,用欧姆表测量电阻;如果电阻值不符合规定,说明继电器损坏,需要更换起动继电器。

表 3-3　继电器检测

检测仪连接	条件	规定状态	
3—5	在端子 1 和 2 之间不施加蓄电池电压	10 kΩ 或更大	
3—5	在端子 1 和 2 之间施加蓄电池电压	小于 1 Ω	

思政案例分享

一辆面包车在路上突然冒烟,并发生起火事故。随后,警方赶到现场进行调查,发现火灾是由车辆起动机老化、线路短路等故障引起的。令人震惊的是,在接受调查时,该车司机称其多次忽视车辆的维修保养,仅在发生较大故障的时候才会寻求维修服务。这次事故不仅造成了经济损失和人身伤亡,还揭示了未及时维修车辆造成的安全隐患,以及在职业素养和思想道德上的缺失所带来的危害。

这个案例告诉我们几个重要的思想。

首先,安全意识不可忽视。在日常使用车辆时,我们应该及时维护和检修起动机,并认识到汽车检修对于人身安全的重要性。

其次,责任意识是必不可少的。作为汽车维修工,我们需要对车辆的维修保养负责,采取科学的方法来进行维修和更换车辆配件,修理车辆的过程中也要注意保持良好的职业道德和工作态度,切勿因贪图便宜或急于赚取利润而忽视专业技能和职业操守。

最后,思想道德素质的提高是必要的。学习汽车起动机检修这门课,也需要我们学习相关的职业道德和素质,比如坚定的安全意识、认真负责的工作态度、严格按规范操作的习惯等,只有这样我们才能够成为优秀的汽车维修工程师,并将生活中的安全隐患降到最低,为社会创造更多价值。

3.2.2　任务实施

1. 前期准备

安全防护:实训着装、完成车辆防护。
工具设备:举升机、常用工具套装。
实训设备:实训车或实训台架总成。
辅助资料:维修手册、教材。

3-6　起动系统常见故障检修

2. 实施过程

(1) 首先用解码器读取故障存储器,如图 3-25 所示,没有故障记录。

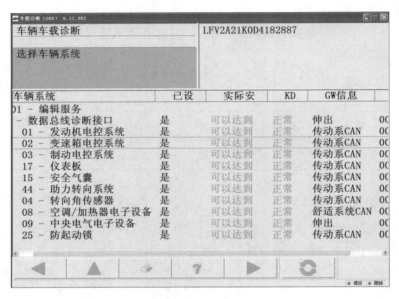

图 3-25　解码器检测数据

（2）启动发动机，仪表灯光无变化，起动机没有反应，检查熔断器及继电器无松动。

（3）测量起动机没有供电，拔下起动机继电器2，更换新的，试车，仍无反应。

（4）仔细查看，发现继电器插座插脚脱落（见图3-26）。

图 3-26　起动继电器

（5）推出插脚，重新固定，插上继电器，着车正常。

故障原因分析：插脚脱出，造成继电器与线束之间断路，导致起动机不工作，打不着车。

故障处理方法：固定插脚。

拓展知识

汽车典型驱动电机结构及原理

1. 概述

用于电动汽车的驱动电机与常规的工业电动机不同。电动汽车用驱动电机通常要求频繁启动、停车、加速、减速，低速或爬坡时要求高转矩，高速行驶时要求低转矩，并要求变速范围大。

3-7 新能源汽车电机驱动控制系统

基于新能源汽车驱动电机的基本性能要求，目前常用驱动电机类型主要包括三大类，即交流异步电动机、永磁同步电动机和开关磁阻电动机。目前，各车企配套车型统计中，每个车型选用的驱动电机类型也有所不同。因此，要进行新能源汽车搭载电动机类型选用，了解驱动电机的结构、工作原理和性能优缺点非常重要。

2. 直流电动机

直流电动机指能将直流电能转换成机械能的旋转电动机，其电动机定子提供磁场，直流电源向转子的绕组提供电流，换向器使转子电流与磁场产生的转矩两者方向保持不变。

1) 直流电动机的分类

直流电动机根据是否配置常用的电刷分为有刷直流电动机和无刷直流电动机两类。其中，无刷直流电动机既具有传统直流电动机良好的调速性能，又具有无滑动接触和换向火花、可靠性高、使用寿命长及噪声低等优点，因而在航空航天、数控机床、机器人、电动汽车、计算机外围设备和家用电器等领域都获得了广泛应用。

另外，直流电动机还根据定子绕组产生磁场的形式分为绕组励磁式直流电动机和永磁式直流电动机。

2) 直流电动机的构造

直流电动机由静止部分定子和旋转部分转子两大部分构成，如图3-27所示。

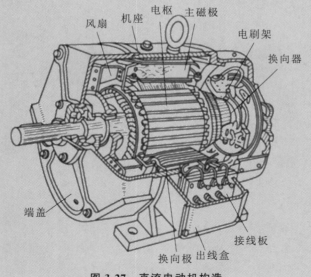

图3-27 直流电动机构造

（1）定子部分：包括机座、主磁极、换向极和电刷装置等。

① 主磁极：在大多数直流电动机中，主磁极是电磁铁，为了尽可能地减小涡流和磁滞损耗，主磁极铁芯用 1～1.2 mm 厚的低碳钢板叠压而成，整个磁极用螺钉固定在机座上。主磁极的作用是在定子和转子之间的气隙中建立磁场，使电枢绕组在磁场的作用下产生感应电动势和电磁转矩。

② 换向极：又称附加极或间极，其作用是改善换向。换向极装在相邻两主磁极之间，它也由铁芯和绕组构成。

③ 机座：一是作为直流电动机磁路系统中的一部分，二是用来固定主磁极、换向极及端盖等，起机械支撑的作用。因此要求机座有好的导磁性能及足够的机械强度和刚度，机座通常用铸钢或厚钢板焊接而成。

④ 电刷装置：电刷的作用是把转动的电枢绕组与静止的外电路相连接，并与换向器相配合，起到整流或逆变器的作用。

（2）转子部分：转子又称电枢，包括电枢铁芯、电枢绕组、换向器、风扇、轴和轴承等。

3）直流电动机的工作原理

通过电刷与换向器，处于 N 极下的线圈边内的电流总是从电刷向线圈流入，而处于 S 极下的线圈边内的电流总是从线圈向电刷流出，从而使线圈总是获得逆时针转动的转矩，而保持转动方向不变，如图 3-28 所示。

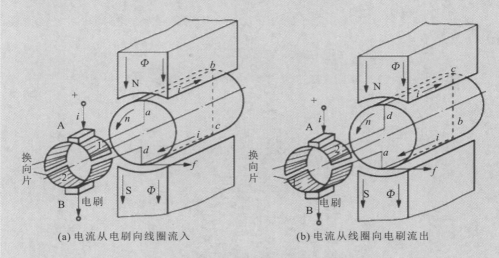

(a) 电流从电刷向线圈流入　　(b) 电流从线圈向电刷流出

图 3-28　直流电动机的工作原理

4）直流电动机的应用

电动汽车用直流电动机主要分为他励式直流电动机（包括永磁式直流电动机）、串励式直流电动机、复励式直流电动机三种，如表 3-4 所示。

表 3-4 直流电动机的应用

应用功率	应用直流电动机类型	具体应用
小功率（小于 10 kW）	小型高效的永磁式直流电动机	电动自行车、高尔夫球车、电动叉车、警用巡逻车
中等功率（10～100 kW）	他励式、串励式或复励式直流电动机	结构简单、转矩较大的电动货车
大功率（大于 100 kW）	串励式直流电动机	低速、高转矩的大型专用电动汽车，如电动矿石搬运车、电动玻璃搬运车等

3. 交流三相异步电动机

交流三相异步电动机是靠同时接入三相交流电源（相位差120°）供电的一类电动机。三相异步电动机的转子与定子的旋转磁场以相同的方向、不同的转速旋转，存在转差率，所以称为三相异步电动机。

1）三相异步电动机的结构

三相异步电动机的结构如图3-29所示，它主要由外壳、定子、转子等部分组成。

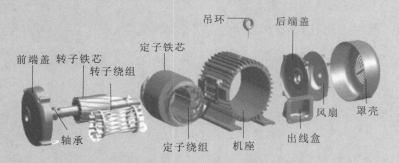

图 3-29 三相异步电动机的结构

（1）外壳。

三相异步电动机的外壳主要由机座、轴承盖、端盖、接线盒、风扇、罩壳等组成。

（2）定子。

定子由定子铁芯和定子绕组组成。

2）三相异步电动机的工作原理

三相定子绕组通入三相交流电后将产生一个旋转磁场，该旋转磁场切割转子绕组从而在转子绕组中产生感应电动势，电动势的方向由右手定则来确定。由于转子绕组是闭合通路，转子中便有电流产生，电流方向与电动势方向相同，而载流的转子导体在定子旋转磁场作用下将产生电磁力，电磁力的方向可用左手定则确定。由电磁力进而产生电磁转矩，驱动电机旋转，并且电动机旋转方向与旋转磁场方向相同，如图3-30所示。

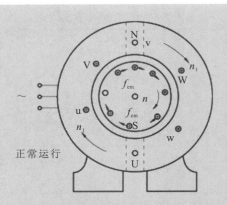

图 3-30 三相异步电动机的工作原理

三相异步电动机的转子转速不等于定子旋转磁场的同步转速,这是三相异步电动机的主要特点。

3) 电动汽车用异步电动机的性能特点

(1) 小型轻量化。

(2) 易实现转速超过 1000 r/min 的高速旋转。

(3) 高速低转矩时运转效率高。

(4) 低速时有高转矩,以及有较大的速度控制范围。

(5) 可靠性高(坚固)。

(6) 制造成本低。

(7) 控制装置简单化。

4. 永磁同步电动机

永磁电动机的分类方法很多,根据输入电动机接线端的波形可分为永磁直流电动机和永磁交流电动机。

现有的永磁电动机可分为永磁直流电动机、永磁同步电动机、永磁无刷直流电动机和永磁混合式电动机四类。其中,后三类没有传统直流电动机的电刷和换向器,故统称为永磁无刷电动机。在电动汽车中,永磁同步电动机应用广泛。

1) 永磁同步电动机的工作原理

给永磁同步电动机的定子绕组通入三相交流电,在通入电流后其定子绕组中就会形成旋转磁场。由于在永磁同步电动机的转子上安装了永磁体,永磁体的磁极是固定的,根据磁极的同性相吸、异性相斥的原理,在定子中产生的旋转磁场会带动转子旋转,最终转子的转速与定子中产生的旋转磁场的转速相等,如图 3-31 所示。

2) 永磁同步电动机的优缺点

优点:功率因数大、效率高、功率密度大。

缺点:电磁结构中转子励磁不能随意改变,导致电动机弱磁困难。

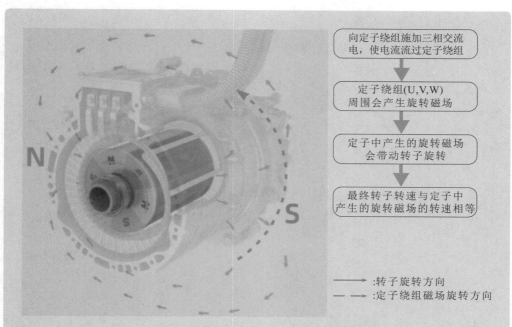

图 3-31 永磁同步电动机的工作原理

永磁同步电动机理论不如直流电动机和异步电动机的完善，还有许多问题需要进一步研究，主要有电动机效率及电动机的弱磁能力这两方面。

5. 开关磁阻电动机的结构与工作原理

开关磁阻电动机由双凸极的定子和转子组成，其定子和转子的凸极均由普通的硅钢片叠压而成。转子上既无绕组也无永磁体，一般装有位置检测器；定子上绕有集中绕组，径向相对的两个绕组串联构成一相绕组。

根据相数和定子、转子极数的配比，开关磁阻电动机可以设计成不同的结构。

开关磁阻电动机的结构与工作原理如图 3-32 所示。

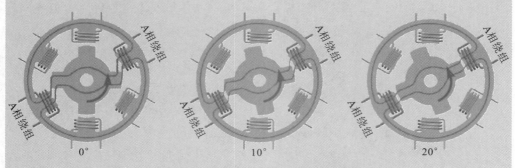

图 3-32 开关磁阻电动机的结构与工作原理

开关磁阻电动机运用了磁阻最小原理，又由于电动机磁场并非由正弦波交流电产生，其绕组电流通断、磁通状态直接受开关（即功率变换器）控制，故称为开关磁阻电动机。

6. 轮毂电动机

电动汽车采用的轮毂电动机驱动模式属于分散式电动机驱动模式。轮毂电动机驱动模式是指每个驱动车轮由单独的电动机驱动,但是电动机不是集成在车轮内,而是通过传动装置(如传动轴)连接到车轮。

1) 轮毂电动机的结构形式

轮毂电动机动力系统根据电动机的转子形式分类,如图3-33所示。

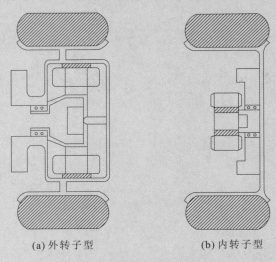

(a) 外转子型　　　　　(b) 内转子型

图3-33　轮毂电动机的结构形式

(1) 外转子型:外转子型采用低速外转子电动机,电动机的最高转速为1000～1500 r/min,无任何减速装置,电动机的外转子与车轮的轮辋固定或者集成在一起,车轮的转速与电动机的相同。

(2) 内转子型:内转子型采用高速内转子电动机,同时装配固定传动比的减速器。为了获得较高的功率密度,电动机的转速通常高达10000 r/min。减速机构通常采用传动比在10∶1左右的行星齿轮减速装置,车轮的转速在1000 r/min左右。

3-8　新能源汽车驱动电机结构及原理

2) 采用轮毂电动机驱动系统电动汽车的特点

(1) 可以完全省略传动装置,整体动力利用效率大大提高。

(2) 轮毂电动机使得整车总体布置可以采用扁平化的底盘结构形式,车内空间和布置自由度得到极大提升。

(3) 车身上几乎没有大功率的运动部件,整车的振动、噪声和舒适性得到极大改善。

(4) 便于实现四轮驱动形式,有利于改善整车的动力性能。

模块3测评

模块4 汽车照明、信号及仪表系统检修

模块描述

为了保证汽车的正常工作和行驶安全,在汽车上安装了各种照明和信号装置。不同汽车的照明和信号装置是不完全相同的,除了美观实用外,必须满足两个基本要求:一是保证运行安全;二是符合交通法规。本模块主要学习汽车照明、信号、仪表及报警系统的组成、功能、操控方法、结构及工作原理,就其典型的故障进行检修。

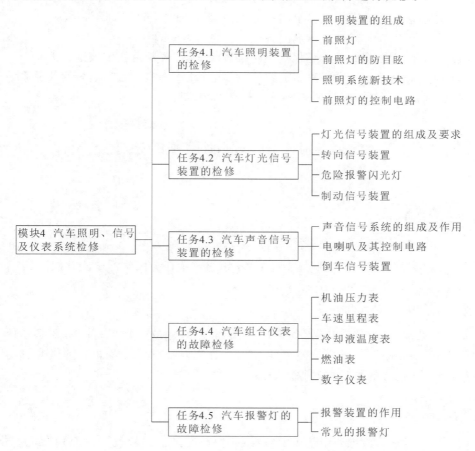

教学目标

素养目标

(1) 培养严谨细致的学习态度和精益求精的工作作风。
(2) 养成规范操作的职业素养及增强创新意识。
(3) 培养良好的团队合作能力和追求极致的工匠精神。

知识目标

(1) 掌握汽车照明系统与信号系统的结构及工作原理。
(2) 熟悉汽车组合仪表及报警装置的结构及工作原理。
(3) 掌握汽车照明系统与信号系统的控制电路分析方法。
(4) 了解汽车照明、信号及仪表系统主要组成部件的检测与修复方法。

技能目标

(1) 能够熟练地操作汽车照明与信号系统装置。
(2) 能够认识并看懂仪表盘上的机油压力表、冷却液温度表、燃油表等。
(3) 能够认识并看懂仪表盘上的各个报警灯。
(4) 能够按照标准的操作规程对照明装置、信号装置及组合仪表进行拆装。
(5) 能够安全规范地进行汽车前照灯故障的诊断与修复、汽车信号及仪表系统工作不正常故障的诊断与修复、喇叭不响故障的诊断与修复。

任务 4.1　汽车照明装置的检修

任务导入

某一汽大众汽车 4S 店接待了一辆迈腾轿车的维修业务,该车行驶里程为 10 万公里,车主反映该车出现单侧前照灯不亮故障,请通过本任务的学习解决此故障。

任务分析

要排除此故障,首先,要会正确操作灯光,能够确认故障现象;其次,要熟悉照明装置的结构和工作原理,能分析故障原因;最后,要依据维修手册及相关的国家、行业、企业标准,按照正确的操作规程排除此故障。

任务要求

(1) 知识要求。熟悉照明装置的组成;掌握前照灯的结构及工作原理;掌握前照灯的控制电路的分析方法。
(2) 能力要求。能够分析汽车照明系统的电路图;能够按照正确的操作规程排除前照灯不亮的故障。

4.1.1 知识链接

1. 照明装置的组成

1) 前照灯

前照灯,俗称大灯,装在汽车头部的两侧,有两灯制和四灯制之分,灯光颜色为白色。

前照灯的主要用途是照亮车辆前方的道路和物体,确保行车安全。同时还可将远光、近光交替变换作为夜间超车信号。要求前照灯应能保证提供车前 100 m 以上路面明亮、均匀的照明,并且不应对迎面来车的驾驶员造成目眩。

2) 雾灯

雾灯安装在车头和车尾,位置比前照灯稍低。前雾灯安装在前照灯附近比前照灯稍低的位置,前雾灯灯光的颜色为黄色。后雾灯为一个时,应安装在车辆纵向平面的左侧,与制动灯间的距离应大于 100 mm,后雾灯灯光的颜色为红色。

雾灯的主要用途是在雾天、雨天、雪天或尘土弥漫等能见度较低的情况下,提供道路照明和为迎面来车提供信号。

3) 倒车灯

倒车灯安装在汽车尾部,灯光颜色为白色。其用于倒车时为汽车后方道路提供照明和警告其他车辆和行人,兼有灯光信号装置的功能。

4) 牌照灯

牌照灯用于照亮车辆牌照,要求夜间在车后 20 m 处能看清牌照号码。牌照灯安装在汽车尾部牌照上方,灯光颜色为白色。

5) 内部照明系统

内部照明系统由顶灯、仪表灯、踏步灯、工作灯、行李舱灯组成,主要用途是为驾驶员、乘员提供方便。其灯光颜色为白色。

汽车照明灯是汽车夜间行驶必不可少的照明设备,为了提高汽车的行驶速度和确保夜间行车的安全,汽车上装有多种照明设备。汽车照明灯根据安装位置和用途不同,一般可分为外部照明灯和内部照明灯。汽车照明灯的种类、特点及用途如表 4-1 所示。

表 4-1 汽车照明灯的种类、特点及用途

种类	外部照明灯			内部照明灯		
	前照灯	雾灯	牌照灯	顶灯	仪表灯	行李舱灯
工作时的特点	白色常亮,远、近光变化	黄色常亮	白色常亮	白色常亮	白色常亮	白色常亮
用途	为驾驶员安全行车提供保障	雨天、雪天、雾天保证有效照明及提供信号	用于照亮汽车尾部牌照	用于夜间车内照明	用于夜间观察仪表时的照明	用于夜间拿取行李物品时的照明

2. 前照灯

前照灯装于汽车头部两侧,用于夜间行车道路的照明。由于前照灯的照明效果直接影响夜间行车的驾驶操作和交通安全,因此世界各国交通管理部门多以法律形式规定了其照明标准。

1) 对前照灯的要求

《机动车运行安全技术条件》GB 7258—2017 对前照灯主要有基本要求、远光光束发光强度要求和光束照射位置要求。

(1) 基本要求。

机动车装备的前照灯应有远、近光变换功能;当远光变为近光时,所有远光应能同时熄灭。同一辆机动车上的前照灯不应左、右的远、近光灯交叉开亮。所有前照灯的近光均不应眩目,汽车(三轮汽车和装用单缸柴油机的低速货车除外)、摩托车装用的前照灯应分别符合 GB 4599、GB 21259、GB 25991、GB 5948 及 GB 19152 的规定。安装有自适应前照明系统的,应符合 GB/T 30036 的规定。机动车前照灯光束照射位置在正常使用条件下应保持稳定。汽车(三轮汽车及设计和制造上能保证前照灯光束高度照射位置在规定的各种装载情况下均符合 GB 4785 要求的汽车除外)应具有前照灯光束高度调整装置/功能,以方便地根据装载情况对光束照射位置进行调整;该调整装置如为手动的,应坐在驾驶座上就能被操作。

(2) 远光光束发光强度要求。

机动车每只前照灯的远光光束发光强度应达到表 4-2 的要求;并且,同时打开所有前照灯(远光)时,其总的远光光束发光强度应符合 GB 4785 的规定。测试时,电源系统应处于充电状态。

表 4-2 前照灯远光光束发光强度最小值要求　　　　　单位:坎德拉

机动车类型		检查项目					
		新注册车			在用车		
		一灯制	二灯制	四灯制[a]	一灯制	二灯制	四灯制[a]
三轮汽车		8000	6000	—	6000	5000	—
最大设计车速小于 70 km/h 的汽车		—	10 000	8000	—	8000	6000
其他汽车		—	18 000	15 000	—	15 000	12 000
普通摩托车		10 000	8000	—	8000	6000	—
轻便摩托车		4000	3000	—	3000	2500	—
拖拉机运输机组	标定功率>18 kW	—	8000	—	—	6000	—
	标定功率≤18 kW	6000[b]	6000	—	5000[b]	5000	—

a:四灯制是指前照灯具有四个远光光束;采用四灯制的机动车其中两只对称的灯达到两灯制的要求时视为合格。

b:允许手扶拖拉机运输机组只装用一只前照灯。

(3)光束照射位置要求。

在空载车状态下,汽车、摩托车前照灯近光光束照射在距离 10 m 的屏幕上,近光光束明暗截止线转角或中点的垂直方向位置,对近光光束透光面中心(基准中心,下同)高度小于或等于 1000 mm 的机动车,应不高于近光光束透光面中心所在水平面以下 50 mm 的直线且不低于近光光束透光面中心所在水平面以下 300 mm 的直线;对近光光束透光面中心高度大于 1000 mm 的机动车,应不高于近光光束透光面中心所在水平面以下 100 mm 的直线且不低于近光光束透光面中心所在水平面以下 350 mm 的直线。除装用一只前照灯的三轮汽车和摩托车外,前照灯近光光束明暗截止线转角或中点的水平方向位置,与近光光束透光面中心所在处置面相比,向左偏移应小于或等于 170 mm,向右偏移应小于或等于 350 mm。

在空载车状态下,轮式拖拉机运输机组前照灯近光光束照射在距离 10 m 的屏幕上,近光光束中点的垂直位置应小于或等于 $0.7H$(H 为前照灯近光光束透光面中心的高度),水平位置向右偏移应小于或等于 350 mm 且不应向左偏移。

在空载车状态下,对于能单独调整远光光束的汽车、摩托车前照灯,前照灯远光光束照射在距离 10 m 的屏幕上,其发光强度最大点的垂直方向位置,应不高于远光光束透光面中心所在水平面(高度值为 H)以上 100 mm 的直线且不低于远光光束透光面中心所在水平面以下 $0.2H$ 的直线。除装用一只前照灯的三轮汽车和摩托车外,前照灯远光光束发光强度最大点的水平位置,与远光光束透光面中心所在垂直面相比,左灯向左偏移应小于或等于 170 mm 且向右偏移应小于或等于 350 mm,右灯向左和向右偏移均应小于或等于 350 mm。

2)前照灯的结构

如图 4-1 所示,汽车前照灯一般由灯泡、反射镜、配光镜(散光镜)三部分组成。

前照灯按结构形式不同可分为半封闭式和全封闭式两种类型。半封闭式前照灯结构如图 4-2 所示,反射镜由薄钢板冲压而成。配光镜靠卷曲反射镜边缘上的齿而紧固在反射镜上,两者之间垫有橡胶密封圈并用螺钉固定。灯泡从反射镜后端装入,更换灯泡时无须拆开配光镜,但密封性能差。

全封闭式前照灯又称真空灯,其结构如图 4-3 所示。反射镜和配光镜制成一体,形成一个整体,内部充以惰性气体,灯丝焊接在反射镜底座上。其优点是密封性能好,可避免反射镜被污染,反射效率高,但灯丝烧坏后,需要更换前照灯总成。

4-2 照明系统检修 2

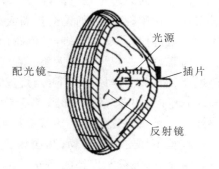

图 4-1 前照灯的结构

(1)灯泡。

汽车前照灯一般使用卤素灯、氙气灯、发光二极管(LED)灯以及激光大灯。现在汽车的前照灯以卤素灯、氙气灯为主,中、高档汽车常采用 LED 灯和激光大灯。

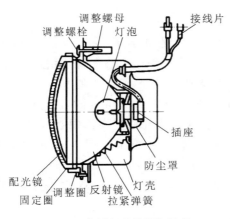

图 4-2　半封闭式前照灯结构

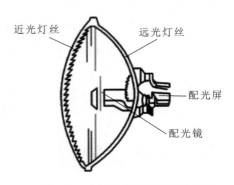

图 4-3　全封闭式前照灯结构

① 卤素灯。

卤素灯泡,简称为卤素泡或者卤素灯,又称为钨卤灯泡、石英灯泡,是白炽灯的一个变种,如图 4-4 所示。

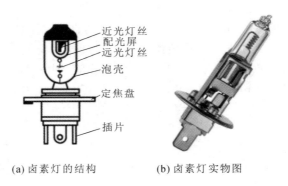

(a) 卤素灯的结构　　(b) 卤素灯实物图

图 4-4　卤素灯

卤素灯的原理是在灯泡内注入碘或溴气等卤族气体,在高温下,升华的钨丝与卤素进行化学作用,冷却后的钨会重新凝固在钨丝上,形成平衡的循环,避免钨丝过早断裂。因此卤素灯比白炽灯更长寿。汽车用卤素灯供电电压通常为直流 12 V、24 V 两种。

卤素灯与白炽灯的最大差别在于卤素灯的玻璃外壳中充有一些卤族气体(通常是碘或溴气),其工作原理如下:当灯丝发热时,钨被蒸发后向玻璃管壁方向移动,当接近玻璃管壁时,钨蒸气被冷却到大约 800 ℃并和卤素原子结合在一起,形成卤化钨(碘化钨或溴化钨);卤化钨向玻璃管中央继续移动,又重新回到被氧化的灯丝上,由于卤化钨是一种很不稳定的化合物,其遇热后又会重新分解成卤素蒸气和钨,这样钨又在灯丝上沉积下来,弥补被蒸发掉的部分。通过这种再生循环过程,灯丝的使用寿命不仅得到了大大延长(几乎是白炽灯的 4 倍),同时由于灯丝可以工作在更高温度下,卤素灯得到了更高的亮度、色温和发光效率。

② 氙气灯。

氙气灯如图 4-5 所示。在抗紫外线水晶石英玻璃管内,填充多种化学气体,其中大部分为氙气等惰性气体,然后通过增压器将车上 12 V 的直流电压瞬间增大至 23000 V,通过高压振幅激发石英管内的氙气电子游离,两电极之间会产生光源,这就是所谓的气体放电。

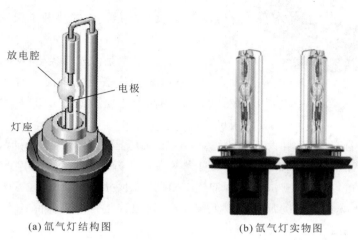

(a) 氙气灯结构图　　　(b) 氙气灯实物图

图 4-5　氙气灯

由氙气所产生的白色超强电弧光,可提高光线色温值,类似白昼的太阳光,氙气灯工作时所需的电流仅为 3.5 A,亮度是传统卤素灯的 3 倍,使用寿命比传统卤素灯长 10 倍。

氙气灯是通过氙气放电来照明的,它没有钨丝,而是借助两个电极间发出的电弧来发光。电弧通常能够激活惰性气体(氙气),从而促使金属盐发光。前照灯用一个氙气放电灯作为其中心元件,可使最小的空间得到最大的照明强度,并使汽车前部具有空气动力风格,在消耗同样的功率的条件下,发光效率高出 3 倍。一个 35 W 的放电灯的通光量是一个 55 W 的普通卤素灯的两倍,其色温为 4000～6000 K,远远高于普通车大灯灯泡。4300 K 的氙气灯的光色为白色偏黄,由于色温较低,视觉效果偏黄,光线的穿透力强于高色温的灯,可以提高夜间和大雾天的行车安全性。氙气灯一般使用寿命为 1500～2500 h,相当于汽车平均使用周期内全部运行时间。它还有一个突出的优点:当它出现故障时往往会逐渐变暗,而不是突然不亮,可以给驾驶员反应时间。

③ LED 灯。

LED 灯如图 4-6 所示,它是指车内外光源均采用 LED 技术,用于外部与内部照明的灯。外部照明设备涉及热极限与电磁兼容问题,同时还涉及卸载负载测试的许多复杂标准。

图 4-6　LED 灯

LED 灯可用来营造车内环境,使用寿命为 5 万个小时,LED 灯的结构坚固,不容易受振动影响,使用过程中光的输出亮度也不会明显下降。LED 灯适于汽车电子的各种照明装置,包括大灯(远光灯和近光灯)、雾灯、尾灯、刹车灯、转向信号灯、日间行车灯、踏板照明灯、仪表灯、牌照灯、车门灯、车内照明灯、示宽灯、导航、娱乐系统、背光灯及指示灯等。

图 4-7 激光大灯

④ 激光大灯。

激光大灯如图 4-7 所示,它的工作原理是激光发光二极管的蓝光灯贯穿前大灯单元内有荧光的荧光粉材料,将其转换成扩散的白光。其不仅明亮,对眼睛也更加友好。

激光大灯的光源是激光二极管(laser diode),它与发光二极管(LED)几乎诞生于同一时代,虽然激光二极管的大规模商业化应用要比 LED 稍晚些,但是其应用更广泛。

激光大灯具有 LED 灯大部分的优点,比如,响应速度快、亮度衰减低、体积小、能耗低、寿命长等。相较于 LED 灯,激光大灯尤其在体积方面具有优势,单个激光二极管元件的长度已经可以做到 10 μm,仅为常规 LED 元件尺寸的 1/100,这意味着,只要设计师愿意,传统汽车的大灯的尺寸可以大幅缩小,这也许将为汽车前部各个元素的设计比例带来革命性的变化。

激光大灯的另一个显著优势是在发光效率方面,比如一般的 LED 灯的发光效率可以达到每瓦 100 流明左右,而激光二极管元件可以达到每瓦 170 流明左右,这意味着,当满足同样照明条件时,使用激光大灯的能耗不到 LED 灯的 60%,进一步减少了能量消耗,也更加符合未来汽车的节能环保趋势。

(2) 反射镜。

反射镜的表面呈旋转抛物面,其一般由 0.6~0.8 mm 的薄钢板冲压而成或由玻璃、塑料制成。其内表面镀银、铝或铬,然后进行抛光处理。目前反射镜内表面采用真空镀铝的较多。

反射镜的作用是将灯泡的散射(直射)光反射成平行光束,使光度大大增强,增强几百倍乃至上千倍,以保证汽车前方 150~400 m 范围内有足够的照明,如图 4-8 所示。

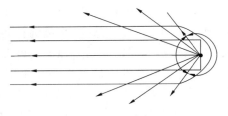

图 4-8 反射镜

(3) 配光镜。

配光镜又称散光玻璃,由透光玻璃压制而成,是多块特殊棱镜和透镜的组合,外形一般为圆形和矩形。其作用是将反射镜反射出的光束进行折射,以扩大光线的照射范围,使车前 100 m 以内的路面有良好而均匀的照明,如图 4-9 所示。

3) 前照灯的防目眩

夜间会车时,如果前照灯的强光造成迎面汽车驾驶员目眩,则容易发生交通事故,因此前照灯应满足防目眩要求。前照灯采用双丝灯泡。

(1) 普通双丝灯泡。

普通双丝灯泡的远光灯丝位于反射镜旋转抛物面的焦点,而近光灯丝位于焦点的上方,如图 4-10 所示。当远光灯通电时,灯泡的光线经反射镜反射后,沿光轴线平行射

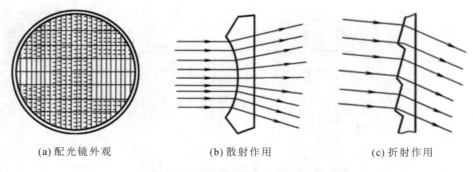

(a) 配光镜外观　　(b) 散射作用　　(c) 折射作用

图 4-9　配光镜的散射和折射作用

向远方,可获得较长的照射距离和较小的散射光束。而当近光灯通电时,经反射镜反射后的光线多倾向路面,从而避免对面来车驾驶员目眩。

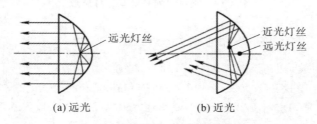

(a) 远光　　　　　　(b) 近光

图 4-10　普通双丝灯泡照射情况

(2) 带遮光罩的双丝灯泡。

这种灯泡的远光灯丝仍位于反射镜旋转抛物面的焦点,而近光灯丝则位于焦点的上方,并在其下方装有金属配光屏,如图 4-11 所示。近光灯点亮时,金属配光屏先将光线反射到反射镜上部,经反射镜反射后使光线照向路面,提高了防目眩性能。

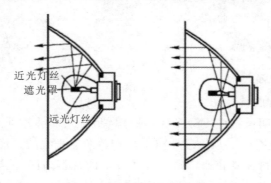

图 4-11　带遮光罩的双丝灯泡

(3) 非对称式配光的双丝灯泡。

这是一种新型的防目眩前照灯,安装时将遮光罩偏转一定的角度,使其近光的光形分布不对称,将近光灯右侧光线倾斜升高 15°。Z 形光形是目前较先进的光形,它可以防止对面来车驾驶员与非机动车人员目眩。图 4-12 所示为非对称配光屏双丝灯光形。

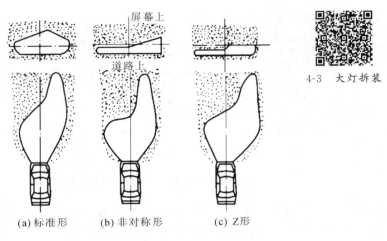

4-3 大灯拆装

(a) 标准形　　(b) 非对称形　　(c) Z形

图 4-12　非对称配光屏双丝灯光形

> **思政拓展**
>
> 华域视觉科技（上海）有限公司（简称华域视觉）于1989年2月28日成立，是专业从事汽车电子设备系统及汽车照明电子部件研发的公司（前身是上海小糸车灯有限公司）。其拥有行业内首个国家级技术中心，长期保持国内技术领先地位，同时在中国整个行业内连续二十多年稳居销量第一。
>
> 1989年，上海车灯厂与日本小糸等合资成立了上海小糸车灯有限公司。为了更好地学习日本小糸的先进技术和生产方式，1990年，上海小糸车灯派出了第一批赴日研修的人员，带回了宝贵的技术和生产方式，促进了企业全面的技术改造。后期，其选择走上独立自主发展的道路，并于2018年3月28日收回全部合资股份，成为一家100%"纯中国血统"的企业。
>
> 【思考】阅读华域视觉的发展史，树立家国情怀，以产业报国，实现中华民族伟大复兴中国梦。

3. 照明系统新技术

1）汽车自适应前照明系统

汽车自适应前照明系统（AFS）是一种照明装置，它能够根据天气情况、外部光线、道路状况以及行驶信息来自动改变工作模式，调整照射光线的光形（见图4-13），消除夜间或者能见度低时转弯或者其他特殊行驶条件下的视野暗区，能够为驾驶员提供更大范围更为可靠的照明视野，保证驾驶员和道路行人的安全。汽车AFS是未来汽车前照明系统的主要发展方向。

2）前照灯自动调节系统

通常情况下，在夜间行车中由于路况或载重量的不同，汽车在加速及制动时车身会倾斜，使得近光灯倾斜，造成死角的出现，这样很可能会使前方驾驶员出现目眩等情况，从而造成交通事故等的发生。汽车前照灯自动调节系统可以有效地解决这一问题。该

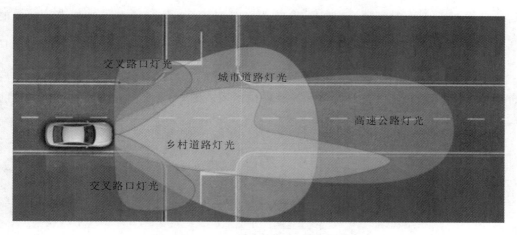

图 4-13　AFS 不同工作模式下的照射光形

系统会根据汽车的车速及载重量自主调节灯光的照射角度，确保其照射角度与高度均在合适的范围内，这样可以保障驾驶员更加高效地识别突发路况等。保证前照灯的光源照射角度是保证夜间行车安全的重要技术手段。前照灯光束的可照射角度是检测一辆车安全性能最直观的指标。在路况不明的情况下，前照灯使用的安全性与及时性可为驾驶员的行车安全提供最直接的安全保障，由此可见，智能汽车前照灯的误差修正技术是十分重要的。这项技术不仅可以增大光束照射角度，还可以为驾驶员提供更加广阔的路况视野，从而保证驾驶员在行车过程中的安全。

4. 前照灯的控制电路

为了提高汽车夜间行驶的速度，确保行车安全，不少汽车采用了前照灯电子控制装置，对前照灯进行自动控制。常用的控制装置有：前照灯自动变光器、前照灯状态控制装置、前照灯昏暗自动发光器、前照灯关闭自动延时器等。

1) 典型控制电路

前照灯控制电路的基本组成如图 4-14 所示。灯光开关控制灯光继电器接通或关断前照灯电源，夜间会车时通过变光器交替接通前照灯远光和近光。当前照灯、示廓灯、

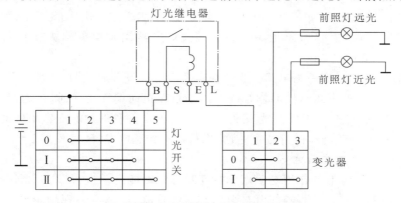

图 4-14　前照灯控制电路的基本组成

后位灯或其线路中发生搭铁故障时,熔断器立即熔断。为避免全车灯光熄灭,左、右前照灯的远、近光分别采用四个熔丝,以确保行车安全。

2) 前照灯延时关闭控制电路

前照灯延时关闭控制电路可使前照灯在电路被切断后,仍继续点亮一段时间,然后自动熄灭,为驾驶员离开黑暗的停车场所提供照明。图 4-15 所示为由晶体管控制的前照灯延时关闭控制电路。

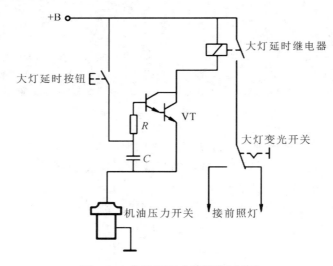

图 4-15 前照灯延时关闭控制电路

发动机熄火后,机油压力开关的触点闭合,驾驶员在离开汽车驾驶室以前,按下仪表板上的前照灯延时按钮,电源就对电容器充电。在电容器充电时,复合晶体管 VT 的基极电位逐渐升高,使 VT 导通,继电器线圈通电触点闭合,接通前照灯电路。松开前照灯延时按钮,电容器又通过电阻和晶体管 VT 放电,前照灯仍能保持通电照明,一直到电容器的电压下降至 VT 无法导通为止。延时时间取决于 C、R 参数,一般可延时 1 min 左右。

3) 提醒关灯电路

汽车在白天行驶时,如果遇到阴沉的雨雪天气,或通过黑暗的隧道,驾驶员为了行车安全打开前照灯,但容易忘记关灯。提醒关灯电路用于提醒驾驶员及时关闭灯光开关。

图 4-16 所示为提醒关灯电路。当驾驶员关闭点火开关时,若灯开关仍是接通的,电流经二极管 VD_2(或 VD_1),使晶体管 VT 的基极因正向偏置而导通,接通蜂鸣器电路,蜂鸣器发声,提醒驾驶员关闭灯光开关。在汽车正常行驶时,由于点火开关在接通状态,VT 的基极电位较高而保持截止,因此蜂鸣器不会通电发声。

4) 前照灯自动变光器电路

前照灯自动变光器的作用是使汽车在夜间行车时能自动进行远、近光切换,以保证行车安全。前照灯自动变光器的电路结构有多种形式,但基本原理均相似。图 4-17 所示为前照灯自动变光器电路。

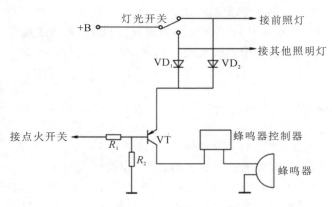

图 4-16 提醒关灯电路

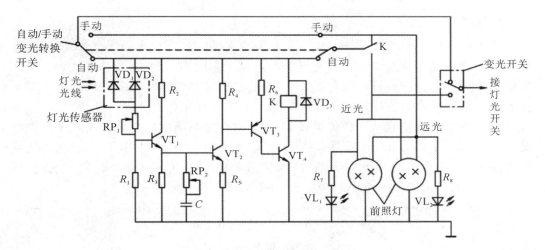

图 4-17 前照灯自动变光器电路

自动变光器主要由感光器（VD_1、VD_2）、放大电路（VT_1、VT_2、VT_3、VT_4 等）和变光继电器组成。在夜间行车无迎面来车灯光照射时,感光器内阻较大,使得 VT_1 因基极没有导通所需的正向电压而截止,于是 VT_2、VT_3、VT_4 也因基极无正向导通电压而截止,继电器 K 的线圈不通电,其常闭触点接通远光灯。

当有迎面来车或道路有较好的照明度时,VD_1、VD_2 因受迎面灯光照射而电阻下降,使 VT_1 基极电压升高而导通,VT_2、VT_3、VT_4 也因基极随之有正向偏置而导通,于是继电器 K 的线圈便通电,使其常闭触点打开,常开触点闭合,前照灯由远光自动切换为近光。

VD_1、VD_2 因无强光照射而电阻增大,使 VT_1 又截止。此时,由于电容器放电,VT_2、VT_3、VT_4 仍保持导通,1～5 s 后,待电容器放电至 VT_2 不能维持导通状态时,继电器才断电,前照灯恢复远光照明。延时恢复远光可避免因光照突变而引起的频繁变光,以提高近光会车的可靠性。延时的时间可通过电位器 RP_2 进行调整。

使用该变光器电路,在夜间两车相对行驶相距 150～200 m 时,对方的灯光照射到自动变光器上,远光就立即自动变为近光,从而有效地避免了远光给对方驾驶员带来的目眩,待两车相会后,变光器又自动变近光为远光。自动/手动变光转换开关可以让驾驶员选择自动或手动变光,在自动变光器失效的情况下,通过此开关可以实现人工操纵变光。

4.1.2 任务实施

1. 故障现象

4-4 灯光系统故障检修

打开点火开关,当灯光开关置于近光灯挡时,左前近光灯不亮。操作前、后雾灯开关,前、后雾灯均无法打开。但当将灯光开关置于行车灯挡时,近光灯不亮。操作前、后雾灯开关,前、后雾灯均正常点亮。仪表板车灯故障指示灯长亮,其他正常。

2. 故障分析

将灯光开关置于行车灯挡时,操作前、后雾灯开关,前、后雾灯均正常点亮,说明雾灯开关及灯光电路均可以正常工作。而将灯光开关置于近光灯挡时,左前近光灯不亮,操作前、后雾灯开关,前、后雾灯均无法打开。这种情况通常说明在近光灯挡

4-5 左前近光灯不亮故障检修

时,系统进入应急保护模式。在迈腾轿车上,针对灯光系统的应急保护模式有两种情况:一种是 E1 的 TFL、56、58 在任何情况下,必须只有一个端子电压为高电位,否则系统就会进入应急保护模式;另一种是当后雾灯开关打开时,前雾灯开关也必须有正常打开时的信号输出,否则也会进入应急保护模式,如图 4-18 所示。

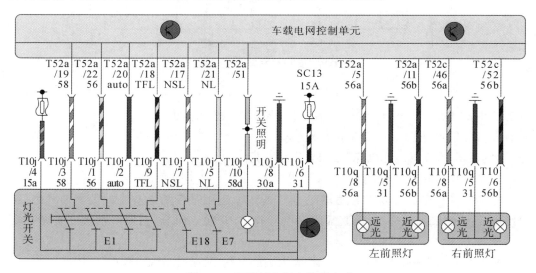

图 4-18 迈腾轿车灯光控制电路

如果系统能够提示故障码,就按照故障码内容进行诊断。如果没有故障码提示,则一般先排除应急故障,再排除个别故障。

3. 诊断思路

第一步：读取故障码"01800,灯光开关E1不可信信号"。

根据故障码的含义，推断开关E1信号输入异常，加之将灯光开关置于近光灯挡时，左前近光灯不亮，操作前、后雾灯开关，前、后雾灯均无法打开，说明灯光系统进入应急保护模式。

第二步：检查灯光开关信号输入是否正常。

打开点火开关，将灯光开关旋转至示宽灯、近光灯挡位，用解码器读取相关数据流，显示如下。

(1) 09-49/1(灯光开关)接通→断开→断开；标准值：接通→断开→断开。

(2) 09-49/2(示宽灯挡)断开→接通→断开；标准值：断开→接通→断开。

(3) 09-49/3(近光灯挡)断开→断开→断开；标准值：断开→断开→接通。

实测发现，当打开近光灯挡时，J519未收到灯光开关(近光灯挡)信号，可能原因如下：

(1) J519自身故障；

(2) J519和开关E1之间电路故障；

(3) 开关E1自身故障。

注意：也可以用万用表测量J519的信号输入是否正常，但这样测试需要对车辆进行必要的拆装，因此最好用解码器进行检测。

第三步：检查灯光开关是否正常。

打开点火开关，操作灯光开关由关闭挡换为近光灯挡，用万用表测量灯光开关T10j/1搭铁电压。在正常情况下应为0→+B，实测为0→0，实测结果异常。灯光开关在其他挡位时信号输出正常，因此排除开关电源电路故障，判断故障在于开关自身。更换灯光开关后，应急保护模式消除，但左前近光灯依然不亮，右前近光灯工作异常，因此排除灯光开关及其信号输入电路故障，可能原因如下：

(1) 左前近光灯自身故障；

(2) 左前近光灯电源电路故障(包括正极和负极电路)。

第四步：检查左前近光灯工作电压是否正常。

打开点火开关，将灯光开关旋转至近光灯挡时，用万用表测量左前近光灯连接器T14d/6与T14d/7端子之间的电压。在正常情况下应为0→+B，实测为0→0，实测结果异常，说明左前近光灯电源电路存在故障，可能原因如下：

(1) 左前近光灯正极电路工作不良；

(2) 左前近光灯负极电路搭铁不良。

第五步：检查左前近光灯正极或负极工作电压。

打开点火开关，将灯光开关旋转至近光灯挡时，用万用表测量左前近光灯连接器T14d/6端子（或T14d/7端子）的搭铁电压。在正常情况下应为0→+B。如果始终为0，则说明左前近光灯正极电路存在故障；如果始终为+B，则说明左前近光灯负极电路存在故障；如果实测结果为从0变化到部分蓄电池电压，则说明正极电路虚接。实测结果为0，故障原因可能如下：

(1) T14d/6与J519之间电路故障；

（2）J519自身故障。

第六步：检查J519控制信号输出是否正常。

打开点火开关，将灯光开关旋转至近光灯挡时，用万用表测量J519的T52a/11端子的搭铁电压。在正常情况下为0→＋B，实测结果正常。J519输出电压为＋B，而左前近光灯连接器T14d/6端子的搭铁电压为0，说明J519到左前近光灯插头线束存在断路故障。维修线束后，故障排除，系统恢复正常。

任务4.2　汽车灯光信号装置的检修

任务导入

某一汽大众汽车4S店接待了一辆迈腾轿车的维修业务，该车行驶里程为13万公里，车主反映该车出现左前转向灯不亮故障，请通过本任务的学习解决此故障。

任务分析

要排除此故障，首先，要会正确操作灯光，能够确认故障现象；其次，要熟悉灯光信号装置的结构和工作原理，能分析故障原因；最后，要依据维修手册及相关的国家、行业、企业标准，按照正确的操作规程排除此故障。

任务要求

（1）知识要求。掌握灯光信号系统的组成；掌握灯光信号系统控制电路分析方法。
（2）能力要求。能够正确地操作灯光信号系统；能够按照正确的操作规程排除灯光信号装置的故障

4.2.1　知识链接

> **知识引入**
>
> **安全文明行车：正确使用灯光**
>
> 驾车开灯不仅为了看清楚路况，也是为了让其他驾驶员、行人尽早发现自己驾驶的车辆。驾驶员要文明使用灯光，尤其是夜间，应避免不当使用远光灯干扰对向驾驶员视线而造成事故。滥用远光灯，虽然可能是一次有意或无意的瞬间之举、行车中的小细节，但对于对向人、车的伤害，可能是永久甚至致命的。为了您和他人的生命安全，夜间行车请慎用远光灯、善用远光灯，不做"互害型"社会模式的制造者和受害者。
>
> 【思考】你在现实生活场景中遇到过哪些错误使用灯光信号的操作？常见的灯光信号装置有哪些？

1. 灯光信号装置的组成及要求

1）转向信号灯

转向信号灯装在汽车的前、后、左、右四角，其用途是在车辆转向、路边停车、变更车道、超车时，发出明暗交替的闪光信号，给前、后车辆和行人提供行车信号。

4-6　信号系统检修1

前、后转向信号灯的灯光颜色为琥珀色。转向信号灯的指示距离要求前、后转向信号灯白天在 100 m 以外可见，侧转向信号灯白天在 30 m 以外可见。转向信号灯的闪光频率应控制为 1～2 Hz，启动时间应不超过 1.5 s。

2）危险报警闪光灯

危险报警闪光灯用于车辆遇到紧急危险情况时同时点亮前、后、左、右转向灯以发出警告信号。与转向信号灯有相同的要求。

3）倒车灯

倒车灯用于倒车时提高汽车后方道路照明度和警告其他车辆及行人，兼有灯光信号装置的功能。倒车灯装在汽车尾部，灯光颜色为白色。

4）制动灯

制动灯用于指示车辆的制动或减速。制动灯安装在车尾两侧，两制动灯应关于汽车的纵轴线对称并在同一高度上。制动灯的灯光颜色为红色，应保证白天在 100 m 以外可见。

5）示廓灯

示廓灯安装在汽车前、后、左、右侧的边缘。大型车辆的中部、驾驶室外侧还增设了一对示廓灯，用于夜间行车时指示汽车宽度。示廓灯灯光标志在夜间 300 m 以外应可见。前示廓灯的灯光颜色为白色，后示廓灯的灯光颜色多为红色。

6）后位灯

后位灯装于汽车后部，其作用是在夜间行车时指示车辆的位置。后位灯的灯光颜色为红色。

信号灯也分为外信号灯和内信号灯，外信号灯是指转向信号灯、制动灯、示廓灯、倒车灯等，内信号灯泛指仪表板的指示灯，主要包括转向、机油压力、充电、制动、关门提示等仪表指示灯。各种信号灯的特点及用途如表 4-3 所示。

表 4-3　各种信号灯的特点及用途

种类	外信号灯				内信号灯	
	转向信号灯	制动灯	示廓灯	倒车灯	转向指示灯	其他指示灯
工作时的特点	琥珀色，交替闪亮	红色常亮	白色或红色常亮	白色常亮	白色闪亮	白色常亮
用途	告知路人或其他车辆将转弯	表示已减速或将停车	标志汽车宽度轮廓	告知路人或其他车辆将要倒车	提示驾驶员车辆的行驶方向	提示驾驶员车辆的状况

2. 转向信号装置

转向信号装置主要由转向信号灯、闪光器、转向灯开关等组成。转向信号灯的闪烁是由闪光器控制的,闪光频率为 1～2 Hz。闪光器工作时会发出"啪嗒啪嗒"的响声,以提醒驾驶员及时关闭闪光灯。闪光器主要有翼片式、电容式和电子式等类型。

4-7 信号系统检修 2

1) 翼片式闪光器

翼片式闪光器主要由通断电时会发生热胀冷缩的热膨胀条和带触点的翼片等组成,翼片式闪光器分为直热式和旁热式两种类型。

(1) 直热翼片式闪光器。

直热翼片式闪光器主要由翼片、热膨胀条和触点等组成,其结构如图 4-19 所示。工作时,弹性翼片在热膨胀条(热膨胀系数较大的金属板条)的拉力下呈弓形,触点处于闭合状态。接通转向灯开关(左或右)后,转向信号灯与转向指示灯电路接通,灯亮。因为电流流经热膨胀条,热膨胀条伸长。翼片在自身弹力作用下伸直,动触点随热膨胀条向上移动与静触点分离。电路被切断,转向信号灯与转向指示灯熄灭。热膨胀条中电流消失后,冷却收缩,翼片又呈弓形,动触点下移与静触点接触,电路接通,转向信号灯与转向指示灯又亮。如此反复,形成了闪烁的转向信号,与此同时发出响声。

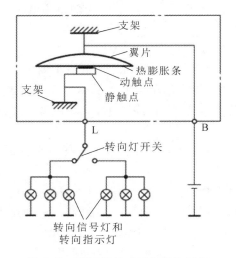

图 4-19 直热翼片式闪光器的结构

接通转向灯开关,电流通路为蓄电池正极→接线柱 B→翼片→热膨胀条→触点→接线柱 L→转向灯开关→转向信号灯和转向指示灯→搭铁→蓄电池负极。此时,转向灯亮。热膨胀条受热膨胀而伸长,当伸长至一定长度时,翼片在自身弹力的作用下突然绷直,而使动、静触点断开,转向灯电流被切断,于是转向灯熄灭。触点断开后,热膨胀条因断电而冷却收缩,又使翼片弯曲呈弓形,触点又闭合,而使转向灯电路接通,转向灯又亮起。如此交替变化,使转向灯闪烁。

(2) 旁热翼片式闪光器。

旁热翼片式闪光器的结构如图 4-20 所示。热膨胀条由绕在其上的电热丝通电后产生的热量加热,故称旁热翼片式。电热丝的一端焊在热膨胀条上,另一端则与静触点相连。

转向灯开关未接通时,闪光器不工作,动触点与静触点处于分开状态。接通转向灯开关,电流通路为蓄电池正极→接线柱 B→支架→热膨胀条→电热丝→接线柱 L→转向灯开关→转向信号灯和转向指示灯→搭铁→蓄电池负极。这时,由于电阻较大的电热丝串入电路中,电流较小,转向信号灯和转向指示灯亮度较低。电热丝通电产生的热量使热膨胀条受热膨胀而伸长,使动、静触点闭合。此时,电流通路为蓄电池正极→接线柱 B→支架→翼片→动、静触点→接线柱 L→转向灯开关→转向信号灯和转向指示灯→搭铁→蓄电池负极。由于电热丝被触点短路,转向灯电流增大,转向灯变亮。被短路后的电热丝的电流为零,逐渐冷却而收缩,动、静触点又重新断开,转向灯又变暗。如此反复,从而使转向灯一明一暗地闪烁,指示车辆的转向,直至切断转向灯开关。

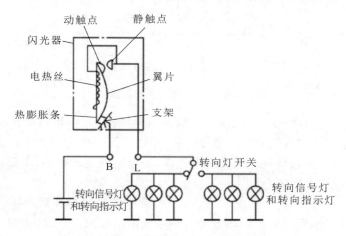

图 4-20　旁热翼片式闪光器的结构

2)电容式闪光器

电容式闪光器的结构如图 4-21 所示。它主要由一个继电器和一个电容器组成。在继电器的铁芯上绕有串联线圈和并联线圈,这两个线圈绕向相同。利用电容式闪光器中电容器充放电的延时特性,使继电器的两个线圈产生的电磁吸力时而相加、时而相减,继电器便产生周期性的开关动作,从而使转向灯闪烁。电容器充放电回路的 R、C 参数决定了转向灯的闪光频率,工作中,由于 R、C 参数变化不大,转向灯的闪光频率比较稳定。闪光器中的灭弧电阻与触点并联,用来减少触点火花,延长其使用寿命。

当汽车向左转弯接通转向灯开关时,电流通路为蓄电池正极→接线柱 B→串联线圈→弹簧片→触点→接线柱 L→转向灯开关→左转向信号灯和指示灯→搭铁→蓄电池负极。此时并联线圈、电容器及灭弧电阻被触点短路,而电流通过串联线圈产生的电磁吸力大于弹簧片的作用力,触点迅速被打开,转向灯处于暗的状态(转向灯尚未来得及亮)。

触点打开后,蓄电池向电容器充电,其充电电流通路为蓄电池正极→接线柱 B→串联线圈→并联线圈→电容器→接线柱 L→转向灯开关→左转向信号灯和指示灯→搭铁

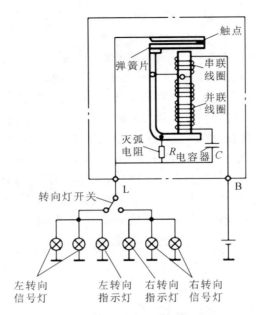

图 4-21 电容式闪光器的结构

→蓄电池负极。由于并联线圈的电阻较大,充电电流很小,不足以使转向灯亮,故转向灯仍处于暗的状态。同时充电电流通过串联、并联线圈产生的电磁吸力方向相同,使触点继续打开,随着电容器两端电压的逐渐升高,充电电流逐渐减小,串联、并联线圈的电磁吸力减小,使触点重新闭合。

触点闭合后,转向灯处于亮的状态,由于此时电容器通过并联线圈和触点放电,其放电电流通过并联线圈产生的磁场方向与串联线圈的相反,电磁吸力减小,故触点仍闭合,转向灯继续发亮。随着电容器的放电,电容器两端的电压逐渐下降,其放电电流减小,则串联线圈的电磁吸力增强,触点重新打开,灯变暗。如此反复,触点不断开闭,使转向灯闪光。

3)电子式闪光器

电子式闪光器分晶体管式和集成电路式两种类型。

(1)晶体管式电子式闪光器。

晶体管式电子式闪光器的电路原理如图 4-22 所示,它利用电容器充放电延时的特性,控制晶体管 VT_1 的导通和截止,以达到闪光的目的。

接通转向灯开关后,晶体管 VT_1 的基极电流由两路提供,一路经电阻 R_2,另一路经电阻 R_1 和电容器,使 VT_1 导通,VT_1 导通时,VT_2、VT_3 组成的复合管处于截止状态。由于 VT_1 的导通电流很小,仅 60 mA 左右,故转向灯暗。与此同时,电源对电容器充电,随着电容器两端电压的升高,充电电流减小,VT_1 的基极电流减小,使 VT_1 由导通变为截止。这时 A 点电位升高,当其电位达到 1.4 V 时,VT_2、VT_3 导通,于是转向灯亮。此时电容器经过电阻 R_1、R_2 放电,放电时间为灯亮时间。电容器放完电后接着又充电,VT_1 再次导通使 VT_2、VT_3 截止,转向灯又熄灭,电容器的充电时间为灯灭的时间。如此反复,使转向灯发出闪光。改变电阻 R_1、R_2 的电阻值和电容器的电容值及

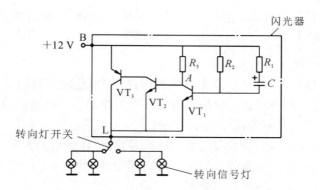

图 4-22 晶体管式电子式闪光器的电路原理

VT_1 的 β 值,即可改变闪光频率。

(2) 集成电路式电子式闪光器。

由于集成电路成本降低,汽车上广泛使用集成电路式电子式闪光器。上汽大众桑塔纳轿车装用的电子式闪光器即集成电路式电子式闪光器,其电路原理如图 4-23 所示。它的核心器件 IC U243B 是一块低功耗、高精度的汽车电子式闪光器专用集成电路。U243B 的标称电压为 12 V,实际工作电压范围为 9~18 V,采用双列八脚直插塑料封装。内部电路主要由输入检测器 SR、电压检测器 D、振荡器 Z 及功率输出级 SC 四部分组成。

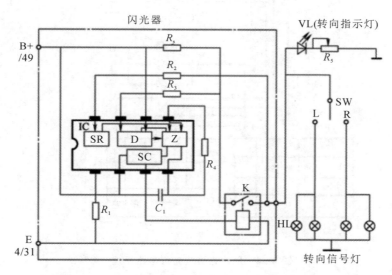

图 4-23 上汽大众桑塔纳轿车电子式闪光器电路原理

输入检测器用来检测转向灯开关是否接通。振荡器由电压比较器和外接电阻 R_4 及电容器 C_1 提供变化的电压,从而形成电路的振荡。

振荡器工作时,功率输出级便控制继电器 K 线圈的电路,使继电器触点反复开闭,于是转向信号灯和转向指示灯便以一定的频率闪烁。

如果一只转向信号灯烧坏,则流过取样电阻 R_s 的电流减小,其电压降减小,经电压检测器识别后,便控制振荡器的电压比较器参考电压,从而改变振荡(即闪光)频率,则转向指示灯的频率加大一倍。

3. 危险报警闪光灯

汽车在行驶过程中出现紧急或意外情况时,应使用危险报警闪光灯。危险报警闪光灯在转向信号灯电路中通过危险报警闪光灯开关控制。当接通危险报警闪光灯开关后,全部转向信号灯同时闪烁,发出危险报警信号。

危险报警信号在汽车出现紧急或意外情况时使用,如制动失灵等。通常左、右转向信号灯同时闪烁发出危险报警信号。左、右转向信号灯同时闪烁由闪光器产生,但由危险报警闪光灯开关控制。

危险报警闪光灯电路原理如图 4-24 所示,它通过控制危险报警闪光灯开关,直接控制闪光器产生的断续电流流过左、右转向灯系,这样就可以产生危险报警信号。

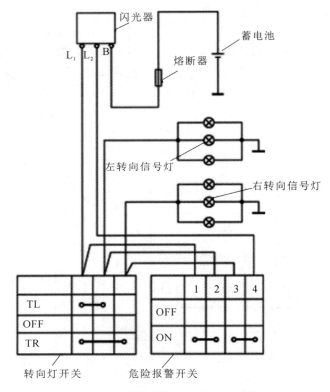

图 4-24 危险报警闪光灯电路原理

4. 制动信号装置

制动信号装置由制动信号灯和制动信号灯开关组成。车辆制动时,制动信号灯开关接通制动信号灯电源,制动信号灯点亮,警示车后行人和车辆。制动信号灯开关有液压式、气压式和机械式三种类型。

1) 液压式制动信号灯开关

液压式制动信号灯开关应用于采用液压制动系统的汽车,通常安装在液压制动主缸的前端,其结构如图4-25所示。当踩下制动踏板时,由于制动系统的液压增大,膜片向上拱曲,接触片同时接通两个接线柱,接通制动信号灯电源,制动信号灯点亮。松开制动踏板时,制动系统液压降低,接触片在回位弹簧的作用下复位,制动信号灯电路被切断。

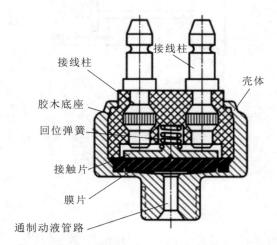

图 4-25 液压式制动信号灯开关结构

2) 气压式制动信号灯开关

气压式制动信号灯开关应用于采用气压制动系统的汽车,通常安装在制动阀上,其结构如图4-26所示。制动时,制动压缩空气推动橡胶膜片上拱,使触点闭合,接通制动信号灯电路。

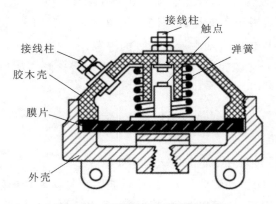

图 4-26 气压式制动信号灯开关

防抱制动系统采用的制动信号灯开关安装在制动踏板上方,踩下制动踏板时,制动信号灯开关触点闭合,接通制动信号灯电路,使制动信号灯和防抱装置工作。

3) 机械式制动信号灯开关

机械式制动信号灯开关如图4-27所示,这是一种较为常用的制动信号灯开关,装在制动踏板的后面。

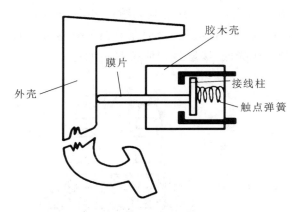

图 4-27 机械式制动信号灯开关

4.2.2 任务实施

1. 故障现象

打开点火开关,操作转向灯开关时,右后转向灯不亮,其他转向灯正常;操作危险报警闪光灯开关时,所有转向灯都不亮。

4-8 信号系统故障

2. 故障分析

通过故障现象可以看出,这是两个故障类型:一个是个性事件(右后转向灯不亮);一个是共性事件(所有转向灯都不亮)。两个故障之间也没有必然关系,因此先排除哪个故障都可以。

4-9 双人手势检查车辆外部灯光

如图 4-28 所示,迈腾轿车的车载电网控制单元控制左前转向灯、右前转向灯、左后转向灯和右后转向灯的电源。

如果系统能够提示故障码,就按照故障码内容进行诊断。如果没有故障码提示,则根据概率排除故障。

3. 诊断过程

第一步:读取故障码。

第二步:检查右后转向灯的电源输入是否正常。

打开点火开关,转向拨动转向灯开关,用示波器测量右后转向灯的 T4z/3 端子的对搭铁波形。在正常情况下,应可以测得 0 到蓄电池电压之间的方波脉冲信号。

第三步:检查 J519 端开关信号输入是否正常。

有两种方法:一种方法是利用解码器的数据流读取开关状态,然后基于这个信息进一步确认故障点;另一种方法是直接测量开关的信号输入电压,以确定故障范围。

第四步:测量 E229 信号输出是否正常。

打开点火开关,按下危险报警闪光灯开关,用万用表测量 T6dh/6 的搭铁电压。

第五步:测量 E229 搭铁是否正常。

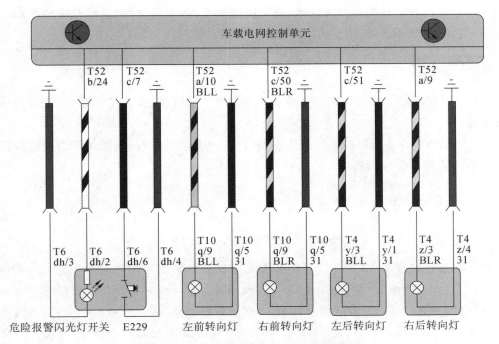

图 4-28 迈腾轿车转向灯控制原理图

打开行车灯时,危险报警闪光灯开关控制的照明灯可以正常点亮,说明搭铁没有问题,同时由于危险报警闪光灯开关及其控制的照明灯共用搭铁,可以暂时认为 E229 搭铁没有问题。在基于开关搭铁正常而信号输出异常的情况下,就可以判定开关损坏,需要更换。稳妥起见,可以用两种方法来确保诊断结果的稳定性:一种方法是测量搭铁电路是否正常;另一种方法是对开关进行单件测试。这里倾向于对开关进行单件测试。

第六步:E229 单件测试。

关闭点火开关,拔下 E229 电气连接器,反复操作 E229,用万用表测量 T6dh/6 和 T6dh/4 之间的电阻,其应在 0 和无穷大之间来回切换,否则说明开关损坏。

任务 4.3 汽车声音信号装置的检修

任务导入

某大众汽车 4S 店接待了一辆速腾轿车的维修业务,该车行驶里程为 13 万公里,车主反映该车出现电喇叭不响故障,请通过本任务的学习解决此故障。

任务分析

要排除此故障,首先,要会正确操作声音信号装置,能够确认故障现象;其次,要熟悉声音信号装置的结构和工作原理,能分析故障原因;最后,要依据维修手册及相关的国家、行业、企业标准,按照正确的操作规程排除此故障。

> **任务要求**

(1) 知识要求。掌握声音信号装置的结构和工作原理;掌握汽车喇叭控制电路的分析方法。

(2) 能力要求。能够熟练地操作、拆装汽车声音信号装置;能够按照正确的操作规程排除声音信号装置的故障。

4.3.1 知识链接

> **知识引入**
>
> 机动车驶近急弯、坡道顶端等影响安全视距的路段以及超车或者遇有紧急情况时,应当减速慢行,并鸣喇叭示意。机动车遇有前方车辆停车排队等候或者行驶缓慢时,应当停车等候或者依次行驶,不得进入非机动车道、人行道行驶,不得鸣喇叭催促车辆、行人。也就是说,汽车喇叭的作用,是特殊路段的提前示警,是某些紧急状况下的警示,以保证交通安全。
>
> 【思考】你会正确使用汽车喇叭吗?你了解在哪些情况下应使用喇叭吗?

1. 声音信号系统的组成及作用

1) 电喇叭

电喇叭的作用是警告行人和其他车辆,电喇叭声级为90～105 dB(A)。

2) 倒车警告装置

倒车警告装置由倒车蜂鸣器和倒车灯组成,其作用是当汽车倒车时,发出灯光和音响信号,警告车后行人和车辆。

2. 电喇叭及其控制电路

1) 电喇叭结构

汽车电喇叭有筒形、螺旋形和盆形等不同的结构形式。由于盆形电喇叭具有结构简单、尺寸小、质量小、声音的指向性好等特点,在汽车上得到普遍应用。

盆形电喇叭的结构如图4-29所示。按下电喇叭按钮时,电喇叭电路通电,电流通路为蓄电池正极→线圈→触点→按钮→搭铁→蓄电池负极,形成回路。当电流通过线圈时,产生磁场,铁芯被磁化,吸动上铁芯,带动膜片中心下移,同时带动衔铁运动,压迫触点臂将触点打开。触点打开后,线圈电路被切断,其磁力消失。下铁芯、上铁芯及膜片又在触点臂和膜片自身弹力的作用下复位,触点又闭合。触点闭合后,线圈又通电,产生磁力吸动下铁芯和上铁芯,触点又被顶开。如此循

4-10 电喇叭的开关

环,触点以一定的频率打开、闭合,膜片不断振动发出声响,通过共鸣板产生共鸣,从而产生音量适中、和谐悦耳的声音。为了获得更加悦耳且容易辨别的声音,有些汽车上装有两个音调不同(高音、低音)的电喇叭。

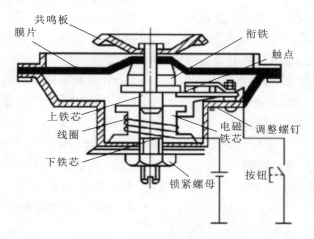

图 4-29 盆形电喇叭的结构

为了保护喇叭触点,通常在触点之间并联一个电容器或消弧电阻。

2)电喇叭控制电路

电喇叭的工作电流比较大(15~20 A),容易烧坏喇叭按钮,因此在电路中装有喇叭继电器。带喇叭继电器的电喇叭控制电路如图 4-30 所示。

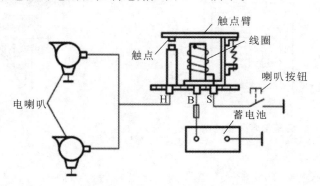

图 4-30 带喇叭继电器的电喇叭控制电路

当按下喇叭按钮时,电流通路为蓄电池正极→铁芯→线圈→喇叭按钮→搭铁→蓄电池负极,构成回路。此时,电流通过继电器线圈使铁芯产生磁力,吸下触点臂使触点闭合,电喇叭电路接通。当松开喇叭按钮时,继电器线圈断电,磁力消失,释放触点臂,触点在弹簧力的作用下打开,喇叭断电停止发声。

3. 倒车信号装置

倒车信号装置包括倒车灯和倒车报警器等。倒车灯及倒车报警器主要用于在汽车倒车时提醒行人及其他车辆驾驶员,由装在变速器盖上的倒车灯开关控制。倒车信号装置电路如图 4-31 所示。

1)倒车灯

倒车灯开关结构如图 4-32 所示,当变速杆将倒挡轴叉拨到倒挡位置时,倒挡轴叉上的凹槽恰好对准钢球,钢球在弹簧力的作用下带动膜片和接触盘下移,使静触点与接触盘接触,倒车灯点亮,与此同时倒车信号装置电路接通,使倒车报警器发出声响。同时,蓄电池电流还通过线圈 L_2 对电容器进行充电(见图 4-31)。由于流入线圈 L_1 和 L_2 的电流大小相等、方向相反,产生的电磁吸力互相抵消,使线圈不显磁性,因此继电器触点继续闭合。随着电容器两端的电压逐渐上升,流入线圈 L_2 中的电流变小,即电磁吸力减小,但线圈 L_1 产生的电磁吸力不变,当线圈 L_1 和 L_2 产生的吸力差大于触点的弹簧拉力时,触点断开,倒车信号装置电路被切断,倒车报警器停止发出声响。在继电器触点打开时,电容器又通过线圈 L_1 和 L_2 放电,使线圈产生磁力,触点仍继续打开。当电容器两端电压下降到一定值时,线圈电磁吸力减小,继电器触点再次闭合,倒车报警器通电发出声响,电容器再次开始充电。如此反复,继电器触点不断开闭,倒车报警器发出断续的声响,以示倒车。

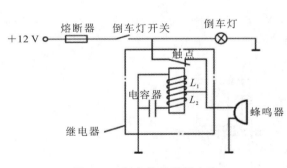

图 4-31 倒车信号装置电路

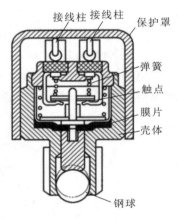

图 4-32 倒车灯开关结构

2)倒车报警器

常见的倒车报警器有倒车蜂鸣器和倒车语音报警器两种。

(1)倒车蜂鸣器。

倒车蜂鸣器是一种间歇发声的声响装置。图 4-33 所示为 CA1092 型汽车倒车蜂鸣器电路。其发声部分是一只功率较小的电喇叭,控制电路是一个由无稳态电路(即多谐振荡器)和反相器组成的开关电路。

晶体管 VT_1、VT_2 组成一个无稳态电路,由于 VT_1 和 VT_2 之间采用电容器耦合,VT_1 与 VT_2 只有两个暂时的稳定状态:VT_1 导通,VT_2 截止;VT_1 截止,VT_2 导通。这两个状态周期性地自动翻转。

VT_3 在电路中起开关作用,它与 VT_2 直接耦合,VT_2 的发射极电流就是 VT_3 的基极电流。当 VT_2 导通时,VT_3 因有足够大的基极电流而导通向 VD 供电。VD 通电使

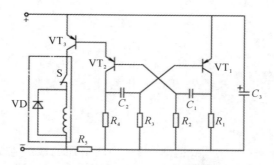

图 4-33 CA1092 型汽车倒车蜂鸣器电路

膜片振动,产生声响。当 VT_2 截止时,VT_3 由于无基极电流也截止,VD 断电,声响停止。如此周而复始,VT_3 按照无稳态电路的翻转频率不断地导通、截止,从而使倒车蜂鸣器发出"嘀—嘀—嘀"的间歇鸣叫声。

(2) 倒车语音报警器。

随着集成电路技术的发展,现在已经能将语音信号压缩存储于集成电路中,制成倒车语音报警器。在汽车倒车时,能重复发出"请注意,倒车!"等声音,以此提醒车后行人避开车辆而确保安全倒车。

倒车语音报警器的典型电路如图 4-34 所示。集成块 IC_1 是存储语音信号的集成电路,集成块 IC_2 是功率放大集成电路,稳压管 VZ 用于稳定集成块 IC_1 的工作电压。为防止电源电压接反,在电源的输入端使用了由四个二极管组成的桥式整流电路,这样无论如何接入 12 V 电源,均可保证电子电路正常工作。

当汽车挂入倒挡时,倒车语音报警器电路接通,电源便由桥式整流电路连接到倒车语音报警器,语音集成块 IC_1 的输出端便输出一定幅度的语音电压信号。此语音电压信号经由电容器 C_2、电容器 C_3、电阻 R_3、电阻 R_4、电阻 R_5 组成的阻容电路消除杂音,改善音质,并耦合到集成块 IC_2 的输入端,经 IC_2 的功率放大后,通过喇叭输出,即可发出清晰的"请注意,倒车!"等声音。

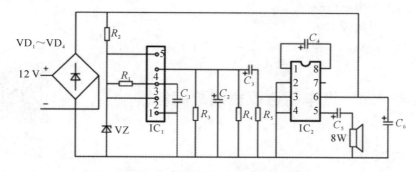

图 4-34 倒车语音报警器的典型电路

4.3.2 任务实施

1. 故障现象

在一辆速腾 230TSI 轿车上,打开点火开关后,按压喇叭开关,喇叭不响,低音喇叭不响。

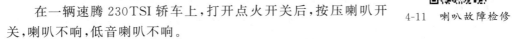

4-11 喇叭故障检修

2. 故障分析

故障现象为低音喇叭不响,根据图 4-35,判断可能的故障点如下:①低音喇叭 H7 的供电或搭铁故障;②低音喇叭 H7 本身出现了故障。

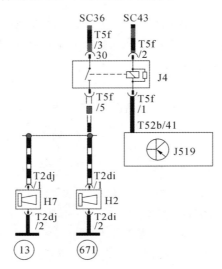

图 4-35 喇叭控制原理图

3. 诊断过程

第一步:检测故障喇叭电信号。

第二步:测量喇叭电阻。

第三步:更换故障喇叭。

第四步:验证喇叭声音。

任务 4.4　汽车组合仪表的故障检修

4-12 汽车组合仪表不显示故障检修

任务导入

一辆迈腾 B7 轿车,行驶里程为 13 万公里,用户反映打开点火开关之后,组合仪表上的机油压力表没有压力。下面我们根据客户的反映,对该车组合仪表进行检查和分析。

> **任务分析**

要排除此故障,首先,要知道组合仪表在什么状态下显示;其次,要熟悉各仪表的结构和工作原理,能分析故障原因;最后,要依据维修手册及相关的国家、行业、企业标准,按照正确的操作规程排除此故障。

> **任务要求**

(1)知识要求。掌握组合仪表的结构;掌握仪表盘上的机油压力表、冷却液温度表、燃油表的工作原理。

(2)能力要求。能够认识并看懂组合仪表;能够按照正确的操作规程排除故障。

> **思政案例引入**
>
> 对于早期的仪表盘,我们称其为机械仪表盘。当时人们并不重视仪表盘,基本把它归入电表、水表的功能范畴中,技术上也主要以传统的热式和动磁式(空心线圈机芯)等为主。不过这也受当时的技术所限。
>
> 后来人们开始意识到仪表盘的功能、作用被轻视了,同时自20世纪90年代以来,电子技术不断发展,促进了汽车仪表盘的革新。从真空荧光显示屏(VFD)发展到液晶显示器(LCD)、小尺寸薄膜晶体管显示器(TFT),仪表盘在视觉上和功能上越来越让人赏心悦目。汽车仪表盘也步入了电气仪表盘时代。
>
> 如果说以上这些还保留机械指针的话,到了如今什么都讲究"大屏"的时代,这些已经不能满足审美需求,在一些高端车型上,甚至完全抛弃了机械指针,而使用全数字仪表盘,也就是第三代虚拟仪表盘。
>
> 也许你认为这已是当今最先进的汽车仪表盘技术了,不,科技会永不止步地淘汰着旧事物。曾经只在科幻电影中看到的虚拟投射影像,已经应用到汽车行车信息显示中了,称为抬头显示(HUD)技术。那么当前常用的仪表是什么类型?它是怎么工作的?
>
> 作为青年一代要有社会责任感,刻苦学习科学技术知识,为更好地服务社会而努力。

4.4.1 知识链接

汽车的信息显示系统主要由汽车仪表与报警装置两部分构成,常见的汽车仪表有转速表、燃油表、冷却液温度表、车速里程表、发动机转速表、机油压力表等,如图4-36所示。汽车上大多数仪表(如机油压力表、冷却液温度表、燃油表)均由指示表和传感器两部分组成。指示表可分为电热式和电磁式两种类型,传感器可分为电热式和可变电阻式两种类型。汽车仪表根据它的工作原理和安装方式不同又可分为不同的种类。

图 4-36　组合仪表

1. 机油压力表

1）作用

机油压力表用来检测和显示发动机主油道的机油压力的大小,以防因缺机油而造成拉缸、烧蚀的重大故障发生。

2）组成

它由机油压力传感器和机油压力指示表两部分组成。常用的机油压力表包括电热式机油压力表和电磁式机油压力表两种。

3）工作原理

(1) 电热式机油压力表的工作原理。

电热式机油压力表由电热式机油压力指示表配合电热式(双金属片式)机油压力传感器组成。当无机油压力时,该机油压力表的工作情况如图4-37(a)所示。传感器中双金属片上的触点断开,此时接通点火开关也无电流经过触点,故指针保持在"0"位不动。当机油压力低时,膜片会推动触点而产生轻微接触,极弱的电流便可使传感器的双金属片发生翘曲而断开触点,显示器双金属片的温度便不会上升,指针偏转量很微小,如图4-37(b)所示。

当机油压力高时,膜片会强力推动触点,使双金属片与触点的接触压力增大,要通过很强的电流才能断开,所以整个线路的平均电流增大,使显示器双金属片的温度上升,翘曲度增大,从而带动指针大幅偏转。

(2) 电磁式机油压力表的工作原理。

电磁式机油压力表由电磁式机油压力指示表配合可变电阻式机油压力传感器组成。

如图4-38所示,当机油压力低时,传感器的电阻值大,线圈L_1中的电流小,线圈L_2中的电流大,转子带动指针沿合成磁场的方向逆时针转动,指向低机油压力;当机油压力高时,传感器的电阻值小,线圈L_1中的电流大,线圈L_2中的电流小,转子带动指针沿合成磁场的方向顺时针转动,指向高机油压力。

2. 车速里程表

1）作用

车速里程表用来指示汽车行驶速度和累计行驶里程。

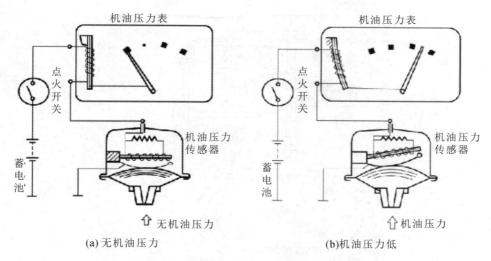

图 4-37 电热式机油压力表的工作原理

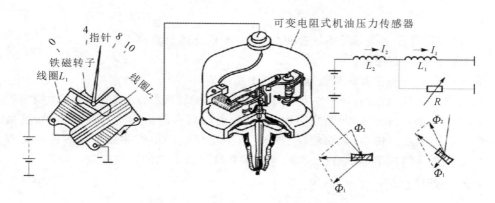

图 4-38 电磁式机油压力表的工作原理

2) 组成

车速里程表主要由车速表和里程表两部分组成,普通车速里程表有磁感应式和电子式两种类型。下面主要介绍磁感应式车速表和里程表的工作原理。

3) 工作原理

(1) 磁感应式车速表。

磁感应式车速表主要由永久磁铁、铝罩、护罩、盘形弹簧、刻度盘和指针等组成,如图 4-39 所示。永久磁铁与主动轴紧固在一起,主动轴由来自变速器输出轴的挠性软轴驱动,铝罩通过针轴与指针固接在一起,刻度盘固定在外壳上。

当汽车停驶时,铝罩在游丝的作用下,使指针位于"0"位。当汽车行驶时,软轴驱动主动轴带动"U"形永久磁铁旋转,在铝罩上感应出涡流而产生磁场,这个磁场与永久磁铁的旋转磁场相互作用产生转矩,使铝罩向永久磁铁旋转方向转过一定角度,直到由游丝的弹力所产生的反方向转矩与之平衡。与此同时,铝罩通过针轴带动指针转过与车速成正比的一个角度,从而在刻度盘上指示出相应的车速。实际车速越高,产生的转矩

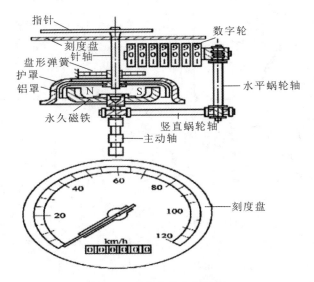

图 4-39 磁感应式车速表

越大,指针在刻度盘上摆动的角度就越大,即指示的车速就越高。

(2) 磁感应式里程表。

磁感应式里程表主要由蜗轮蜗杆和数字轮组成。

蜗轮蜗杆具有一定的传动比,当汽车行驶时,主动轴经三对蜗轮蜗杆驱动数字轮上最右侧的数字轮,在相邻的两个数字轮之间,既通过自身的内齿进行齿轮传动,又通过进位数字轮形成进位传动,从而使任意一个数字轮与左侧相邻的数字轮的传动比都为10:1,这样显示的数字呈十进位递增,便自动累计了汽车总的行驶里程。

3. 冷却液温度表

1) 作用

冷却液温度表用来检测和显示发动机水套中冷却液的工作温度,以防因冷却液温度过高而使发动机过热。

2) 组成

冷却液温度表由冷却液温度指示表和冷却液温度传感器两部分组成。冷却液温度指示表安装在组合仪表内,冷却液温度传感器安装在发动机汽缸盖的冷却水套上。

3) 工作原理

(1) 电磁式冷却液温度表的工作原理。

电磁式冷却液温度表由电磁式冷却液温度指示表配合热敏电阻式冷却液温度传感器组成,如图 4-40 所示。该传感器为负温度系数热敏电阻。

当点火开关置于"ON"时,冷却液温度表的左、右两线圈通电,各形成一个磁场,同时作用于软铁转子,转子便在合成磁场的作用下转动,使指针指在某一刻度上。当冷却液温度降低时,传感器热敏电阻的阻值增大,线圈 L_2 中电流减小,合成磁场逆时针转动,使指针指在低温处;反之,当冷却液温度升高时,传感器热敏电阻的阻值减小,线圈 L_2 中电流增大,合成磁场顺时针转动,使指针指在高温处。

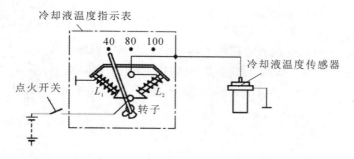

图 4-40 电磁式冷却液温度表

（2）电热式冷却液温度表的工作原理。

电热式冷却液温度表由电热式冷却液温度指示表和电热式冷却液温度传感器组成，如图 4-41 所示。

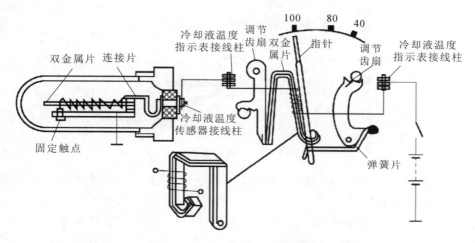

图 4-41 电热式冷却液温度表

当电路接通且水温低时，双金属片需经较长时间的加热才能使触点断开。触点断开后，由于四周温度低、散热快，双金属片迅速冷却又使触点闭合。因此，当水温低时，触点在闭合时间长而断开时间短的状态下工作，使流过冷却液温度表加热线圈中的电流平均值增大，双金属片变形大，带动指针向右偏转，指示低水温。当水温高时，双金属片周围温度高，触点的闭合时间短而断开时间长，流过冷却液温度表加热线圈的电流平均值减小，双金属片变形小，指针向右偏转角度小，指示高水温。

4. 燃油表

1）作用

燃油表用来指示汽车燃油箱内储存燃油的多少。

2）组成

燃油表由装在仪表板上的燃油指示表和装在燃油箱内的传感器两部分组成。其主要分为电磁式燃油表和电热式燃油表。

3) 工作原理

(1) 电磁式燃油表的工作原理。

电磁式燃油表由电磁式燃油指示表和可变电阻式传感器组成。

如图 4-42 所示,两个线圈互相垂直地绕在一个矩形塑料架上,塑料套筒轴承和金属轴穿过交叉线圈,金属轴上装有永久磁铁转子,转子上连有指针。可变电阻式传感器由滑片、可变电阻和浮子组成。

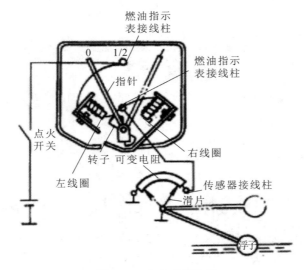

图 4-42 电磁式燃油表

当油箱无油时,右线圈被短路。左线圈中的电流达到最大,产生的电磁吸力最大,吸引转子使指针指向"0"位。

当油箱中的燃油增加时,可变电阻的阻值变大,使右线圈中的电流增大,而左线圈中的电流减小,在右线圈和左线圈的合成磁场作用下,转子带动指针向右偏转,指针指向高刻度位置。

当油箱装满油时,右线圈的电磁吸力最大,指针指向"1",当油箱中剩半箱油时,指针指向"1/2"。

(2) 电子式燃油表的工作原理。

电子式燃油表由两块 IC 电压比较器及相关电路、发光二极管显示器、浮筒传感器三大部分组成。

如图 4-43 所示,当油箱内燃油加满时,R_x 阻值最小,A 点电位最低,IC_1、IC_2 两块电压比较器输出为低电平,6 个绿色发光二极管全部点亮,而红色发光二极管 VD_1 熄灭,表示油箱已满。

R_x 是传感器的可变电阻,电阻 R_{15} 和二极管 VD_8 组成稳压电路,给 IC_1、IC_2 两块电压比较器反向输入端提供基准电压信号。电容器 C 和电阻 R_{16} 组成延时电路,接到电压比较器的同向输入端,将 R_x 产生的变化电压信号经延时后与基准电压信号进行比较放大。

当油箱内的燃油逐渐减少时,R_x 阻值逐渐增大,A 点电位逐渐升高,绿色发光二极

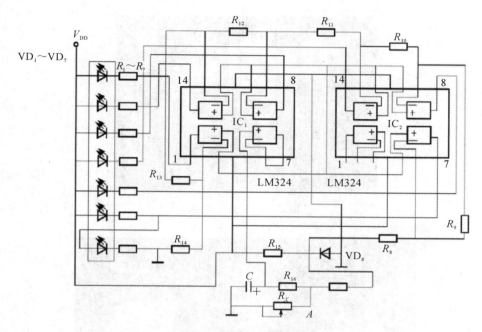

图 4-43 电子式燃油表

管依次熄灭。燃油越少,绿色发光二极管发亮的个数越少。

当油箱内燃油用完时,R_X 的阻值最大,A 点电位最高,IC_1、IC_2 两块电压比较器输出为高电平,6 个绿色发光二极管全部熄灭,而红色发光二极管 VD_1 发亮,表示油箱无油。

5. 数字仪表

数字仪表主要由传感器、控制单元和显示装置组成。

其中,传感器用来检测信号;控制单元用来采集传感器的信号,将模拟信号转变成数字量,经处理分析后,控制显示装置;显示装置接收控制单元的命令,显示各种信息。

1)发光二极管

发光二极管是应用最为广泛的低压显示器件,其实质是晶体管,如图 4-44 所示。汽车上,发光二极管一般用于指示灯、数字符号段或点数不太多的光杆图形显示。

2)液晶显示器

如图 4-45 所示,液晶显示器为非发光型显示器,夜间显示必须采用照明光源,汽车上通常用白炽灯作为背景光源。液晶显示器具有工作电压低、显示面积大、耗能少、显示清晰、通过滤光镜可显示不同颜色、不受阳光直射的影响等优点,现广泛应用在中、高档轿车上。

3)真空荧光显示屏

真空荧光显示屏为发光型显示器,具有色彩鲜艳、可见度高、立体感强等优点。但由于真空管需要由一定厚度的玻璃外壳制成,因此故障图形复杂的真空荧光显示屏制作成本较高、体积大,在汽车上它常用作数字显示器,如图 4-46 所示。

图 4-44　发光二极管

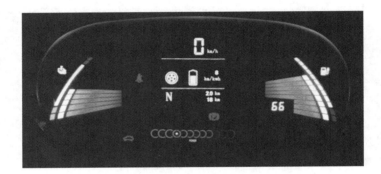

图 4-45　液晶显示器

图 4-46　真空荧光显示屏

4.4.2　任务实施

1. 前期准备

安全防护：实训着装、完成车辆防护。

工具设备：举升机、常用工具套装。

实训设备:实训车或实训台架总成。
辅助资料:维修手册、教材。

2. 实施过程

1) 确认故障现象

打开点火开关,观察组合仪表上的机油压力表的油压。

2) 分析故障原因

(1) 机油压力传感器失效。
(2) 机油黏度过高。
(3) 油泵不工作。
(4) 指针轴折断。
(5) 电路开路。

3) 操作流程

根据制定的计划实施,完成以下任务并记录。

(1) 机油压力表动作测试。

测试结果:_____

结论:_____

(2) 诊断仪器检测。

故障码读取:_____

数据流检测:_____

结论:_____

(3) 机油压力传感器的万用表检测。

电阻阻值:_____

信号电压:_____

结论:_____

(4) 故障排除。

(5) 机油压力表动作再次测试。

测试结果:_____

结论:_____

任务 4.5 汽车报警灯的故障检修

4-13 报警灯的故障与检修

任务导入

车主李先生在大众 4S 店提了新车,车开了一段时间后,李先生发现仪表板上有个指示灯一直闪烁,由于是新手司机,李先生不明白是什么意思,上网一查,原来是燃油提示报警灯,再一看燃油表,燃油已经快用完了。那么,大家认识汽车仪表板上的各种报警灯吗?

> **任务分析**

要排除此故障,首先,要知道组合仪表上各种报警灯分别代表什么意思;其次,要熟悉各种报警灯的结构和工作原理,能分析故障原因;最后,要依据维修手册及相关的国家、行业、企业标准,按照正确的操作规程排除此故障。

> **任务要求**

(1) 知识要求。掌握各种报警灯的结构;掌握各种报警灯的工作原理。
(2) 能力要求。能够识别汽车上的各种报警灯;能够按照正确的操作规程排除报警灯常见故障。

4.5.1 知识链接

1. 报警装置的作用

报警装置是为了反映汽车某系统的工作状况、引起本车驾驶员与车外行人及车辆的注意,以保证行车安全、防止事故发生所设置的灯光或声音信号装置。

2. 常见的报警灯

1) 机油指示灯

机油指示灯用来显示发动机内机油的压力状况。当打开钥匙门,车辆自检时,指示灯点亮,启动后熄灭。该指示灯常亮,说明该车发动机机油压力低于规定标准,需要维修。

2) ABS 指示灯

ABS 指示灯用来显示 ABS 工作状况。当打开钥匙门,车辆自检时,ABS 指示灯会点亮数秒,随后熄灭。如果未闪亮或者启动后仍不熄灭,表明 ABS 出现故障。

3) 蓄电池指示灯

蓄电池指示灯用来显示电瓶使用状态。打开钥匙门,车辆开始自检时,该指示灯点亮。启动后自动熄灭。如果启动后电瓶指示灯常亮,说明该电瓶出现了使用问题,需要更换。

4) 油量指示灯

油量指示灯用来显示车辆内的储油量,当打开钥匙门,车辆自检时,该油量指示灯会短时间点亮,随后熄灭。如果启动后该指示灯点亮,则说明车内油量已不足。

5) 车门指示灯

车门指示灯用来显示车辆各车门状况,任意车门未关上,或者未关好,相应的车门指示灯都会点亮,提示车主车门未关好,当车门关闭或关好时,相应车门指示灯熄灭。

6) 安全气囊指示灯

安全气囊指示灯用来显示安全气囊的工作状态,当打开钥匙门,车辆开始自检时,该指示灯自动点亮数秒后熄灭,如果常亮,则安全气囊出现故障。

7) 刹车盘指示灯

刹车盘指示灯是用来显示车辆刹车盘磨损的状况。一般该指示灯处于熄灭状态,当刹车盘出现故障或磨损过度时,该指示灯点亮,修复后熄灭。

8) 手刹指示灯

手刹指示灯用来显示车辆手刹的状态,平时处于熄灭状态。当手刹被拉起后,该指示灯自动点亮。手刹被放下时,该指示灯自动熄灭。有的车型在行驶中未放下手刹会伴随警告声。

9) 水温指示灯

水温指示灯用来显示发动机内冷却液的温度,当打开钥匙门,车辆自检时,会点亮数秒,而后熄灭。水温指示灯常亮,说明冷却液温度超过规定值,需立刻暂停行驶,水温正常后熄灭。

10) 玻璃水指示灯

玻璃水指示灯用来显示车辆所装玻璃清洁液的多少,平时处于熄灭状态,该指示灯点亮时,说明车辆所装载玻璃清洁液已不足,需添加玻璃清洁液。添加玻璃清洁液后,指示灯熄灭。

11) 雾灯指示灯

雾灯指示灯用来显示前、后雾灯的工作状况,当前、后雾灯点亮时,该指示灯相应的标志就会点亮。关闭雾灯后,相应的指示灯熄灭。

12) 示宽指示灯

示宽指示灯用来显示车辆示宽灯的工作状态,平时处于熄灭状态,当示宽灯打开时,该指示灯随即点亮。当示宽灯关闭或者关闭示宽灯打开大灯时,该指示灯自动熄灭。

13) 内循环指示灯

内循环指示灯用来显示车辆空调系统的工作状态,平时处于熄灭状态。当点亮内循环按钮,关闭外循环,空调系统进入内循环状态时,该指示灯自动点亮。内循环关闭时该指示灯熄灭。

14) VSC 指示灯

电子车身稳定系统(VSC)指示灯用来显示车辆 VSC 的工作状态,多出现在日系车上。该指示灯点亮,说明 VSC 已被关闭。

15) TCS 指示灯

牵引力控制系统(TCS)指示灯用来显示车辆 TCS 的工作状态,多出现在日系车上。该指示灯点亮,说明 TCS 已被关闭。

16) 发动机故障指示灯

发动机故障指示灯用来显示车辆发动机的工作状况,当打开钥匙门,车辆自检时,该指示灯点亮后自动熄灭,如果常亮,则说明车辆的发动机出现了机械故障,需要维修。

17) 转向指示灯

转向指示灯用来显示车辆转向灯所在的位置,通常处于熄灭状态。当驾驶员点亮转向灯时,该指示灯会同时点亮相应方向的转向指示灯,转向灯熄灭后,该指示灯自动熄灭。

18) 远光指示灯

远光指示灯用来显示车辆远光灯的状态。通常情况下该指示灯处于熄灭状态。当远光灯点亮时,该指示灯会同时点亮,以提示驾驶员,车辆的远光灯处于开启状态。

19) EPC 指示灯

发动机动力控制管理系统(EPC)指示灯常见于大众品牌车型中。当打开钥匙门,车辆开始自检时,EPC 指示灯会点亮数秒,随后熄灭。如果车辆启动后仍不熄灭,则说明该系统出现故障。

20) O/D 挡指示灯

O/D(over-drive,超速)挡指示灯用来显示自动挡车型的 O/D 挡的工作状态,当 O/D 挡指示灯闪亮,说明 O/D 挡已锁止。此时加速能力获得提升,但会增加油耗。

21) 安全带指示灯

安全带指示灯用来显示安全带是否处于锁止状态。该指示灯点亮,说明安全带没有及时扣紧。有些车型会有相应的提示音,安全带被及时扣紧后,该指示灯自动熄灭。

各种常见指示灯的符号如表 4-4 所示。

表 4-4 各种常见指示灯的符号

符号	名称	符号	名称	符号	名称
	机油指示灯		ABS 指示灯		蓄电池指示灯
	油量指示灯		车门指示灯		安全气囊指示灯
	刹车盘指示灯		手刹指示灯		水温指示灯
	玻璃水指示灯		雾灯指示灯		示宽指示灯
	内循环指示灯		VSC 指示灯		TCS 指示灯

续表

符号	名称	符号	名称	符号	名称
	发动机故障指示灯		转向指示灯		远光指示灯
	EPC指示灯		O/D挡指示灯		安全带指示灯

3. 报警装置的工作原理

报警装置一般由传感器和红色报警灯组成。报警信号系统通常由报警灯和报警自动开关组成,当被监测的系统不正常时,开关自动接通,报警灯点亮,提醒驾驶员注意。报警灯一般安装在驾驶室内仪表盘上,在灯泡前有滤光片,以使灯泡发出红光或黄光,滤光片上一般标有报警符号,以表示报警项目。

1) 燃油量报警装置的工作原理

燃油量报警装置用于指示燃油剩余量不足,一般由负温度系数热敏电阻传感器和报警灯两部分组成,如图4-47所示。

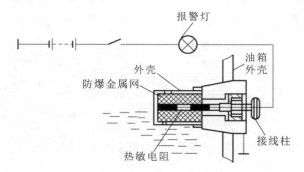

图4-47 燃油量报警装置的工作原理

当油箱燃油较多时,热敏电阻完全浸泡在燃油中,由于其散热快、温度低、阻值大,报警灯电路中相当于串联了一个很大的电阻,流过报警灯的电流很小,报警灯熄灭。当燃油量减小到热敏电阻露出油面时(规定值以下),热敏电阻温度升高、散热慢、阻值减小,流过报警灯的电流增大,报警灯发亮。

2) 制动液液面过低报警装置的工作原理

制动液液面过低报警灯电路用来监测制动液液面,当制动液液面下降到规定值时,报警灯点亮,警示驾驶员检测制动系统。检测制动液液面的传感器装在制动液贮液罐内。

如图4-48所示,当制动液充足时,浮子式传感器随制动液上浮,处于较高位置,其内永久磁铁与舌簧开关的位置较远,对舌簧开关的吸引力较弱,故舌簧开关处于常开状态,报警灯电路无法接通,报警灯不亮。

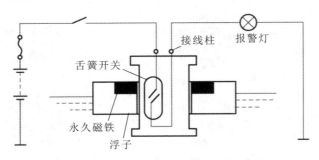

图 4-48 制动液液面过低报警装置的工作原理

当制动液不充足时,浮子式传感器随制动液下浮,下浮到规定值以下时,永久磁铁与舌簧开关的位置较近,磁力吸动舌簧开关闭合,报警灯电路被接通,报警灯发亮,提醒驾驶员注意,防止制动能效下降而出现安全事故。

3) 冷却液温度报警装置的工作原理

冷却液温度报警装置用来监控发动机冷却系统,在冷却液温度不正常时,发出灯光信号,以示警告。冷却液温度报警装置由传感器和报警灯组成。

如图 4-49 所示,当发动机冷却液的温度达到或超过极限温度时,传感器内双金属片受热温度高,变形程度大,使其内部触点闭合,报警灯中有电流通过,报警灯发亮,提醒驾驶员及时停车检查。

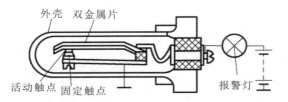

图 4-49 冷却液温度报警装置的工作原理

当发动机冷却液的温度正常时,传感器内双金属片受热温度较低,变形程度小,触点断开,报警灯中无电流通过,报警灯熄灭。

4) 机油压力报警装置的工作原理

机油压力报警装置用于提醒驾驶员发动机的机油压力异常,有膜片式和弹簧管式两种类型。最常见的弹簧管式机油压力报警装置由装在发动机主油道上的弹簧管式传感器和装在仪表板上的报警灯两部分组成,如图 4-50 所示。传感器内的管形弹簧的一端与发动机主油道连接,另一端与活动触点连接,固定触点经导电片与接线柱连接。

当润滑系统机油压力低于允许值时,管形弹簧几乎不发生变形,触点处于闭合状态,报警灯中有电流通过,报警灯发亮,提醒驾驶员注意。

当润滑系统机油压力达到允许值时,管形弹簧变形程度增大,使触点分开,报警灯中无电流通过,报警灯熄灭。

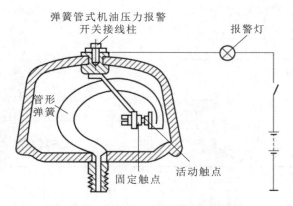

图 4-50 机油压力报警装置的工作原理

思政探索

　　车主李先生在大众4S店提了新车,一天,李先生准备开车出门,打开点火开关,发现仪表板上油量指示灯一直闪烁,根据故障现象让学生分组讨论出现此故障的原因,培养学生的团队合作精神。

4.5.2 任务实施

1. 前期准备

安全防护:实训着装、完成车辆防护。
工具设备:举升机、常用工具套装。
实训设备:实训车或实训台架总成。
辅助资料:维修手册、教材。

2. 实施过程

1) 确认故障现象

　　打开点火开关,观察组合仪表上的油量指示灯,正常情况下,当点火开关打开,车辆进行自检时,该指示灯会短时间点亮,随后熄灭,如果油量正常,但一直闪烁,说明有故障。

2) 分析故障原因

(1) 油箱油量过低。
(2) 热敏电阻失效。
(3) 油箱漏油。
(4) 指示灯损坏。
(5) 电路开路。

3) 操作流程

　　根据制定的计划实施,完成以下任务并记录。

（1）油量指示灯动作测试。

测试结果：＿＿＿＿＿＿＿＿＿＿＿＿＿＿＿＿＿＿＿＿＿＿＿＿＿＿＿＿＿＿＿＿

结论：＿＿＿＿＿＿＿＿＿＿＿＿＿＿＿＿＿＿＿＿＿＿＿＿＿＿＿＿＿＿＿＿＿

（2）诊断仪器检测。

故障码读取：＿＿＿＿＿＿＿＿＿＿＿＿＿＿＿＿＿＿＿＿＿＿＿＿＿＿＿＿＿

数据流检测：＿＿＿＿＿＿＿＿＿＿＿＿＿＿＿＿＿＿＿＿＿＿＿＿＿＿＿＿＿

结论：＿＿＿＿＿＿＿＿＿＿＿＿＿＿＿＿＿＿＿＿＿＿＿＿＿＿＿＿＿＿＿＿＿

（3）热敏电阻的万用表检测。

电阻值					
温度					

结论：＿＿＿＿＿＿＿＿＿＿＿＿＿＿＿＿＿＿＿＿＿＿＿＿＿＿＿＿＿＿＿＿＿

（4）故障排除。

（5）油量指示灯动作再次测试。

测试结果：＿＿＿＿＿＿＿＿＿＿＿＿＿＿＿＿＿＿＿＿＿＿＿＿＿＿＿＿＿＿＿＿

结论：＿＿＿＿＿＿＿＿＿＿＿＿＿＿＿＿＿＿＿＿＿＿＿＿＿＿＿＿＿＿＿＿＿

模块 4 测评

模块 5

汽车辅助电气系统检修

模块描述

为了提高车辆的安全性和舒适性,汽车普遍使用了许多辅助电气设备。本模块的学习任务是对汽车常见辅助电气设备的作用、使用方法、结构及工作原理进行分析,就常见车型辅助电气系统的典型故障进行检修。

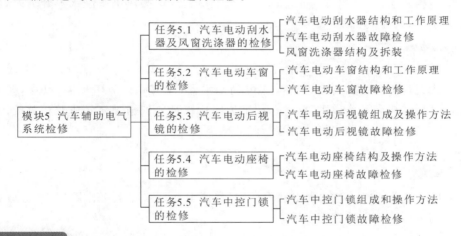

教学目标

素养目标

(1) 养成"严、细"作风、"精、优"质量观念。

(2) 培养学生严谨细致、认真敬业的工作作风和职业素养。

(3) 提升服务意识和养成诚实守信、吃苦耐劳的职业品质。

知识目标

(1) 熟悉汽车电动刮水器和风窗洗涤器的作用、使用方法、结构、工作原理。

(2) 熟悉汽车电动车窗的作用、使用方法、结构、工作原理。

(3) 熟悉汽车电动后视镜的作用、使用方法、结构、工作原理。

(4) 熟悉汽车电动座椅的作用、使用方法、结构、工作原理。

(5) 熟悉汽车中控门锁的作用、使用方法、结构、工作原理。

技能目标

(1) 能够对汽车电动刮水器和风窗洗涤器进行操控、拆装及检修。

(2) 能够对汽车电动车窗进行操控、拆装及检修。

(3) 能够对汽车电动后视镜进行操控、拆装及检修。

(4) 能够对汽车电动座椅进行操控、拆装及检修。

(5) 能够对汽车中控门锁进行操控、拆装及检修。

任务 5.1　汽车电动刮水器及风窗洗涤器的检修

5-1　汽车电动刮水器的结构及工作原理

任务导入

一辆迈腾轿车，行驶里程为 13 万公里，车主反映近期操作该车刮水器开关时，刮水器刮水不干净，有异响。

任务分析

要排除此故障，首先，要会正确操作电动刮水器，能够确认故障现象；其次，要熟悉电动刮水器的结构和工作原理，能分析故障原因；最后，要依据维修手册及相关的国家、行业、企业标准，按照正确的操作规程排除此故障。

任务要求

(1) 知识要求。熟悉电动刮水器的结构；掌握电动刮水器的工作原理；能够分析电动刮水器和风窗洗涤器的控制电路。

(2) 能力要求。能够正确地使用电动刮水器和风窗洗涤器；能够按照正确的操作规程排除电动刮水器和风窗洗涤器常见故障。

5.1.1　知识链接

1. 电动刮水器

案例引入

播放视频《你不知道的刮水器简史》，引导同学们讨论刮水器的作用和刮水器的演变历程，引导同学们树立不断探索的科学精神，努力学习专业知识，提高专业能力，从而更好地服务社会、建设国家。

1) 电动刮水器的组成

(1) 作用。

驾驶员通过操控刮水器开关（见图 5-1）控制驱动装置带动刮水片（见图 5-2）在汽车

风窗玻璃上摆动来清除风窗玻璃上的雨水、雪、尘土或污物,以确保有良好的驾驶视线。风窗洗涤器和电动刮水器配合工作可清除脏物。

图 5-1　刮水器开关

图 5-2　刮水片

(2) 分类。

按照刮水器结构不同,刮水器可分为有骨刮水器、无骨刮水器及复合式刮水器。

有骨刮水器:通过骨架上的若干支撑点把刮水片压在玻璃上,使刮水片上各个支撑点的压力平均,如图 5-3 所示。

图 5-3　有骨刮水器

无骨刮水器:由刮水器胶条、无骨刮水钢片、刮水护套和塑料件四种配件组成,如图 5-4 所示。

复合式刮水器:结合了有骨刮水器和无骨刮水器的优点,采用内嵌式骨架结构加上多段式导流盖设计,如图 5-5 所示。

图 5-4　无骨刮水器　　　　　　图 5-5　复合式刮水器

按照刮水器刮雨方式,刮水器可分为传统间歇式刮水器和雨珠感应式刮水器。前者是比较常见的类型,可以由驾驶员依据雨势进行调整;而雨珠感应式刮水器多用于中、高级车型。

根据驱动装置的不同,电动刮水器可分为真空式、气动式和电动式三种类型。目前车辆上广泛使用的是电动式刮水器,简称电动刮水器。根据所处位置的不同,电动刮水器又可分为前电动刮水器和后电动刮水器两种。

（3）组成。

电动刮水器主要由刮水片、刮水器臂、刮水电动机和传动机构等组成，如图5-6所示。电动机轴端的蜗杆驱动蜗轮，蜗轮带动摇臂旋转，摇臂使拉杆做往复运动，从而带动刮水片摆动。

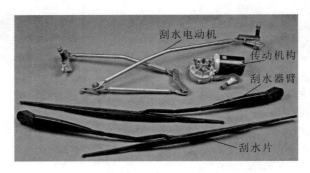

图 5-6　电动刮水器的组成

电动刮水器传动机构由刮水片架、摆杆、连杆、蜗轮、蜗杆、刮水电动机、底板等组成，如图5-7所示。一般电动机和蜗杆箱结合成一体，组成刮水电动机总成。永磁式电动机通电后旋转，带动蜗杆、蜗轮，使与蜗轮相连的连杆和摆杆带着左、右两刮水片架往复摆动，刮水片便刮去风窗玻璃上的雨水、雪和灰尘。

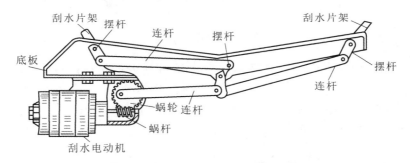

图 5-7　电动刮水器传动机构的组成

（4）新型柔性齿条传动刮水器。

与一般拉杆传动式刮水器相比，新型柔性齿条传动刮水器具有体积小、噪声小等优点，并且可将刮水电动机总成安装在空间较大的地方，便于维修，如图5-8所示。

新型柔性齿条传动刮水器中刮水电动机驱动的蜗轮轴上有一个曲柄销，驱动连杆机构；连杆和一个装在硬管里的柔性齿条连接，在连杆运转时，齿条会做往复运动，齿条的往复运动带动齿轮箱中的小齿轮做往复运动，从而驱动刮水片往复摆动。

（5）用车知识。

① 电动刮水器日常使用注意事项。

电动刮水器处于打开状态时，若关闭点火开关，则再次打开点火开关时电动刮水器将按关闭点火开关前的设定继续刮水。若风窗玻璃上有霜、雪或其他黏结物，则可能损

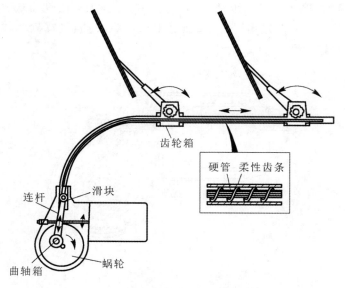

图 5-8 新型柔性齿条传动刮水器

坏刮水电动机。起步行驶前应将电动刮水器上附着的冰雪清除干净。将已冻结在风窗玻璃上的刮水片从风窗玻璃上挪开时务必小心。建议采用除冰喷剂解冻。

风窗玻璃处于干燥状态时切勿打开电动刮水器,否则可能损坏风窗玻璃。

打开点火开关,发动机舱盖和行李舱处于关闭状态时电动刮水器方能工作。

风窗间歇刮水功能与车速有关,车速越高,刮水频率越快。

可通过信息娱乐系统上的 CAR 按键设置及后视镜和刮水器功能按钮激活和关闭雨天自动刮水功能。

② 刮水片的更换。

a. 取下刮水器。先将刮水器取下来,拉起刮水器弹簧臂杆,再将刮水器竖起来,刮水器臂中间有一个正方形小口,按下里面的塑料块,另一只手向上一拉,刮水器即可抽出来。这时需要立刻将刮水器弹簧臂杆,放入风窗玻璃,避免因为弹簧砸到风窗玻璃上。

b. 拆卸刮水器胶条。用螺丝刀将拆下来的刮水器一端固定的螺丝帽撬开,即可抽出刮水器胶条。

c. 更换刮水器胶条。将卡在刮水器槽内的胶条取出,再将新的胶条放入,用卡扣固定塑料帽。

d. 重新安装刮水器。更换胶条之后就可以重新安装刮水器,将方形凸起对准弹簧臂杆的小孔,卡上即可。

2) 刮水电动机的结构与工作原理

(1) 刮水电动机的结构。

刮水电动机一般有永磁式和绕线式两种。绕线式刮水电动机的磁极绕有励磁绕组,通入电流时产生磁场,而永磁式刮水电动机的磁极用永久磁铁制成。永磁式刮水电动机体积小、重量轻、结构简单、使用广泛。

永磁式电动机的结构如图 5-9 所示,其主要由外壳、永久磁铁总成、电枢、电刷安装板及复位开关、蜗轮、蜗杆、输出臂等组成,通电时电枢转动,经蜗轮和输出齿轮及输出轴后,把动力传给输出臂。

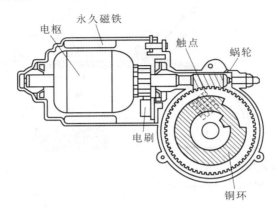

图 5-9 永磁式电动机的结构

如图 5-10 所示,刮水电动机的电枢通电后即开始转动,以蜗杆驱动蜗轮,蜗轮带动摇臂旋转,摇臂使拉杆做往复运动,从而带动刮水片左右摆动。

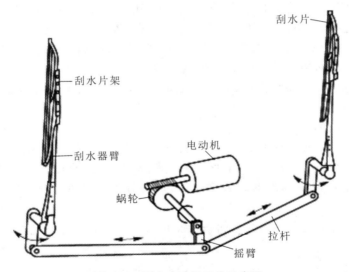

图 5-10 刮水电动机工作示意图

(2) 永磁式刮水电动机的工作原理。

为满足实际使用的要求,刮水电动机的转速通常可以调节,永磁式刮水电动机利用三个电刷改变正、负电刷之间串联线圈的个数,从而实现变速,其工作原理如图 5-11 所示。其原理如下:刮水电动机工作时,在电枢内同时产生反电动势,其方向与电枢电流的相反。若要使电枢旋转,外加电压必须克服反电动势的作用。当电动机转速升高时,反电动势升高,只有外加电压等于反电动势时,电枢的转速才能稳定。

① 永磁式刮水电动机的调速原理。

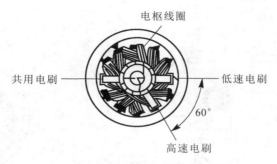

图 5-11 永磁式刮水电动机工作原理

三刷永磁式刮水电动机工作时,电枢绕组产生的反电动势的方向如图 5-12(a)中箭头所示。当将刮水器开关 S 拨向 L(低速)挡时,电源电压加在电刷 B_1 和 B_3 之间的两条并联支路中,每条支路中各有 4 个绕组串联,反电动势的大小与支路中反电动势的大小相等。由于外加电压需要平衡 4 个绕组所产生的反电动势,故电动机转速较低。

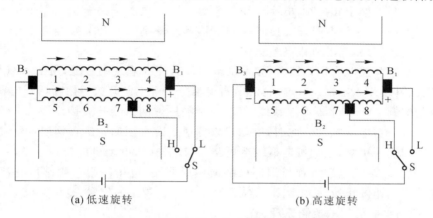

图 5-12 永磁式刮水电动机的调速原理图

如图 5-12(b)所示,当将刮水器开关 S 拨向 H(高速)挡时,电源电压加在电刷 B_2 和 B_3 之间。线圈 1、2、3、4、8 同在一条支路中,其中线圈 8 与线圈 1、2、3、4 的反电动势方向相反,相互抵消后,使每条支路变为三个线圈。电动机内部的磁场方向和电枢的旋转方向没有变化,所以各线圈内反电动势的方向与低速时的相同。但是,由于外加电压只需平衡三个线圈所产生的反电动势,因此,电刷 B_2 和 B_3 之间的反电动势降低,电枢电流增大,驱动转矩增大,电动机的转速升高。

② 永磁式刮水电动机的自动复位原理。

刮水器的自动复位是指在任何时刻切断刮水电动机电路时,刮水片都能自动停止在风窗玻璃的下部而不影响驾驶员的视线。如图 5-13 所示,在直流电动机减速机构的蜗轮上嵌有铜环,此铜环分为两个部分,其中面积较大的一片与电动机外壳相连接(搭铁)。

当刮水器开关处于 Ⅰ 挡时,电流流经蓄电池"+"→电源开关→熔断器→电刷 B_3 →电枢绕组→电刷 B_1 →刮水器开关接线柱②→接触片→刮水器开关接线柱③→搭铁→

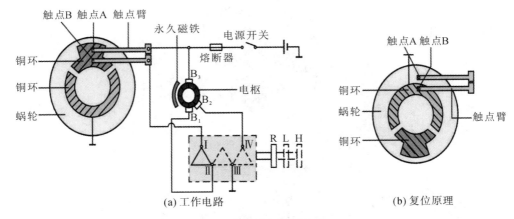

(a) 工作电路　　　　　　　(b) 复位原理

图 5-13　刮水器自动复位

蓄电池"－"构成回路,电动机以低速运转。

当刮水器开关处于Ⅱ挡时,电流流经蓄电池"＋"→电源开关→熔断器→电刷 B_3→电枢绕组→电刷 B_2→刮水器开关接线柱④→接触片→刮水器开关接线柱③→搭铁→蓄电池"－"构成回路,电动机以高速运转。

当将刮水器开关退回到 0 挡时,如果刮水片没有停在规定的位置,由于触点与铜环接触,则电流继续流入电枢。其电路如下:蓄电池"＋"→电源开关→熔断器→电刷 B_3→电枢绕组→电刷 B_1→刮水器开关接线柱②→接触片→刮水器开关接线柱①→触点臂→铜环→搭铁→蓄电池"－"。此时,电动机以低速运转直至蜗轮旋转到规定位置,即两个触点臂都和铜环接触,电动机电枢绕组短路。与此同时,电动机电枢由于惯性不能立刻停下来,电枢绕组通过触点臂与铜环接触而构成回路,电枢绕组产生感应电流,制动转矩使电动机迅速停止转动,电动刮水器的刮水片停在规定的位置,复位完成。

③ 电动刮水器的间歇控制原理。

当汽车在小雨或浓雾天行驶时,由于风窗玻璃表面形成的是不连续水滴,如果刮水片仍按一定的速度连续刮拭,微量的水分和灰尘就会形成发黏的表面,使玻璃模糊不清,影响驾驶员的视线。因此,现代汽车刮水器都装有间歇控制系统,以使刮水器按一定的周期停止。

电动刮水器的间歇控制电路按其间歇时间能否调节可分为可调式和不可调式两种类型。

a. 不可调式间歇控制电路,其工作过程如下。

如图 5-14 所示,当刮水器开关处于间歇挡(刮水器开关处于 0 挡,且间歇开关闭合)时,电源将通过自动复位开关向电容器 C 充电,其电路如下:蓄电池"＋"→电源开关→熔断器→自动复位开关的常闭触点(上)→电阻 R_1→电容器 C→搭铁→蓄电池"－",随着充电时间的延长,电容器两端的电压逐渐升高。当电容器 C 两端的电压升高到一定值时,晶体管 VT_1 和 VT_2 先后由截止转为导通,从而接通继电器 J 的磁化线圈的电路,其电路如下:蓄电池"＋"→电源开关→熔断器→电阻 R_5→晶体管 VT_2→继电器 J 的磁化线圈→间歇开关→搭铁→蓄电池"－"。在电磁吸力的作用下,继电器 J 的常闭触点打开、常开触点闭合,从而接通了刮水电动机的电路,其电路如下:蓄电池"+"→电源开关→熔断器→电刷 B_3→电刷 B_1→继电器 J 的常开触点→搭铁→蓄电池"-",此时,电动机以低速运转。

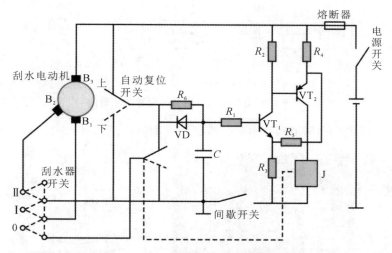

图 5-14 电动刮水器不可调式间歇控制电路

当复位装置将自动复位开关的常开触点(下)接通时,电容器 C 通过二极管 VD、自动复位开关的常开触点迅速放电,此时刮水电动机的通电回路不变,电动机继续转动。随着放电时间的延长,晶体管 VT_1 的基极电位逐渐降低。当晶体管 VT_1 的基极电位降低到一定值时,VT_1、VT_2 由导通转为截止,从而切断了继电器 J 的磁化线圈的电路,继电器复位,常开触点断开,常闭触点闭合,继电器复位。此时,由于自动复位开关的常开触点(下)处于闭合状态,电动机仍继续转动,其电路如下:蓄电池"+"→电源开关→熔断器→电刷 B_3→电刷 B_1→继电器 J 的常闭触点→自动复位开关的常开触点(下)→搭铁→蓄电池"-"。只有当刮水片回到原位(不影响驾驶员视线的位置),自动复位开关的常开触点断开、常闭触点闭合时,电动机方能停止转动。电源将再次向电容器 C 充电,重复上述过程,实现电动刮水器的间歇动作,其间歇时间的长短取决于电容器 C 充电时长。

b. 可调式间歇控制电路,是根据雨量的大小自动开闭并调节间歇时间的。

如图 5-15 所示,电路中 S_1、S_2 和 S_3 是安装在风窗玻璃上的流量检测电极,当雨滴落在两检测电极之间时,其阻值相应减小,且流量越大,阻值越小。S_1 和 S_3 之间的距离较近,因此,下雨时,晶体管 VT_1 首先导通,继电器 J_1 通电,在电磁吸力的作用下,P 点闭合,刮水电动机以低速运转。当雨量增大时,S_1、S_2 之间的阻值减小到使晶体管 VT_2 也导通,于是继电器 J_2 通电,在电磁吸力的作用下,A 点断开,B 点接通,刮水电动机以高速运转。当雨停时,检测电极之间的阻值均增大,晶体管 VT_1、VT_2 截止,继电器复位。刮水电动机自动停止工作。

2. 风窗洗涤器

1)风窗洗涤器的组成

风窗洗涤器配合电动刮水器工作及时清除风窗玻璃上的尘土和污物,使驾驶员有良好的视线。

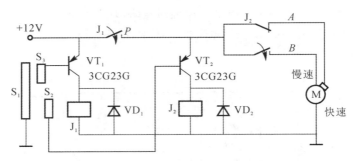

图 5-15 电动刮水器可调式间歇控制电路

风窗洗涤器主要由储液箱、洗涤泵、软管与喷嘴等组成，如图 5-16 所示。

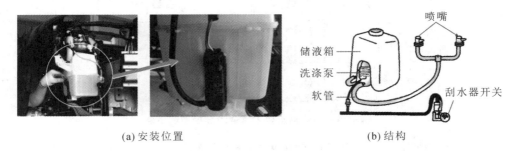

(a) 安装位置　　　　　　　　　　　(b) 结构

图 5-16 风窗洗涤器

风窗洗涤剂的加注及使用常识如下：将洗涤装置安装到位后进行玻璃水清洗剂的加注，其一般不多于 4 L，如图 5-17 所示。加注时必须考虑到当地气候环境等因素，不可加错。进入驾驶室打开点火开关，拨动刮水器开关，观察玻璃水在前风窗玻璃处能否顺利喷出（有些车型的后风窗玻璃也有清洗功能以及大灯清洗功能）。

(a) 加注　　　　　　　　　　　(b) 使用

图 5-17 风窗玻璃洗涤剂的加注及使用

注意事项：
（1）洗涤泵的连续工作时间不应超过 1 min；
（2）对于刮水器和洗涤器分别控制的汽车，应先开启洗涤器，再接通刮水器；
（3）喷水停止后，刮水器应继续刮动 3～5 次，以便获得良好的清洁效果；
（4）常用的洗涤剂是硬度低于 205 g/t 的水并掺加适量商用添加剂的水溶液；
（5）为能刮掉风窗玻璃上的油、蜡等污物，可在水中添加少量去垢剂和防锈剂，强效

洗涤液的去垢效果好,但会使风窗密封条和刮水片胶条变质,还会引起车身喷漆变色以及储液箱、喷嘴等塑料件的开裂;

(6)冬季使用洗涤器时,为了防止洗涤剂结冰,可添加甲醇、异丙醇、甘醇等防冻剂以及少量去垢剂和防锈剂,使之成为低温洗涤剂,其凝固温度可下降到 -20 ℃ 以下;

(7)在冬季不用洗涤器时,应将洗涤管中的水倒掉。

> **思政拓展**
> 如何给客户推荐玻璃水及刮水片?引导同学们既要掌握专业技能,给客户提供专业、热情的服务,又要竖立诚实守信、遵纪守法的正确价值观。

2)风窗洗涤器的工作原理

风窗洗涤器与刮水器配合工作,二者采用同一控制电路,如图 5-18 所示。当洗涤器开关在 ON 挡时,风窗玻璃刮水器开关的 A_3 端子与 A_2 端子导通,电流通路为蓄电池电压→点火开关→10 A 清洗熔丝→风窗玻璃洗涤器电动机和泵总成→风窗玻璃刮水器开关的 A_3 端子→前洗涤器开关→风窗玻璃刮水器开关的 A_2 端子→E_1 搭铁→蓄电池负极。此时洗涤泵电动机得电运转,位于发动机盖下的两个喷嘴向风窗玻璃喷射洗涤剂。当驾驶员松开控制手柄时,开关将自动复位回到 OFF 挡,风窗玻璃刮水器开关的 A_3 端子与 A_2 端子断开,切断洗涤泵的控制电路,洗涤泵电动机停止运转,喷嘴停止喷射洗涤剂。

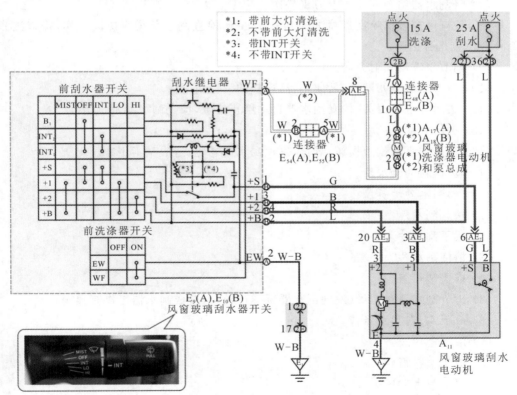

图 5-18 风窗洗涤器的工作电路图

5.1.2 任务实施

1. 前期准备

安全防护：实训着装、完成车辆防护。

工具设备：举升机、常用工具套装。

实训设备：实训车或实训台架总成。

辅助资料：维修手册、教材。

2. 实施过程

1) 电动刮水器和风窗洗涤器的检查和调整

(1) 将车辆停放在实训工位。

(2) 安装车轮挡块。

(3) 安装尾气收集器。

(4) 安装车内三件套。

(5) 拉紧驻车制动器。

(6) 启动发动机。

(7) 将刮水器组合开关向上方提一次。

(8) 检查风窗玻璃喷洗器喷洗压力是否足够，检查刮水器是否协同工作，检查洗涤剂喷射位置是否正确。

(9) 调节喷洗器喷射方向。

(10) 检查刮水器间歇挡、低速挡、高速挡的工作情况。

(11) 关闭刮水器开关，检查刮水器自动停止位置，检查刮水器刮拭情况。

(12) 关闭发动机。

(13) 检查刮水器是否损坏、老化，发现刮水器老化，造成刮不干净。

(14) 更换新的刮水片。

2) 电动刮水器的拆装

(1) 抬起刮水片。

(2) 拆下刮水片。

(3) 清洁刮水片。

(4) 取下塑料盖。

(5) 拆下刮水器臂螺母（发现刮水器臂螺母松动，造成刮水器工作有异响）。

(6) 取下左、右刮水器臂。

(7) 取下密封胶条。

(8) 取下塑料板。

(9) 拔下刮水器插头。

(10) 拆卸刮水电动机固定螺母。

(11) 取下刮水电动机总成。

（12）检查刮水器总成，无异常情况。
（13）按照与拆卸相反的顺序安装电动刮水器各部分。
试车，故障现象不再出现，用解码器检测，无故障码出现，故障排除。
清洁场地、工具及设备。

5-2 风窗刮水和洗涤装置检修

> **思政拓展**
>
> 通过本任务学习的技能，能够在日常生活中更换刮水器，引导学生将自己所学技能运用于社会服务和家庭生活之中，从而增强社会责任感和使命感。

3）风窗洗涤器的拆装

第一步：将车辆开至实训工位，然后将驻车制动装置置于工作状态，并在车辆后轮放上掩木块；打开发动机前舱盖，查看洗涤器的玻璃水储液壶位于发动机舱的位置，然后确定需要拆卸的车轮，同时观察风窗洗涤器及其附属装置的固定形式以便准备工具。

第二步：准备工具。

大众迈腾轿车一辆，举升机一台，一字、十字螺丝刀各一把，专用螺丝头手柄一个，内花螺丝头一个，大、小快速扳手各一把，长、短接杆各一根，10号套头一个，轮胎扳手（十字扳手）一把。

5-3 风窗洗涤器的组成、拆装及工作原理

第三步：举升车辆，拆卸轮胎。

第四步：将轮胎拆掉，此时可以看见轮拱内衬、轮拱内衬上的卡扣及其螺丝。

第五步：将轮拱内衬上的卡扣和紧固螺丝拆卸下来，并有序地放在配件车上，然后将轮拱内衬取下，平面朝下放置。

第六步：拆卸玻璃水储液壶的紧固螺母。

第七步：取下玻璃水加注口管路及其下部连接的橡胶管。

第八步：取出玻璃水储液壶，并检查。

修复或更换损坏件，再按照正确的顺序装复，完成工作任务。

任务 5.2　汽车电动车窗的检修

5-4 电动车窗的组成及工作原理

> **任务导入**
>
> 一辆迈腾轿车，行驶里程为13万公里，客户反映近期操作该车驾驶员侧车窗控制开关时，左前和左后车窗均无法升降。下面我们根据客户的反映，对该车车窗升降装置进行检查和分析。

> **任务分析**

要排除此故障,首先,要会正确操作电动车窗,能够确认故障现象;其次,要熟悉电动车窗的结构和工作原理,能分析故障原因;最后,要依据维修手册及相关的国家、行业、企业标准,按照正确的操作规程排除此故障。

> **任务要求**

(1)知识要求。熟悉电动车窗的结构;掌握电动车窗的工作原理;能够分析汽车电动车窗控制电路。

(2)能力要求。能够正确地使用电动车窗装置;能够按照正确的操作规程排除电动车窗常见故障。

5.2.1 知识链接

1. 电动车窗的组成

电动车窗由车窗玻璃、车窗玻璃升降器、电动机以及控制开关等组成,如图5-19所示。

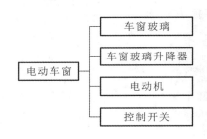
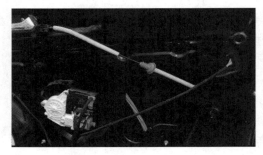

图 5-19 电动车窗结构

图 5-20 电动车窗电动机

1)电动机

每个车窗安装一台电动机,电动车窗控制系统采用双向旋转的直流电动机,常见的有双向永磁式和双绕组串激式两种类型,电动机外形如图5-20所示。

双向永磁式电动机不直接搭铁,电动机的搭铁受开关控制,通过改变电动机的电流方向来改变电动机的转向,从而实现车窗玻璃的升或降。

双绕组串激式电动机一端直接搭铁,电动机有两组励磁绕组,通过接通不同的励磁绕组,使电动机的转向不同,实现车窗玻璃的升或降。

2)车窗玻璃升降器

车窗玻璃升降器用于把电动机的旋转运动转换为玻璃的上下运动,以打开和关闭车窗。常见的车窗玻璃升降器有钢丝滚筒式和交叉传动臂式两种类型,如图 5-21 所示。

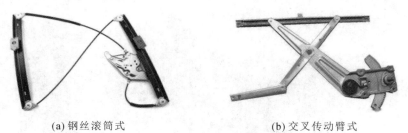

(a) 钢丝滚筒式　　　　　(b) 交叉传动臂式

图 5-21　车窗玻璃升降器

3) 控制开关

一般电动车窗系统都装有两套控制开关。一套装在仪表板或驾驶员侧车门扶手上,为主开关,由驾驶员控制每个车窗玻璃的升降。另一套分别装在每一个乘客侧车门上,为分开关,由乘客控制。一般主开关上还装有断路开关,如果它断开,分开关就不起作用。

为了防止电路过载,电路或电动机内装有一个或多个热敏断路开关,用以控制电流。当由于车窗完全关闭或结冰等原因车窗玻璃不能自如运动时,即使操纵开关没有断开,热敏开关也会自动断路。部分车型还装有延迟开关,在点火开关断开后,短时间内仍有电源提供,使驾驶员和乘客能有时间关闭车窗。

思政案例引入

电动车窗的组成离不开玻璃,目前中国汽车玻璃的 70% 都来自福耀玻璃。引导同学们了解福耀玻璃,了解曹德旺的故事。

曹德旺于 1987 年成立了一家小型的合资企业(福耀集团前身),生产汽车用安全玻璃。他改变了中国汽车玻璃行业的发展历程。以"为中国人做一片属于自己的汽车玻璃"为发展目标,并且随着中国汽车工业的蓬勃发展,福耀集团打破国外技术壁垒,注入创新发展动力。如今,其生产的汽车玻璃占中国汽车玻璃市场 70% 的份额,同时挺进了竞争激烈的海外市场,成为世界第二大汽车玻璃厂商,全球市场占有率达 30%。曹德旺说:"在我的企业家生涯中,最大的成就就是和我的员工们一起实现了'为中国人做一片属于自己的汽车玻璃',为汽车玻璃供应商树立了专业的典范。"

当代大学生要学习曹德旺爱国、勇于担当、有韧劲、吃苦耐劳、持之以恒的品质,以及不断学习、勇于创新、不服输的精神。作为汽车相关专业的学生,应不断钻研新技术,为先进制造业以及汽车后市场贡献力量。

4) 汽车电动车窗实用小知识

(1) 驾驶员侧车门上车窗控制开关的使用,如图 5-22 所示。

车窗锁止开关:当按下此开关时,左后、右后车窗控制开关以及副驾驶员侧车窗控制开关均无法控制车窗玻璃升降,此时只有驾驶员侧车门上的车窗控制开关可以进行

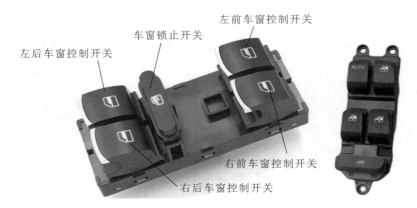

图 5-22　车窗控制开关

车窗玻璃的升降调节。

车窗控制开关：通过按压和上拉开关，可以进行车窗玻璃的升降调节。

根据车型不同，车窗控制开关的操控也不相同。

无一键升窗功能车型：四个车门上的车窗一共有三个挡位（升、降、一键降）。

部分车型驾驶员侧车门上车窗控制开关带一键升窗功能：驾驶员侧车门上车窗控制开关有四个挡位（一键升、升、降、一键降），剩余三个车门的车窗控制开关一共有三个挡位（升、降、一键降）。

带一键降窗功能车型：四门车窗都带一键降窗功能，按下车门上的车窗控制开关至"一键降"（开关按到底）挡位即可实现。

（2）其他控制车窗玻璃升降的操作方法。

通过遥控钥匙、门把手及应急钥匙实现车窗玻璃升降，具体操作步骤如图 5-23 所示。

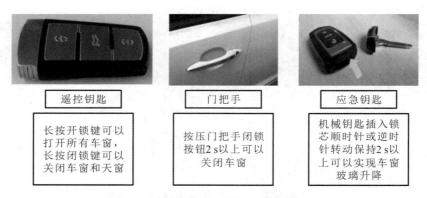

图 5-23　其他控制车窗玻璃升降的操作方法

（3）车窗热保护功能。

为了延长车窗玻璃升降电动机的使用寿命，大部分车型四门车窗都配备了热保护功能。如果短时间内反复地操作车窗玻璃升降，电动机将进入热保护状态，停止执行升降操作，稍等一段时间即可恢复操作。

(4) 车窗防夹功能。

在车窗自动关闭的过程中,如果有物体被夹在玻璃与窗框之间,则车窗将自动停止上升,并退回到初始状态。

注意:带一键升窗功能的车窗,同时带防夹功能,其他车窗无此功能。请勿尝试用身体的任何部位来测试防夹功能。

(5) 一键升窗功能的自学习。

当车辆蓄电池被重新充电、断开时,需要对一键升窗功能进行重新设置,我们称它为"一键升窗功能的自学习"。

学习步骤如下:第一步,上拉开关使车窗完全关闭;第二步,松开上拉开关,再进行一次上拉操作维持1 s以上,即可完成自学习。

2. 电动车窗的控制电路分析

1) 驾驶员侧车窗控制电路分析

以雪佛兰科鲁兹轿车驾驶员侧车窗控制电路为例,如图5-24所示,车窗控制开关通过串行数据与车身控制模块通信。当驾驶员想要控制副驾驶员侧、左后或右后车窗玻璃升降时,驾驶员将使用驾驶员侧车窗控制开关。使用此开关后,请求车窗电动机指令的串行数据信息将发送至车身控制模块K9,随后车身控制模块K9将向相应车窗控制开关发送串行数据信息,指令车窗玻璃按要求的方向移动,具体工作过程如下。

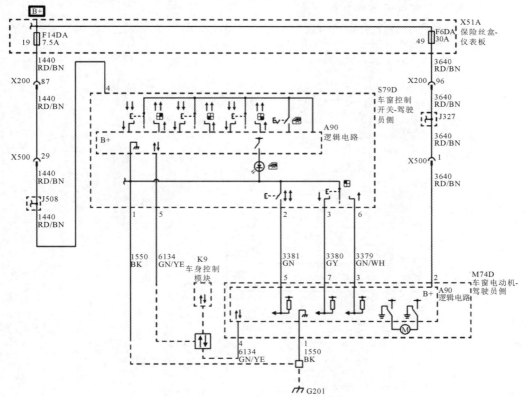

图5-24 驾驶员侧车窗控制电路

(1) 驾驶员侧车窗玻璃上升。将 S79D 的左前车窗控制开关部分提升（保持提升动作），开关内的 6 号端子向 M74D 传送搭铁信号。M74D 内部的逻辑电路 A90 经计算后通过数据线向 K9 传送请求信号。控制单元经计算后，再通过数据线向 M74D 内的逻辑电路传送许可信号，于是 M74D 控制内部的继电器将车窗玻璃上升触点闭合，车窗玻璃上升。

(2) 驾驶员侧车窗玻璃快速上升。将 S79D 的左前车窗控制开关全部提升（提升一次后松开），开关内的 2 号端子与 6 号端子同时向 M74D 传送搭铁信号。M74D 内部的逻辑电路经计算后通过数据线向 K9 传送请求信号。控制单元经计算后，再通过数据线向 M74D 内的逻辑电路传送许可信号，于是 M74D 控制内部的继电器将车窗玻璃上升触点闭合，车窗玻璃快速上升。

(3) 驾驶员侧车窗玻璃下降。将 S79D 的左前车窗控制开关部分按下（保持按下动作），开关内的 3 号端子向 M74D 传送搭铁信号。M74D 内部的逻辑电路经计算后通过数据线向 K9 传送请求信号。控制单元经计算后，再通过数据线向 M74D 内的逻辑电路传送许可信号，于是 M74D 控制内部的继电器将车窗玻璃下降触点闭合，车窗玻璃下降。

(4) 驾驶员侧车窗玻璃快速下降。将 S79D 的左前车窗控制开关全部按下（按下一次后松开），开关内的 2 号端子与 3 号端子同时向 M74D 传送搭铁信号。M74D 内部的逻辑电路经计算后通过数据线向 K9 传送请求信号。控制单元经计算后，再通过数据线向 M74D 内的逻辑电路传送许可信号，于是 M74D 控制内部的继电器将车窗玻璃下降触点闭合，车窗玻璃快速下降。

2) 乘客侧车窗控制电路分析

以雪佛兰科鲁兹轿车乘客侧车窗控制电路为例，如图 5-25 所示，乘客侧车窗控制开

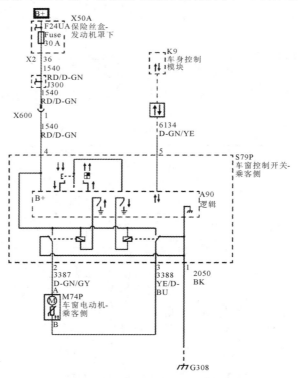

图 5-25　雪佛兰科鲁兹轿车乘客侧车窗控制电路

关 S79P 共有 5 根线,4 号端子连接的是电源线,1 号端子连接的是搭铁线,2、3 号端子连接的是向 M74P 发送供电或搭铁信号的线,5 号端子连接的是在车身控制模块 K9、S79P 和 M74P 之间传递数据的数据线。以此类推,A、B 端子连接的是向 M74P 供电或搭铁的线。车窗玻璃升降的具体工作过程分为车窗玻璃上升和快速上升、车窗玻璃下降和快速下降。

5.2.2 任务实施

1. 前期准备

安全防护:实训着装、完成车辆防护。
工具设备:举升机、常用工具套装。
实训设备:实训车或实训台架总成。
辅助资料:维修手册、教材。

2. 实施过程

1) 确认故障现象

(1) 打开点火开关,操作驾驶员侧车门上的左前、左后车窗控制开关,左前、左后车窗玻璃均无法升降;操作右前、右后车门上的开关,右前、右后车窗玻璃可以升降。
(2) 所有的门锁都正常工作。
(3) 后视镜可以正常调节,并且后视镜上的转向灯正常工作。
(4) 车窗玻璃升降器开关小灯正常工作。

2) 分析车窗控制逻辑

车窗控制逻辑如图 5-26 所示。

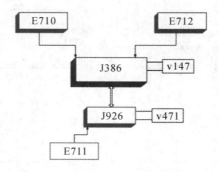

图 5-26　车窗控制逻辑

注:E710—左前门上控制左前车窗玻璃升降的开关;E712—左前门上控制左后车窗玻璃升降的开关;E711—左后门上控制左后车窗玻璃升降的开关;J386—左前门上控制车窗、门锁和后视镜工作的电脑模块;J926—左后门上控制车窗和门锁工作的电脑模块。

(1) J386 与左前门上的车窗控制开关通过实线连接,在操作不同车窗的控制开关后,J386 会控制相应车窗玻璃进入升降模式。
(2) 当按压或上拉 E710 时,J386 接收信号,控制左前车窗升降电动机工作。
(3) 当按压或上拉 E712 时,J386 接收信号并通过 lin 线传递给 J926,J926 控制左后车窗升降电动机工作。

（4）当按压或上拉 E711 时，J926 接收信号，控制左后车窗升降电动机工作。

3）电路分析

由图 5-27 可知，J386 有两根电源线，一条是由保险丝 SC12 通过 T20g/18 端子提供弱电，控制闭锁器、车窗玻璃升降器开关小灯和后视镜工作；另一条是由保险丝 SC44 通过 T20g/20 端子提供强电，控制车窗玻璃升降器工作。

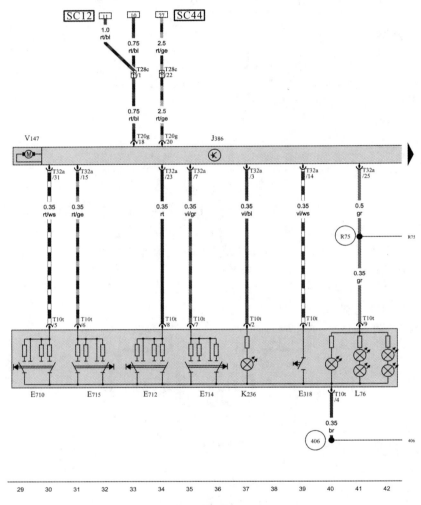

图 5-27 迈腾 B7 轿车车窗控制电路 1

由图 5-28 可知，J926 的两根电源线，也是由保险丝 SC12 通 T20l/9 端子提供和 SC44 通 T20l/20 端子提供；也就是说，J386 和 J926 共用两个保险丝。由此可以推测出，若保险丝 SC44 出现故障，左前和左后车窗将同时无法工作。

由于所有闭锁器、车窗玻璃升降器开关小灯和后视镜工作正常，由此推断出 SC12 工作正常，J387 与 J927 之间 lin 线正常，J386 和 J927 本身正常。

驾驶员侧和左后侧的车窗玻璃升降器开关均无法控制左前和右侧车窗玻璃升降器

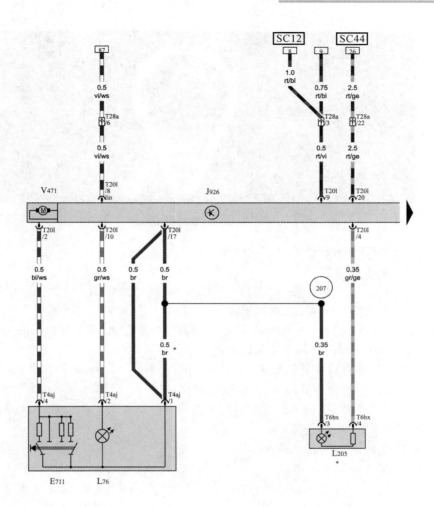

图 5-28 迈腾 B7 轿车车窗控制电路 2

工作,可能故障如图 5-29 所示。

4)故障检修过程

第一步:使用解码器,读取故障码。

打开点火开关,用解码器进入驾驶员侧车门电子装置,读取故障码如下:

(1) 前车窗升降电动机无基本设置 B11EC54;

(2) 供电电压过低 U101100;

(3) 后车门控制单元供电电压低 B11EDF0。

5-5 电动车窗常见故障检修

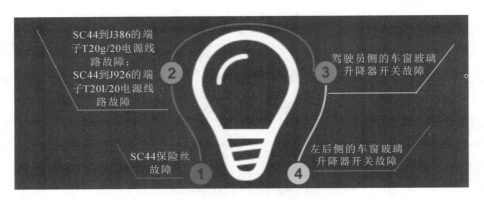

图 5-29　故障分析思路

根据故障码可以看出,可能故障如下:
(1) SC44 保险丝故障;
(2) SC44 到 J386 的端子 T20g/20 和 SC44 到 J926 的端子 T20l/20 电源线路故障。

第二步:使用解码器,读取数据流。

对左侧车窗进行功能检测,并读取车窗调节器数据流,验证故障码的真实性。

用解码器读取车窗调节器数据流:
(1) 选择前车窗调节器按钮,按压或上拉,左侧前车窗有动作,正常;
(2) 选择后车窗调节器按钮,按压或上拉,左侧后车窗有动作,正常。

通过读取数据流,验证驾驶员侧车窗玻璃升降器开关工作正常;左后侧车窗玻璃升降器开关工作正常。

根据以上分析,可能的故障如下:
(1) SC44 保险丝故障;
(2) SC44 到 J386 的端子 T20g/20 和 SC44 到 J926 的端子 T20l/20 电源线路故障。

第三步:测量保险丝 SC44 对搭铁电压。

打开点火开关,分别测量 SC44 两端与搭铁之间的电压,应该均为+B,实测一端为+B,另一端为 0,异常,说明 SC44 保险丝有故障。

第四步:测量保险丝。

关闭点火开关,拔下 SC44 保险丝,用万用表电阻挡测量 SC44 保险丝两个插脚之间的电阻值,为无穷大,已损坏。

第五步:维修故障,更换保险丝,恢复所拆卸部件。

第六步:试车,左前、左后车窗玻璃能够正常升降。

第七步:用解码器再次读取故障码。读取故障码、清除故障码,操作主开关和左侧前、后车窗控制开关,再次读取故障码,无故障码显示,故障排除。恢复车辆,整理工位。

5)总结反思

本任务是左侧车窗玻璃不能升降的故障诊断与检修,该故障是 SC44 保险丝损坏而无法给 J386 和 J926 提供强电,导致左前、左后车窗电动机均无法工作,以至于左前和左后车窗玻璃无法升降。

任务 5.3　汽车电动后视镜的检修

5-6　电动后视镜的组成及工作原理

任务导入

一辆迈腾轿车，行驶里程为 6 万公里，客户反映近期操作该车后视镜的选挡和调节开关，后视镜无动作。下面我们根据客户的反映，对该车后视镜装置进行检查和分析。

任务分析

要排除此故障，首先，要会正确操作电动后视镜，能够确认故障现象；其次，要熟悉电动后视镜的结构和工作原理，能分析故障原因；最后，要依据维修手册及相关的国家、行业、企业标准，按照正确的操作规程排除此故障。

任务要求

（1）知识要求。熟悉电动后视镜的结构；掌握电动后视镜的工作原理；能够分析汽车电动后视镜控制电路。

（2）能力要求。能够正确地使用电动后视镜装置；能够按照正确的操作规程排除电动后视镜常见故障。

5.3.1　知识链接

1. 电动后视镜的组成

1）电动后视镜的作用

汽车电动后视镜的作用是方便驾驶员观察汽车周围的路况，扩大驾驶员的视野范围，减少盲区，倒车时驾驶员可以轻松地看到后轮的位置，还便于驾驶员变道、停车、转向等，有效避免交通事故的发生。

2）后视镜的分类

（1）车内后视镜。

如图 5-30 所示，车内后视镜一般装在驾驶室内的前上方，用于驾驶员观察车内部情况或者透过后门窗观察汽车后方的道路状况。

（2）车外后视镜。

如图 5-31 所示，车外后视镜一般装在车门或者前立柱附近，用于驾驶员观察道路两侧后方情况。

5-7　电动后视镜的调节

3）电动后视镜的组成

电动后视镜主要由后视镜镜片、电动后视镜镜片固定架、驱动电机、外壳及控制开关组成。电动后视镜镜片背后装有两套双向电动机和其执行机构，可操纵电动后视镜镜

图 5-30　车内后视镜　　　　　　图 5-31　车外后视镜

片上下及左右转动。通常上下方向的转动由一个双向电动机控制,左右方向的转动由另一个双向电动机控制。通过改变电动机的电流方向,即可完成后视镜的上下及左右调整,如图 5-32 所示。

(a) 电动后视镜调节开关　　　　　　(b) 电动后视镜

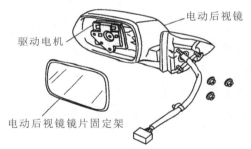

(c) 电动后视镜结构

图 5-32　电动后视镜的组成

有的电动后视镜还带有伸缩功能,由伸缩开关控制伸缩电动机工作,使整个后视镜回转伸出或缩回。

汽车实用知识:电动后视镜的操作方法

(1) 电动后视镜选挡开关及功能,如图 5-33 所示。
(2) 电动后视镜调节开关及功能,如图 5-34 所示。
(3) 电动后视镜调节。

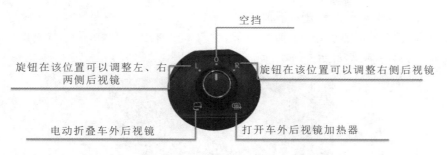

图 5-33 选挡开关及功能

图 5-34 调节开关及功能

① 调节 L 侧，R 侧同步。

将选挡开关拧至 L 挡，调节左侧后视镜时，同时调节右侧后视镜，如图 5-35 所示。

图 5-35 调节 L 侧，R 侧同步

② R 侧单独调节。

选挡开关拧至 R 挡，右侧后视镜可以单独调节，如图 5-36 所示。

图 5-36 R 侧单独调节

③挂倒挡,R侧后视镜自动下翻。

选挡开关拧至 R 挡,在倒车的情况下,右侧后视镜自动下翻,使之清晰反映车辆后方路面情况,如图 5-37 所示。

图 5-37　挂倒挡时电动后视镜

（4）电动后视镜加热目的、加热功能开启的前提条件和加热原理如图 5-38 所示。

后视镜加热目的	加热功能开启的前提条件	加热原理
有效去除镜片上的雪霜和水珠，确保清晰观察车后方的情况	以迈腾B8为例： (1)启动发动机； (2)室外温度低于20 ℃	后视镜镜片内是一个电加热片或电热膜，温度为36~60 ℃

图 5-38　电动后视镜的加热

（5）电动后视镜折叠（部分车型）方式如图 5-39 所示。

后视镜折叠开关	遥控钥匙	门把手	应急钥匙
把选挡开关旋转到收折位置	遥控钥匙锁车时后视镜自动收折	按压锁车按钮，后视镜自动收折	机械钥匙插入锁芯顺时针保持2 s以上

图 5-39　电动后视镜的折叠

2. 电动后视镜的工作原理

以雪佛兰科鲁兹轿车为例,介绍其电动后视镜的控制电路,如图 5-40 所示,S52 为车外后视镜开关,A9A 为驾驶员侧车外后视镜,A9B 为乘客侧车外后视镜,E 为调节开关,Ev 为选挡开关。4 号端子为电源线,5 号端子为搭铁线。该车后视镜选挡开关置于 L 挡时,只能调节左侧的后视镜。

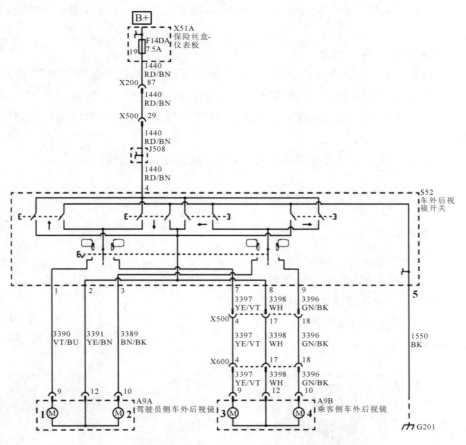

图 5-40 雪佛兰科鲁兹轿车电动后视镜的控制电路

1) 左侧后视镜向上翻转

当选挡开关 Ev 旋转到 L 挡,若把调节按钮向上翻转,则电路的控制路径如下:蓄电池正极→F14DA→4 号端子→开关 E→2 号端子→1 号电动机→9 号端子→开关 Ev→开关 E→5 号端子→搭铁→蓄电池负极。1 号电动机通电旋转,带动左侧电动后视镜镜片向上翻转。

2) 左侧后视镜向下翻转

当选挡开关 Ev 旋转到 L 挡,若把调节按钮向下翻转,则电路的控制路径如下:蓄电池正极→F14DA→4 号端子→开关 E→开关 Ev→9 号端子→1 号电动机→12 号端子→开关 E→蓄电池负极,构成闭合回路。1 号电动机通电旋转,带动左侧电动后视镜镜片向下翻转。

3）右侧后视镜向上翻转

当选挡开关 Ev 旋转到 R 挡，若把调节按钮向上翻转，则电路的控制路径如下：蓄电池正极→F14DA→4 号端子→开关 E→8 号端子→3 号电动机→9 号端子→开关 Ev→开关 E→5 号端子→搭铁→蓄电池负极。3 号电动机通电旋转，带动右侧电动后视镜镜片向上翻转。

4）右侧后视镜向下翻转

当选挡开关 Ev 旋转到 R 挡，若把调节按钮向下翻转，则电路的控制路径如下：蓄电池正极→F14DA→4 号端子→开关 E→开关 Ev→7 号端子→3 号电动机→8 号端子→开关 E→蓄电池负极，构成闭合回路。3 号电动机通电旋转，带动右侧电动后视镜镜片向下翻转。

以同样的电路控制逻辑可实现左侧和右侧后视镜的左右翻转。

5.3.2 任务实施

1. 前期准备

安全防护：实训着装、完成车辆防护。
工具设备：举升机、常用工具套装。
实训设备：实训车或实训台架总成。
辅助资料：维修手册、教材。

2. 实施过程

> **拓展思考**
>
> 汽车电动车窗的故障检修需要按照正确的操作规程逐步进行，不能心浮气躁，要沉下心来，贵在持之以恒，重在学懂弄通，不能浅尝辄止、不求甚解。

1）确认故障现象

（1）打开点火开关，操作后视镜选挡开关，而后操作后视镜调节开关，左、右侧后视镜均无动作，但是后视镜上的转向灯正常工作。

（2）所有车门闭锁器都正常工作。

（3）车窗玻璃升降器开关小灯正常工作，并且所有车窗玻璃可以正常调节。

2）分析后视镜控制逻辑

迈腾轿车电动后视镜控制逻辑如图 5-41 所示。

（1）J386 与驾驶员侧车门上的后视镜开关通过实线连接，当选挡开关旋转到 L 挡后，操作调节开关可以同时调整左、右两个后视镜。其中 J386 控制左侧后视镜调节电动机工作，J387 控制右侧后视镜调节电动机工作。

（2）选挡开关旋转到 R 挡后，然后操作调节开关，只能调节右侧后视镜。

（3）选挡开关旋转到 R 挡后，挂倒挡，后视镜会自动下翻。

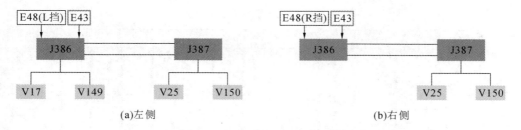

图 5-41 迈腾轿车电动后视镜控制逻辑

3) 电路分析

由图 5-42 所示迈腾轿车后视镜控制电路可知，J386 通过 T6aq/5 接收选挡开关 E48 的信号；通过 T6aq/1 接收调节开关 E43 的信号。

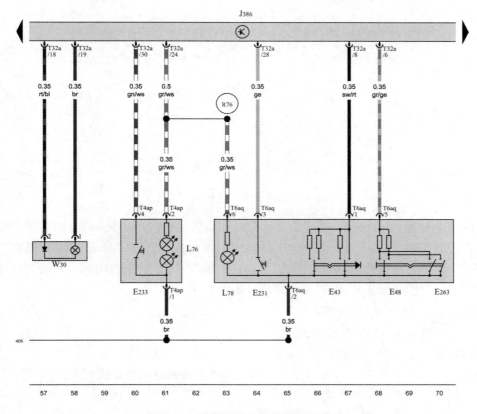

图 5-42 迈腾轿车后视镜控制电路 1

根据后视镜控制逻辑，若选挡开关损坏或线路出现问题，后视镜将无法正常工作。由于车窗、门锁都能正常工作，可以推断出 J386 供电正常，搭铁正常。

由图 5-43 所示迈腾轿车后视镜控制电路可知，J386 接收到 E48 和 E43 信号后，通过 V17 和 V149 对驾驶员侧后视镜进行上、下、左、右调节。

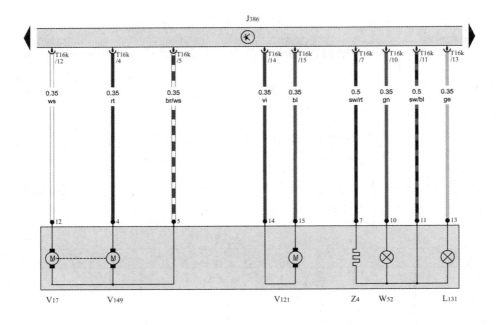

图 5-43 迈腾轿车后视镜控制电路 2

由图 5-44 可知，J386 接收到 E48 和 E43 信号后，通过 can-l 和 can-h 两条通信线把信息传递给 J387。J387 通过 V25 和 V150 对乘客侧后视镜进行上、下、左、右调节。

操作该车后视镜选挡和调节开关，后视镜无动作。由于左、右两侧后视镜同时不能调节，车窗、门锁都能正常调节，由此可以推断出：

（1）J386、J387 本身无故障；

（2）J386、J387 的供电、搭铁正常；

（3）J386 与 J387 之间的通信线路正常；

（4）调节电动机 V17、V25、V149、V150 同时损坏的可能性也比较小。

可能的故障点及诊断思路如下：

（1）E48 选挡开关故障；

（2）E48 到 J386 的端子 T32a/6 电源线路故障；

（3）E43 调节开关故障；

（4）E43 到 J386 的端子 T32a/8 电源线路故障。

如果系统有故障码提示，则按照故障码指示的内容进行诊断；如果没有故障码，则需要根据故障概率进行诊断。

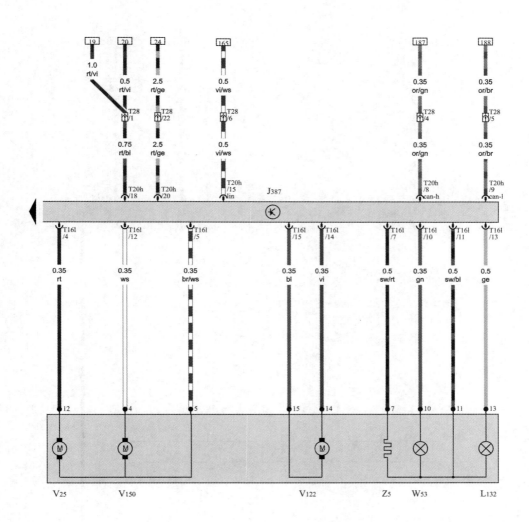

图 5-44 迈腾轿车后视镜控制电路 3

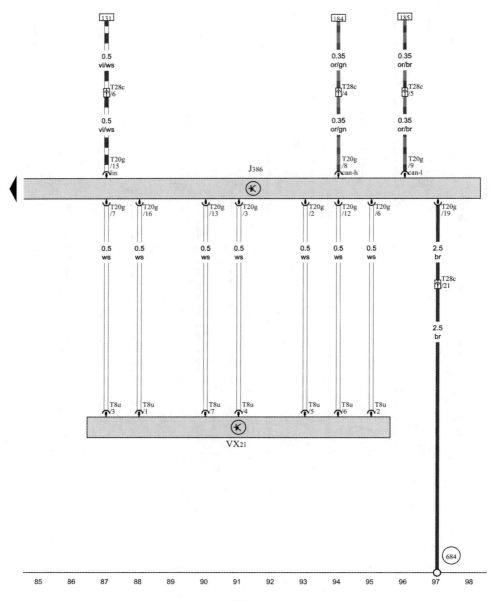

续图 5-44

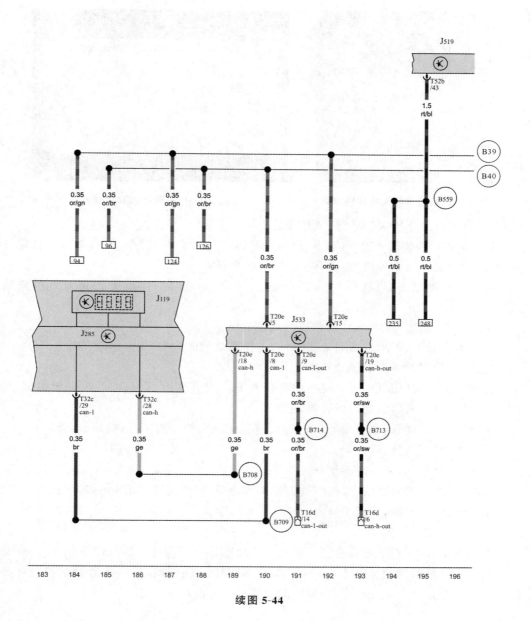

续图 5-44

4）检修过程

第一步：使用解码器，读取故障码。

打开点火开关，用解码器进入驾驶员侧车门电子装置，读取故障码如下：无故障码，如图 5-45 所示。

第二步：使用解码器，读取数据流。

用解码器读取后视镜调节数据流，如图 5-46 所示。

5-8 电动后视镜故障检修

（1）旋转后视镜选挡开关，选择 L 挡，而后再向上、向下、向左、向右调节后视镜开

图 5-45 解码器检测故障码结果

图 5-46 用解码器读取数据流

关,开关位置显示空挡,后视镜调节开关显示状态正常。

(2) 旋转后视镜选挡开关,选择 R 挡,而后再向上、向下、向左、向右调节后视镜开关,开关位置显示空挡,后视镜调节开关显示状态正常。

由此可以推断出,可能的故障如下:选挡开关 E48 故障;E48 到 J386 之间的线路断路。

第三步:检测端子 T6aq/5 与搭铁之间的电压。

打开点火开关,用示波器测量 T6aq/5 与搭铁之间的波形,供电信号正常。

第四步:检测 E48 开关是否正常。

关闭点火开关,用万用表电阻挡测量端子 T6aq/5 与端子 T6aq/3 之间的电阻值,旋转选挡开关,测出的阻值均为标准值,正常。

第五步:检查 T6aq 插接器,发现 T6aq/5 端子插针松动脱落,造成接触不良。

第六步:修复插接器。

第七步:试车,后视镜能够正常调节。

第八步:再次读取数据流,操作选挡和调节开关,数据流显示正常,故障排除。

第九步:恢复车辆,整理工位。

5) 任务总结

通过本任务,我们学习后视镜不能调节的故障诊断与检修。该故障是由于 T6aq/5 端子插针松动脱落造成接触不良,导致 J386 与 E48 之间断路,J386 接收到的选挡开关信号一直是位置中央,以至于不会发出调节后视镜的指令。

任务 5.4 汽车电动座椅的检修

任务导入

一辆迈腾轿车,行驶里程为 10 万公里,客户反映近期操作电动座椅高度调节开关,座椅无动作。下面我们根据客户的反映,对该车电动座椅装置进行检查和分析。

任务分析

要排除此故障,首先,要会正确操作电动座椅,能够确认故障现象;其次,要熟悉电动座椅的结构和工作原理,能分析故障原因;最后,要依据维修手册及相关的国家、行业、企业标准,按照正确的操作规程排除此故障。

任务要求

(1)知识要求。熟悉电动座椅的结构;掌握电动座椅的工作原理。

(2)能力要求。能够正确地使用电动座椅装置;能够按照正确的操作规程排除电动座椅故障。

5.4.1 知识链接

1. 电动座椅的功能

汽车座椅的主要功能是为驾驶员提供便于操作、舒适而又安全的驾驶位置,为乘客提供不易疲劳、舒适而又安全的乘坐位置,如图 5-47 所示。

座椅调节的目的是使驾驶员和乘客乘坐舒适。通过调节还可以变动坐姿,减少其长时间乘车的疲劳。

座椅的调节正朝着多功能化方向发展,使座椅的安全性、舒适性、操作性日益提高。其种类很多,还可以有不同的组合方式,如具有八种调节功能的电动座椅。其动作方式有座椅的前后调节、上下调节,座椅前部的上下调节以及靠背的倾斜调节,除此以外,部分车型还有腰部支撑调节,如图 5-48 所示。

5-9 电动座椅的调节

图 5-47 外观结构

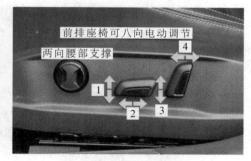

图 5-48 调节功能

注:1—座椅前部的上下调节;2—座椅前后调节;3—座椅上下调节;4—靠背的倾斜调节。

座椅前后方向的调节量一般为 100~160 mm,座椅前部与后部的调节量为 30~50 mm。全程移动所需时间为 8~10 s。

2. 电动座椅的结构

电动座椅一般由双向电动机、传动装置和座椅调节器等组成,如图 5-49 所示。

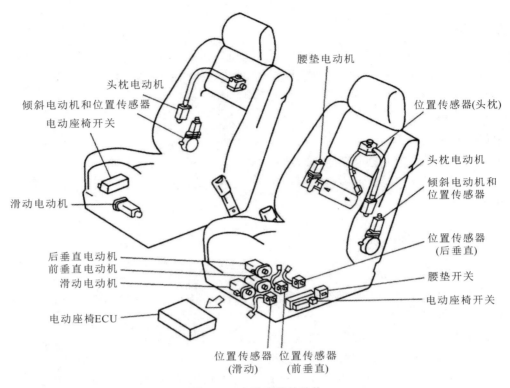

图 5-49 电动座椅的结构

1) 双向电动机

大多数电动座椅使用永磁式双向直流电动机,通过开关控制,电动机沿不同方向旋转;设置的数量取决于电动座椅可调节的方向数目。驾乘人员通过开关来操纵电动机沿不同方向旋转,为防止电动机过载,大部分永磁式电动机内装有断路器。

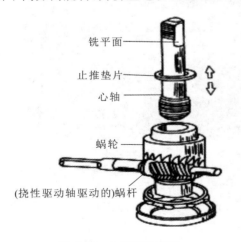

图 5-50 上下调整机构

2) 传动装置

(1) 上下调整机构。

上下调整机构由蜗杆、蜗轮、心轴等组成,如图 5-50 所示。调整时蜗杆在电动机的驱动下,带动蜗轮转动,从而保证心轴旋进或旋出,实现座椅的上升与下降。

(2) 前后调整机构。

前后调整机构由蜗杆、蜗轮、齿条、导轨等组成,如图 5-51 所示。齿条装在导轨上。调整时,电动机转矩经蜗杆传至两侧的蜗轮上,经导轨上的齿条,带动座椅前后移动。

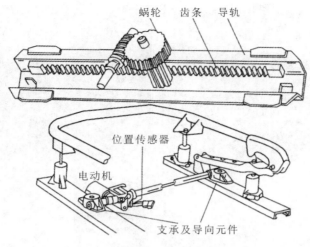

图 5-51 前后调整机构

汽车实用知识：电动座椅的操作方法

1. 主驾座椅调节

1）主驾座椅调节开关

如图 5-52 所示车型，电动座椅的调节开关由前后/高低调节开关、靠背角度调节开关以及腰托调节开关组成。

图 5-52 电动座椅调节开关

2）座椅腰托调节

增强或减弱腰托，按住圆形控制钮的前部或后部，如图 5-53 所示，当座椅靠背达到理想的腰托位置时，松开控制钮。

3）座椅前后/高低调节

朝前或朝后推动调节开关，座椅可以前后移动，如图 5-54 所示。朝上或朝下推动调节开关，座椅整体会升高或降低。

图 5-53　腰托调节

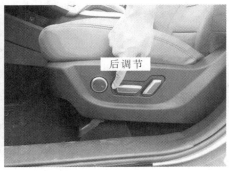

图 5-54　座椅前后调节

4）座椅靠背角度调节

向前或朝后推动靠背角度调节开关,座椅靠背会向前倾斜或朝后倾斜,如图 5-55 所示。

图 5-55　座椅靠背角度调节

2. 副驾座椅调节

大多数副驾座椅也有调节功能,如图 5-56 所示,可以进行前后调节以及靠背角度调节。

3. 后排座椅调节

按图 5-57 所示位置拉开,后排则拥有中央座椅扶手和置杯架。

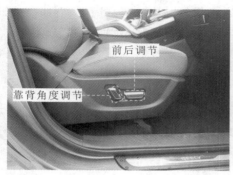 

图 5-56　副驾座椅调节

图 5-57　后排座椅调节

4. 座椅头枕调节

座椅头枕调节如图 5-58 所示。按住位于座椅头枕侧面的调节按钮,向上抬起或向下按压头枕至所需高度,然后松开按钮。再次按压或抬起头枕,确保其已锁定到位(部分车型有该配置,具体以实车为准)。

图 5-58　座椅头枕调节

向下轻轻掰动头枕即可实现座椅头枕角度调节,角度调节有三个挡位,第四个挡位是向上弹起复原(部分车型有该配置,具体以实车为准)。

3. 电动座椅的工作原理

1) 基本工作原理

电动座椅最普通的形式是使用四个电动机实现座椅不同方向的位置调整:上、下、前、后、前倾、后倾。四个电动机分别为前高度调整电动机、后高度调整电动机、前后移动电动机、靠背角度调整电动机。用这四个电动机控制座椅前部高度、后部高度、座椅的前后移动以及靠背的倾角来实现座椅位置的调整。图5-59所示为迈腾轿车电动座椅控制电路。座椅开关通过控制电动机的供电与搭铁的连接，使四个电动机沿所需的方向旋转，如电动座椅前部向上、向下调节。

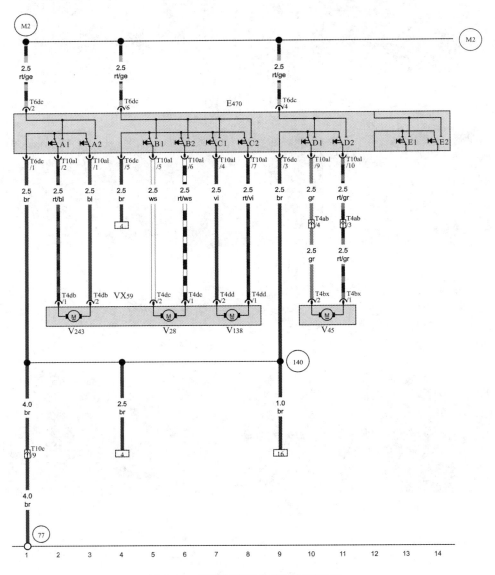

图5-59　迈腾轿车电动座椅控制电路

（1）座椅前部向上调节。

当电动座椅前部上下调节开关打到"向上"位置时，A1开关与电源M2接通，电路中的电流流向如下：M2（正极连接）→向上调节开关A1→端子T10al/2→端子T4db/1→V243→端子T4db/2→端子T10al/1→向下调节开关A2→端子T6dc/1→77（左侧B

柱下的接地点)→蓄电池负极,构成闭合回路,座椅前部向上调节。

(2) 座椅前部向下调节。

当电动座椅前部上下调节开关打到"向下"位置时,A2 开关与电源 M2 接通,电路中的电流流向如下:M2(正极连接)→向下调节开关 A2→端子 T10al/1→端子 T4db/2→V243→端子 T4db/1→T10al/2→向上调节开关 A1→端子 T6dc/1→77(左侧 B 柱下的接地点)→蓄电池负极,构成闭合回路,座椅前部向下调节。

2) 带存储功能的电动座椅

带存储功能的电动座椅采用微机控制,它能将选定的座椅调节位置存储,使用时只要按指定的按键开关,座椅就会自动地调节到预先选定的座椅位置上。带存储功能的电动座椅的控制电路如图 5-60、图 5-61、图 5-62 所示。

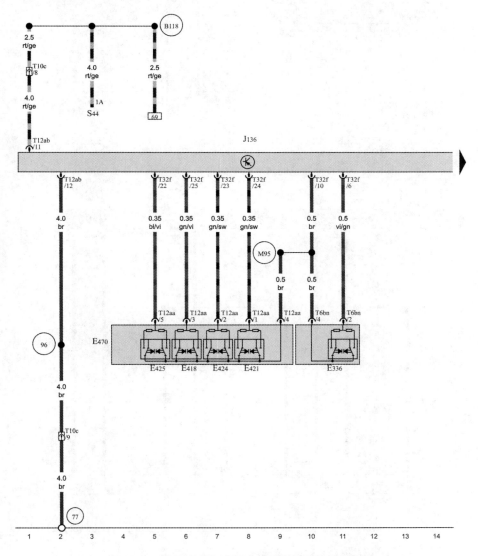

图 5-60　带存储功能的驾驶员侧座椅调节开关电路

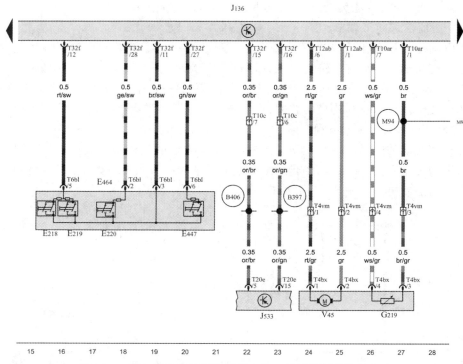

图 5-61 带存储功能的驾驶员侧座椅存储功能调节按钮电路

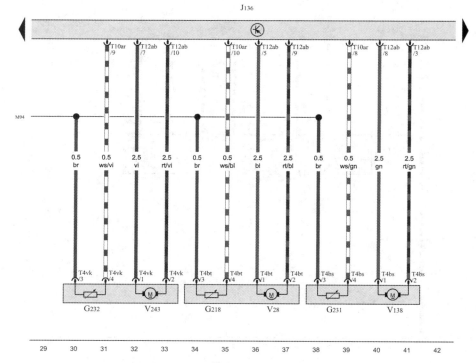

图 5-62 带存储功能的驾驶员侧座椅调节电动机控制电路

带存储功能的座椅调节和转向柱调节装置J136接收驾驶员侧座椅调节开关的信号,如图5-61所示,而后通过控制各方位的调节电动机供电,让各电动机工作,从而实现座椅的调节,如图5-62所示。由于各调节电动机都带一个位置传感器,可以记录各方位调节电动机的位置,并把信号传递给座椅调节和转向柱调节装置J136,当驾驶员按下存储器按钮时,座椅调节和转向柱调节装置J136就把这些位置传感器的电压信号存储起来,作为重新调整位置时的基准。使用时,只要一按按钮,就能根据存储时的状态来调整座椅的位置。

5.4.2 任务实施

1. 前期准备

安全防护:实训着装、完成车辆防护。
工具设备:举升机、常用工具套装。
实训设备:实训车或实训台架总成。
辅助资料:维修手册、教材。

2. 实施过程

1) 确认故障现象

(1) 打开点火开关,操作驾驶员侧电动座椅前后调节开关,座椅能够前后移动。
(2) 操作驾驶员侧电动座椅靠背角度调节开关,靠背角度能够正常调节。
(3) 操作驾驶员侧电动座椅腰托调节开关,腰托能够正常调节。
(4) 操作驾驶员侧电动座椅高低调节开关,座椅无动作。

2) 分析电动座椅控制逻辑

图5-63所示迈腾轿车没有存储功能,根据电路图可以分析出,电动座椅的调节电动机均由开关控制。

电动座椅控制逻辑如图5-64所示。

3) 电路分析

由图5-63可知,驾驶员侧座椅调节操纵单元E470通过驾驶员侧座椅高低调节开关控制驾驶员侧座椅高低调节电动机V138工作。

分析电路图可知,供电或搭铁线路出现问题及开关损坏都可能造成V138不工作,座椅高度无法调节。由于该车型的电动座椅不带存储功能,因此该故障不会储存故障代码。接下来直接根据判断用万用表做进一步检测,查找具体的故障点。

4) 检修过程

第一步:使用万用表检测V138电阻值。

关闭点火开关,把万用表调到电阻挡,两支表笔分别接T4dd/1、T4dd/2端子,测量值为2.56 Ω,正常,如图5-65所示。

第二步:检测电动机两端到调节开关的导线导通情况。

5-10 电动座椅的故障检修

关闭点火开关,拔下开关插接器,用万用表电阻挡测量端子T4dd/2与T10al/4之间的电阻值,为无穷大,线路断路;用万用表电阻挡测量端子

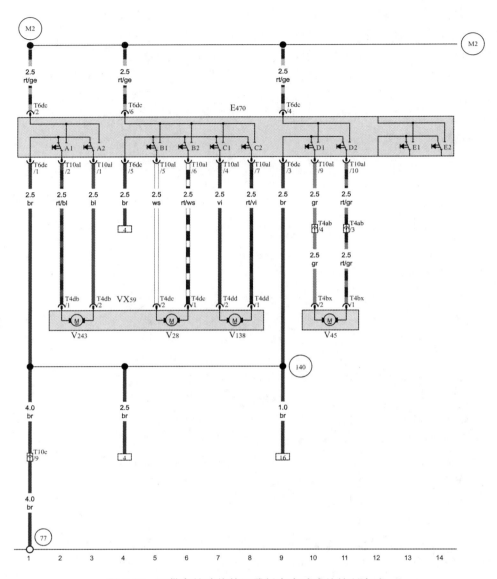

图 5-63　不带存储功能的迈腾轿车电动座椅控制电路

T4dd/1 与 T10al/7 之间的电阻值,为 0.44 Ω,正常导通。

第三步:检测电动座椅高低调节开关是否正常。

打开点火开关,把万用表调到直流电压挡。

(1) 把座椅高低调节开关向上调节,测量 T10al/7 与搭铁之间的电压,为 12.8 V。

(2) 把座椅高低调节开关向下调节,测量 T10al/4 与搭铁之间的电压,为 12.8 V。

如图 5-66 所示,通过测量可知座椅高低调节开关正常。

第四步:维修故障。

修复端子 T4dd/2 与 T10al/4 之间的线路。

```
                          ┌─ 驾驶员侧座椅靠背角度调节开关 ── 驾驶员侧座椅靠背角度调节电动机
                          │
                          ├─ 驾驶员侧座椅高低调节开关 ── 驾驶员侧座椅高低调节电动机
驾驶员侧座椅调节操纵单元 ──┤
                          ├─ 驾驶员侧座椅前后调节开关 ── 驾驶员侧座椅前后调节电动机
                          │
                          └─ 驾驶员侧座椅腰托调节开关 ── 驾驶员侧座椅腰托调节电动机
```

图 5-64　电动座椅控制逻辑

图 5-65　万用表检测 V138 电阻值

图 5-66　测量电动机两端到调节开关的导线导通情况

第五步:试车。

试车,无故障出现,故障排除。

第六步:恢复车辆,整理工位。

5)任务总结

通过本任务,我们学习电动座椅的故障诊断与检修。该故障是由于电动座椅的高低调节电动机的端子 T4dd/2 与 T10al/4 之间的线路断路,座椅高低调节电动机没有电流通过而无法正常工作,以至于不能对座椅进行高度调节。

任务 5.5 汽车中控门锁的检修

任务导入

一辆迈腾轿车,行驶里程为 10 万公里,客户反映近期操作该车中控门锁开关,车门无上锁和解锁功能。下面我们根据客户的反映,对该车中控门锁装置进行检查和分析。

任务分析

要排除此故障,首先,要会正确操作中控门锁,能够确认故障现象;其次,要熟悉中控门锁的结构和工作原理,能分析故障原因;最后,要依据维修手册及相关的国家、行业、企业标准,按照正确的操作规程排除此故障。

任务要求

(1)知识要求。熟悉中控门锁的结构;掌握中控门锁的工作原理。

(2)能力要求。能够正确地使用中控门锁装置;能够按照正确的操作规程排除故障。

5.5.1 知识链接

1.中控门锁的主要功能

为了使汽车的使用更加方便和安全,现代轿车多数都安装了中控门锁控制系统。安装中控门锁后,可实现下列功能。

(1)将驾驶员侧车门锁扣按下时,其他车门及行李舱门都能自动锁定。例如,用钥匙锁门,也可同时锁好其他车门和行李舱门。

(2)将驾驶员侧车门锁扣拉起时,其他车门及行李舱门都能同时打开,用钥匙开门也可实现该动作。

(3)在车室内个别车门需要打开时,可分别拉开各自的锁扣。

汽车辅助电气系统检修　模块5

2. 中控门锁的组成

中控门锁系统一般由开关、门锁控制器和门锁执行机构组成。该系统零部件位置如图5-67所示。

中控门锁有很多形式,按控制方式不同分为不带防盗系统的中控门锁和带防盗系统的中控门锁。中控门锁按结构不同可

5-11　中控门锁的组成及使用方法

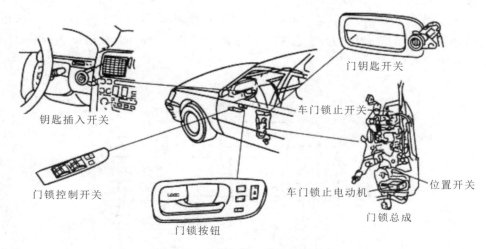

图5-67　中控门锁系统零部件位置

分为微型直流电动机式、电磁线圈式、双向空气压力泵式三种类型。

1)开关

汽车中控门锁开关如图5-68所示,可分为如下类型。

图5-68　汽车中控门锁开关

(1) 门锁控制开关:安装在左前门和右前门的扶手上,为杠杆型和按钮型开关。

(2) 钥匙开锁报警开关:用于探测点火钥匙是否插进钥匙孔内。当钥匙在钥匙孔内时,钥匙开锁报警开关接通电路报警;当钥匙离开钥匙孔时,取消报警。

(3) 行李舱门开启器开关:位于仪表板下面,或位于驾驶员侧座椅左侧下方,拉动此开关便能打开行李舱门。

(4) 钥匙控制开关(F220):安装在左、右前门的钥匙门上。当从外面用钥匙开门和关门时,钥匙控制开关便发出开门或锁门的信号给门锁ECU。

(5) 门锁开关：用于来检测车门的开闭情况。车门关闭时，门锁开关断开；车门开启时，门锁开关接通。

2) 门锁控制器

为门锁执行机构提供开锁、闭锁脉冲电流的装置，称为门锁控制器。常见的有晶体管式门锁控制器、电容式门锁控制器和车速感应式门锁控制器。

(1) 晶体管式门锁控制器。

如图 5-69 所示，门锁控制器内部设有开锁继电器和闭锁继电器，由晶体管开关电路控制，利用电容器的充、放电过程，控制一定的脉冲电流持续时间，使门锁执行机构完成闭锁和开锁动作。

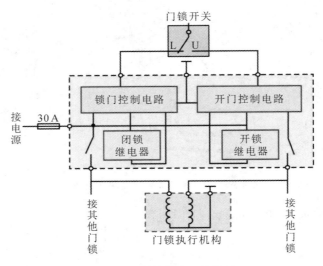

图 5-69 晶体管式门锁控制

(2) 电容式门锁控制器。

如图 5-70 所示，该系统利用充足电的电容器，在工作时继电器串联接入电容器的放电回路，使其触点短时间闭合。当正向或反向转动车门钥匙时，相应的电路开关（闭锁或开锁）接通，电容器放电电流通过继电器线圈（开锁或闭锁继电器）搭铁，线圈产生电磁吸力，触点闭合，接通执行机构电磁线圈的电路，完成闭锁或开锁的动作。当电容器放电完毕后，继电器触点打开，中控门锁系统停止工作。此时另一个电容器被充电，为下一次操纵做好准备。

(3) 车速感应式门锁控制器。

如图 5-71 所示，在中控门锁系统中加装一个车速感应开关。当汽车行驶速度达10 km/h 以上时，若车门未闭锁，则门锁控制器将自动闭锁。而每个车门可单独进行闭锁和开锁的动作。

3) 门锁执行机构

门锁执行机构是通过改变电流方向实现锁门或开锁动作的，分为电磁铁式和电动机式两种类型。

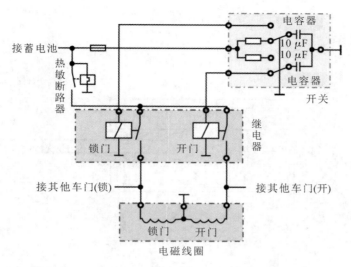

图 5-70 电容式门锁控制电路

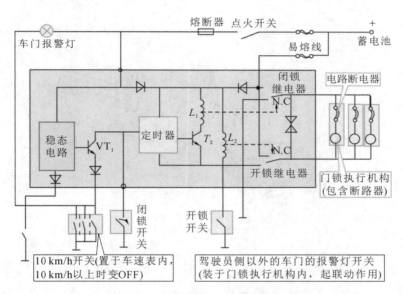

图 5-71 车速感应式门锁控制电路

(1) 电磁铁式门锁执行机构。

如图 5-72 所示,电磁铁式门锁执行机构是一种双线圈式门锁执行机构,当锁门线圈通电时,衔铁带动连杆左移,即锁门;当开门线圈通电时,则衔铁带动连杆右移,即开锁。

(2) 电动机式门锁执行机构。

如图 5-73 所示,电动机式门锁执行机构由双向永磁电动机以及齿轮和齿条等组成。电动机旋转带动齿条伸出或缩回完成开锁和闭锁动作。

3. 中控门锁的操作方法

中控门锁是指为了使用汽车更加方便和安全,对 4 个车门的锁闭和开启实行集中

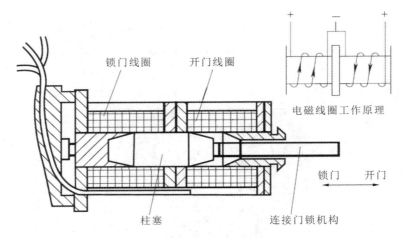

图 5-72 电磁铁式门锁执行机构

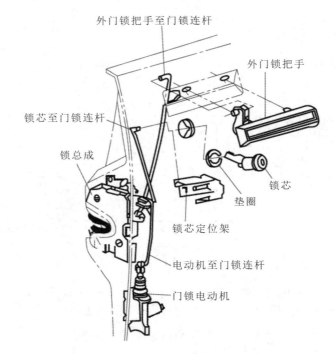

图 5-73 电动机式门锁执行机构

控制。当锁一个车门时,其他车门也同时锁上。

如图 5-74 所示,中控门锁的开关由总开关和分开关组成。总开关装在驾驶员侧车门上,总开关可将全车所有车门锁住或打开。总开关有开锁和闭锁两个按钮。按下开锁按钮时,开启全车所有门锁;按下闭锁按钮时,锁上全车所有门锁。大多数车型的车内开门方式主要分为两种:一种是先打开锁止开关(见图 5-75(a)),再拉动车内手柄;另一种是连续两次拉动车内手柄(见图 5-75(b))。

中控门锁的无线遥控功能是指在车外不用把钥匙插入锁孔中,就可以远距离开门

图 5-74 中控门锁开关

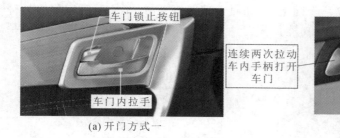

(a) 开门方式一　　　　　　　　(b) 开门方式二

图 5-75 门锁开关操控

和锁门。以折叠式汽车遥控钥匙为例介绍中控门锁的遥控操作。折叠式汽车遥控钥匙由锁车键、行李舱开启键、解锁键和机械钥匙等构成，如图 5-76 所示。

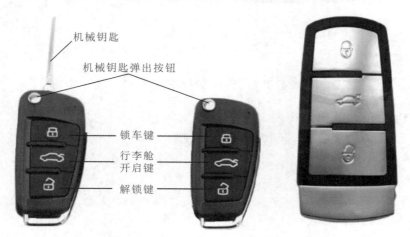

图 5-76 中控门锁的无线遥控功能

整车应急锁止开关是指当中控门锁失效时，可通过操作机械钥匙实现右前门闭锁，用钥匙逆时针转动其余三个车门，紧急锁止旋钮至闭锁状态，再关闭车门，此时全车进入锁止状态，四门外把手均无法打开车门。当需要解锁时，先操作机械钥匙为右前门解锁，进入车内，连续拉动其他车门内拉手两次开启车门，如图 5-77 所示。

汽车儿童安全锁是为了防止儿童在车上意外地打开车门对儿童造成伤害而设置的

(a) 中控门锁机械钥匙开关　　(b) 左、右后门应急锁止开关　　(c) 右前门应急锁止开关

图 5-77　整车应急锁止开关

一项功能。一般儿童锁在两个后车门上，当儿童锁功能打开时，车辆后门在里面是打不开的，但在外面能打开，当儿童锁功能关闭时，在里面和外面都能打开车辆，如图 5-78 所示。

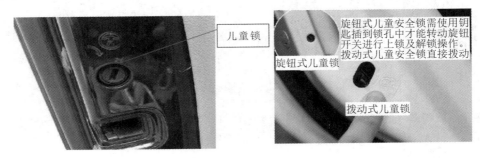

图 5-78　汽车儿童安全锁

汽车实用知识：汽车行李舱开启方式

1. 汽车行李舱车外开启方式

（1）机械钥匙打开：钥匙插进尾门锁孔开启尾门（基本被淘汰），如图 5-79（a）所示。

（2）遥控钥匙直接打开：按下遥控钥匙上的行李舱开锁按钮打开汽车行李舱，如图 5-79（b）所示。

（3）直接按解锁键打开：有的车型遥控钥匙上面可能没有行李舱开启按键，直接按解锁键，如图 5-79（c）所示。

（4）智能感应钥匙＋行李舱开关：对于配备了智能感应钥匙的车型，只要遥控钥匙在一定的范围内（一般为 1 m 左右），按下行李舱上的开关，就可以直接打开行李舱，如图 5-79（d）所示。在一些中高端车型上，还有一种是利用脚踢感应式开关来开启行李舱，其感应方式不同，厂商方案也不同。

2. 汽车行李舱车内开启方式

（1）按钮式开关：按钮的位置因不同厂商、不同车型而有所差别，比如一汽大众的车型的按钮一般位于车门上。

(a) 机械钥匙开启行李舱

(b) 遥控钥匙开启行李舱

(c) 行李舱开关隐藏于车标内部

(d) 感应方式开启行李舱

图 5-79　汽车行李舱车外开启方式

（2）拉杆式开关：有的车型的行李舱并不是通过按钮开启的，而是通过一个拉杆，其一般位于驾驶员侧座椅的左下方或者转向盘的左下方，上面会有一个汽车行李舱翘起的图标。

（3）中控门锁控制开关：如果既未配备按钮又没有拉杆，那么说明行李舱是和车门联动锁止的，只要打开中控门锁，就可以从后面拉开行李舱了。

汽车行李舱车内开启方式如图 5-80 所示。

图 5-80　汽车行李舱车内开启方式

5.5.2 任务实施

1. 前期准备

安全防护:实训着装、完成车辆防护。
工具设备:举升机、常用工具套装。
实训设备:实训车或实训台架总成。
辅助资料:维修手册、教材。

5-12 中控门锁的
故障检修

2. 实施过程

1) 确认故障现象
(1) 打开点火开关,操作中控门锁开关,该车所有车门均无动作。
(2) 遥控钥匙可以正常上锁和解锁。
(3) 中控门锁开关按键的背景照明灯正常点亮。
2) 分析中控门锁控制逻辑
根据迈腾轿车的维修手册和图 5-81 可知以下信息。

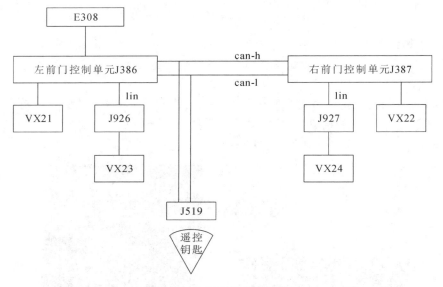

图 5-81 中控门锁控制逻辑图

(1) J386 与驾驶员侧车门上的中控门锁开关通过实线连接,当按下中控门锁 E308 的开锁键或闭锁键后,四个车门的门锁同时开启或关闭。
(2) 用遥控钥匙开锁时,遥控钥匙通过天线向 J519 传递信号,J519 通过 can-bus 通信线向 J386 和 J387 传递开锁或闭锁信号。
(3) J386 和 J926 之间、J387 和 J927 之间都是通过 lin 线传递信号的。
3) 电路分析
由图 5-82 可知,J386 通过 T32a/32 接收驾驶员侧车内的按钮 E308 的上锁信号;由中控门锁的控制逻辑可知,若 E308 损坏或线路出现问题,在车内将无法通过该车驾驶员侧车内的按钮 E308 打开或锁止车门。由于该车驾驶员侧车内的按钮 E308 背景灯正常点亮,可以推断出 E308 搭铁正常。

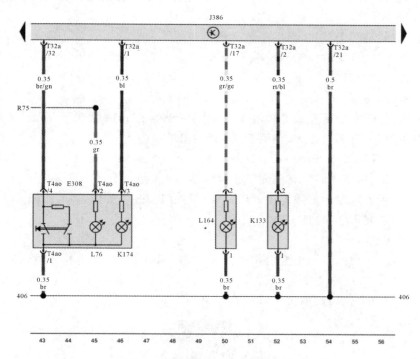

图 5-82　迈腾轿车中控门锁控制电路

操作该车内中控门锁开关,门锁无动作。由于用遥控钥匙可以正常打开和锁止车门,由此可以推断出:

(1) J386、J387、J926、J927 四个车门控制单元本身无故障;

(2) VX21、VX22、VX23、VX24 四个车门关闭单元正常;

(3) 各车门控制单元之间的通信线路正常。

可能的故障点及诊断思路如下:

(1) E308 到 J386 端子 T32a/32 之间的线路断路;

(2) E308 本身有故障。

如果系统有故障码提示,则按照故障码指示的内容进行诊断;如果没有故障码,则需要根据故障概率进行诊断。

4) 故障检修过程

第一步:使用解码器,读取故障码。

打开点火开关,用解码器进入驾驶员侧车门电子装置,读取故障码为:无故障码。

第二步:使用解码器,读取数据流。

用解码器读取中控门锁开关数据流:

(1) 按压中控门锁的开锁键和闭锁键,中控门锁按钮状态一直为未按下,异常;

(2) 车门锁中的按键开关一直显示未按下,异常。

第三步:检测驾驶员侧车内的按钮 E308。

关闭点火开关,用万用表电阻挡测量端子 T4ao/1 与搭铁之间的电阻值,电阻值小于 0.3 Ω,正常。

第四步:测量端子 T4ao/4 与搭铁之间的波形。

打开点火开关,用示波器测量端子 T4ao/4 与搭铁之间的波形,测量结果如下:高电平为 5 V 左右的电压,低电平为 0 V 的脉冲波形,正常。

第五步:测量端子 T4ao/4 与 T4ao/1 之间的电阻值。

关闭点火开关,按压开锁键和闭锁键,用万用表电阻挡测量端子 T4ao/4 与 T4ao/1 之间的电阻值,一直为无穷大,说明 E308 开关损坏。

第六步:更换 E308 开关。

第七步:试车,车内门锁开关能够正常解锁和上锁。

第八步:用解码器读取数据流,显示车内中控门锁开关工作正常,故障排除。

第九步:恢复车辆,整理工位。

5) 总结反思

通过本任务,我们学习中控门锁的主要功能、组成、操作方法及故障诊断与检修方法。本任务的故障是由于中控门锁 E308 开关损坏,J386 接收不到门锁开关信号,以至于不会发出调节中控门锁锁止和解锁的指令。

模块 5 测评

模块 6
汽车空调系统检修

模块描述

为了提高车辆的舒适性,现今汽车上普遍使用了空调。本模块的任务是对汽车空调系统的作用、操控方法、结构及工作原理进行分析,就空调系统典型的故障进行检修。

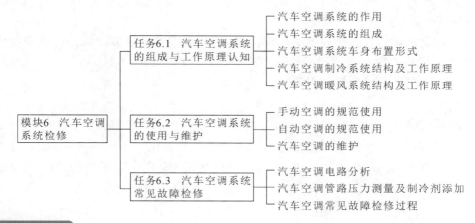

教学目标

素养目标

(1) 养成精于钻研、规范操作的职业素养。
(2) 培养学生严谨细致、一丝不苟的工作态度和追求极致的工匠精神。
(3) 提升团队协作、沟通交流、自我管理能力。

知识目标

(1) 掌握汽车空调系统的作用、使用方法、组成。
(2) 掌握汽车空调系统的工作原理。
(3) 掌握汽车空调系统控制电路分析方法。
(4) 掌握汽车空调管路压力的测量方法。

技能目标

(1) 能熟练地使用汽车空调面板上的调节功能。
(2) 能够进行日常的汽车空调维护操作。

(3) 能够正确识读汽车空调的工作原理图。
(4) 能根据汽车空调系统的控制电路分析空调的常见故障。
(5) 能熟练地就车检查制冷剂量,回收和添加制冷剂。

任务 6.1　汽车空调系统的组成与工作原理认知

6-1　空调系统的认知

任务导入

车主李先生称他新购置的速腾轿车的空调制冷效果不好。下面我们根据客户的反映,对该车空调系统进行检查和分析。

任务分析

要排除此故障,首先,要会正确操作汽车空调,能够确认故障现象;其次,要熟悉汽车空调的结构和工作原理,能分析故障原因;最后,要依据维修手册及相关的国家、行业、企业标准,按照正确的操作规程排除此故障。

任务要求

(1) 知识要求。熟悉汽车空调的组成;掌握汽车空调的工作原理。
(2) 能力要求。能够正确地使用汽车空调装置;能够按照正确的操作规程排除故障。

6.1.1　知识链接

1. 汽车空调系统的功能

汽车空调系统的功能是通过人为的方式创造一个对人体适宜的环境,提高汽车的舒适性。汽车空调系统具有对车内的温度、湿度、气流速度进行调节和净化空气的功能。除此以外,汽车空调还能除去风窗玻璃上的雾、霜、冰、雪,给驾驶员一个清晰的视野,确保行车安全。

1) 调节车内温度

汽车空调在冬季利用其暖风系统升高车内温度,在夏季利用制冷系统对车内降温。在夏季人感到最舒适的温度是 22~28 ℃,在冬季则是 16~18 ℃。人体面部所需求的温度比足部略低,即要求"头凉足暖",温差大约为 2 ℃。

2) 调节车内湿度

利用制冷系统冷却降温去除空气中的水分,再由暖风系统升温以降低空气的相对湿度。人觉得最舒适的相对湿度在夏季是 50%~60%,在冬季则是 40%~50%。

3) 过滤和净化车内空气

由于车内空间小,乘员密度大,在全封闭空间二氧化碳浓度过高,使车内的人缺氧,而汽车发动机废气中的一氧化碳、道路上的粉尘等又容易进入车内造成空气污浊,影响乘员的身体健康,因此要求空调具有补充车外新鲜空气、过滤和净化车内空气的功能。

4)除霜除雾

冬天,前后风窗玻璃容易结霜,这将导致驾驶员的视线模糊不清,增大行车的危险性。这就需要通过暖风系统来除去风窗玻璃上的霜,以维持驾驶员的视线清晰度,提高行车安全性。如果车辆行驶在雨天或雾天(或空气湿度偏高),因为车内温度比车外温度高,车外高湿度的空气遇上较高温度的车窗时,会在车窗表面凝结,形成细微的水滴附着在车窗上。雾的产生一种是冷却(如上述现象),一种是加湿(如热天下雨),都是因为空气中的含水量增大。因此我们在遇到上述天气时,为保证正常驾驶的视线,需利用空调将车窗上的雾除去。

5)调节车内的空气流速

夏季空气流速稍大有利于人体散热降温,冬季气流速度过大影响人体保温,因此夏季舒适风速一般为 0.25 m/s,冬季舒适风速一般为 0.20 m/s。

6-2 电动汽车空调系统的结构

2. 汽车空调系统的组成

汽车空调系统主要由通风系统、暖风系统、制冷系统、空气净化系统和控制系统组成,如图 6-1 所示。

(a)汽车空调结构

(b)汽车内部空气循环

(c)汽车空调开关

图 6-1 汽车空调系统的组成

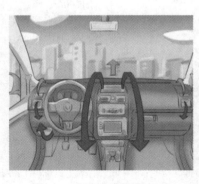

图 6-2 汽车空调通风系统

1)通风系统

通风系统主要由鼓风机、空调滤清器、风道、风门和出风口等组成,将外部新鲜空气吸进车内,起通风和换气作用。同时,通风对防止风窗玻璃起雾有着良好作用,如图 6-2 所示。

通风一般分为自然通风和强制通风。自然通风是汽车行驶时,利用车内外的风压不同,在适当的地方,开设进风口和出风口来实现通风换气;强制通风是利用鼓风机强制地将外界空气引入车内。目前广泛应用的综合通风是自然通风与强制通风的结合。在通风系统中设有空气处理室、送风道及风门等部件。

2）暖风系统

暖风系统主要用于取暖，对车内空气或从外部进入车内的新鲜空气进行加热，达到取暖、除湿的目的。汽车的暖风系统一般是将发动机的冷却液引入车内加热器中，通过鼓风机将被加热的空气吹入车内，以提高车内空气的温度，同时还可以对前风窗玻璃进行除霜、除雾。常见汽车的空调暖风系统由发动机冷却水循环系统、加热器芯、空调滤清器、风道、风门、出风口及控制系统组成，如图6-3所示。

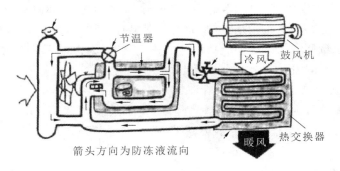

图 6-3　汽车空调供暖系统

3）制冷系统

制冷系统是指对车内空气或从外部进入车内的新鲜空气进行冷却，降低车内的温度。作为冷源的蒸发器，其温度低于空气的露点温度，可以使得空气水分释出，当温度提升时干燥度也提高，可见，制冷系统还具有除湿的作用。常见汽车的制冷系统为蒸汽压缩式类型，主要由压缩机、冷凝器、干燥瓶、节流膨胀阀、蒸发箱和控制系统等组成，如图6-4所示。

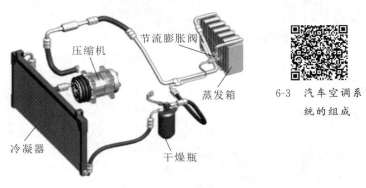

图 6-4　汽车空调制冷系统

6-3　汽车空调系统的组成

4）空气净化系统

除去车内空气中的尘埃、臭味、烟气及有毒气体，使车内空气变得清洁。空气净化系统对引入车内的空气进行过滤、除毒、去臭，有的甚至添加负离子，并不断排出车内的污浊气体，改善空气质量，保持车内空气清洁。其主要由滤清器、鼓风机、风道、风门和出风口等组成，如图6-5所示。

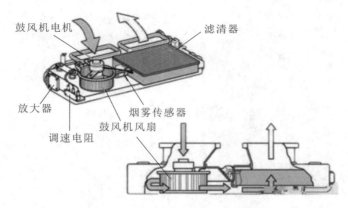

图 6-5 汽车空气净化系统

5) 控制系统

控制系统一般由电气系统、真空系统和操作装置组成,如图 6-6 所示。对制冷、暖风、通风及空气净化系统进行控制,将上述各部分全部或部分有机地组合并安装在汽车上,便组成了汽车空调系统。普通的汽车和客、货车上,通常只有制冷装置、暖风装置和通风装置,高级汽车和高级客车上,还装有加湿装置和空气净化装置。

(a) 自动空调面板　　(b) 手动空调面板

图 6-6 汽车空调的控制面板

3. 汽车空调系统的车身布置形式

对于不同的车辆类型和不同的空调类型,其结构、性能和使用环境的不同,导致空调系统的布置形式也不尽相同。汽车空调系统的设计原则是在可靠运行的前提下尽可能简单紧凑。

汽车常采用非独立式制冷装置,由发动机驱动制冷压缩机,如图 6-7 所示。冷凝器通常放置在发动机水箱前部,靠水箱的风扇强迫冷凝器对流换热,当汽车行驶时还可借助迎面风强化换热。但是,这样安装冷凝器对发动机散热效果会产生不良影响,使发动机冷却系统的散热器风量减小,其减小量不应超过 25%。因此,冷凝器与水箱之间的距离必须慎重确定。有的汽车在冷凝器前增设风扇,这样可以增大风量,而且冷凝器的冷却效果还不受汽车行驶速度的影响,风扇的驱动电压由蓄电池提供,只要安装方便,也可将冷凝器装在其他部位。

蒸发器位于仪表板中间下方,或分置于前后部,以利于送风均匀,膨胀阀安装在蒸

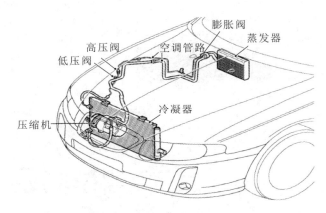

图 6-7 汽车空调系统的车身布置形式

发器进口处,检视镜、过滤器和储液干燥器设计成一个整体。

现代汽车多采用一体式空调,蒸发器与加热器芯置入一个壳体内,组成具有冷气、暖气、除湿功能的空调系统,安装在仪表板内。

4. 汽车空调制冷系统

1) 空调制冷系统结构

汽车空调一般采用蒸汽压缩式制冷循环系统,其主要由压缩机、冷凝器、储液干燥器、节流减压元件、蒸发器,以及一些管路、空气滤清器等组成。各部件之间采用铝管和高压橡胶管连接成一个密闭系统,如图 6-8 所示。制冷系统工作时,制冷剂以不同的状态在这个密闭系统内循环流动。

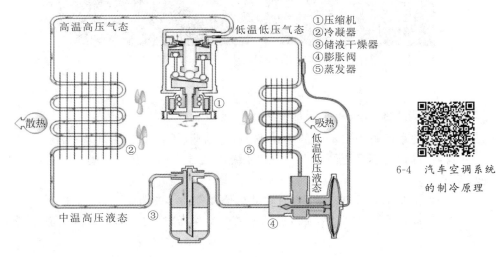

图 6-8 空调制冷系统的组成

6-4 汽车空调系统的制冷原理

(1) 空调压缩机。

① 压缩机的作用。

压缩机主要使制冷剂在系统中不断地吸热和放热,并维持其在制冷系统中不断地循环。压缩机是整个制冷系统的"心脏",它主要有三个作用:吸收作用、泵的作用、压缩作用。

② 压缩机的分类及结构。

汽车空调压缩机常见的有:曲轴连杆式压缩机、斜盘式压缩机、斜板式压缩机、旋叶式压缩机、滚动活塞式压缩机、涡旋式压缩机等。图 6-9 所示为空调压缩机。

图 6-9　空调压缩机　　　　　图 6-10　斜盘式压缩机

a. 斜盘式压缩机。

斜盘式压缩机采用往复式双头活塞,依靠斜盘的旋转运动,使双头活塞获得轴向的往复运动,缸数是偶数,如图 6-10 所示。

当主轴旋转时,斜盘也随着旋转,斜盘边缘推动活塞做轴向往复运动,如图 6-11 所示。如果斜盘转动一周,前后两个活塞各完成压缩、排气、膨胀、吸气一个循环,相当于两个气缸作用。双头活塞的两活塞各自在相对的气缸(一前一后)中,活塞一头在前缸中压缩制冷剂蒸汽时,活塞的另一头就在后缸中吸入制冷剂蒸汽,反向时互相对调。各缸均备有高、低压气阀,另有一根高压管,用于连接前、后高压腔。斜板与压缩机主轴固定在一起,斜板的边缘装合在活塞中部的槽中,活塞槽与斜板边缘通过钢球轴承支承在一起。

b. 斜板式压缩机。

斜板式压缩机采用往复式单向活塞结构,如图 6-12 所示。压缩机将五个或七个气缸均匀分布在一周,活塞与安装在摇板上的球窝连接座里的连杆相连,摇板紧靠着安装在主轴一端斜板的斜面上,主轴另一端穿过前盖中心支承轴承,由电磁离合器带动。斜板式压缩机的工作原理与斜盘式压缩机的类似,是将靠在主轴斜板上的摇板的摇摆运动变为单向活塞沿轴向的往复运动。

c. 涡旋式压缩机。

涡旋式压缩机有两个旋涡转子:一个定子,一个动子。两者内部有轮叶,如图 6-13 所示。涡旋能够进行沿轨道或无完整旋转的振摆运动。动子通过一个同心轴承与输入轴相连。当动子在定子中进行振摆时,在涡旋中就形成了很多小穴。当这些小穴收缩时,制冷剂就被压缩以至压力升高,然后通过排气阀门从压缩机后端排出。

(2) 电磁离合器。

汽车空调电磁离合器受空调开关、温控器、空调放大器、压力开关等控制,在需要的时候接通或切断发动机与压缩机之间的动力传递。另外,当压缩机过载时,它还能起到一定的保护作用。汽车空调压缩机所用电磁离合器有旋转线圈式与固定线圈式两种

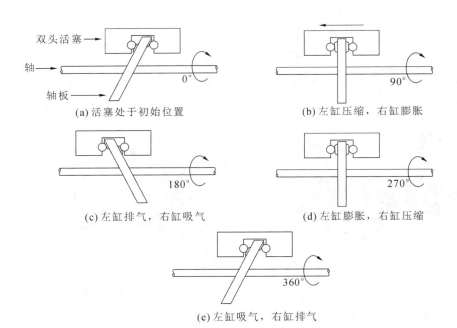

图 6-11 斜盘式压缩机工作原理

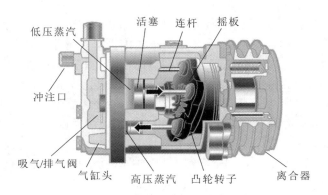

图 6-12 斜板式压缩机的结构

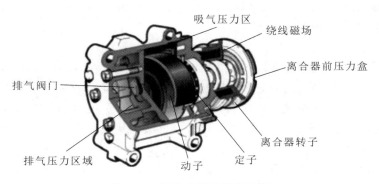

图 6-13 涡旋式压缩机的结构

类型。

对于旋转线圈式电磁离合器,压缩机转动带动带轮一起旋转,线圈的两端各自焊在两个铜环上,通过两个电刷输入励磁电流。

固定线圈式电磁离合器一般由带轮总成、线圈总成和驱动盘总成这三个部分组成,如图 6-14 所示。

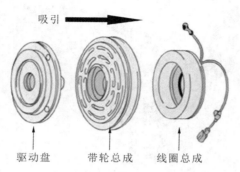

图 6-14　空调压缩机电磁离合器结构

当空调制冷系统停止工作时,电磁离合器的定子线圈断电,磁力消失,驱动盘与传动带轮分离,此时传动带轮通过轴承在压缩机壳体上空转,压缩机停止运转,如图 6-15(a)所示。

当接通空调开关使制冷系统进入工作状态时,电磁离合器的定子线圈通电产生磁力,将驱动盘吸向传动带轮,使两者结合在一起,发动机的动力便通过传动带轮传递到驱动盘,带动压缩机运转,如图 6-15(b)所示。

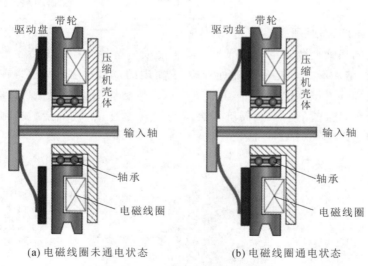

图 6-15　电磁离合器的工作原理

(3) 冷凝器。

① 冷凝器的结构。

冷凝器就是空调装置的"冷却器"。

冷凝器由迂回的蛇形管构成,该管与薄金属片刚性连接在一起,如图 6-16 所示。这样就可获得较大的散热面积和更好的热传递效果。在接通空调装置后,冷凝器由散热器风扇来冷却,以保证制冷环路的正常工作。冷凝器一般安装在散热器的前方。这样可以提高冷凝器的效率。

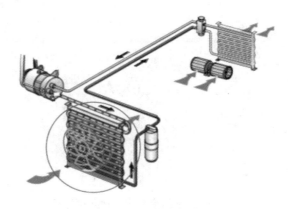

图 6-16 冷凝器结构

② 冷凝器的作用。

来自压缩机的热的气态制冷剂被压入冷凝器的上部,冷凝器的蛇形管和薄金属片会吸收热量。凉的外部空气穿过冷凝器会吸收热量,于是热的气态制冷剂就冷却了。在一定温度和一定压力下,制冷剂在冷却过程中会冷凝,于是气态制冷剂就变成液态的了,液态制冷剂从冷凝器的下部流出。从功能上来讲,人们经常将冷凝器称为"液化器"。

③ 冷凝器的工作原理。

冷凝器内的热交换通过空气冷却的方式来完成。这种冷却是由行车产生的风和散热器风扇(根据结构形式可能还有辅助风扇)来实现的,如图 6-17 所示。在大多数情况下,接通空调的同时风扇就开始工作了。带有压力传感器 G65 的是个例外,这时在达到一定压力后是延迟接通的。冷凝器脏污会减小空气通过量,这就会影响制冷能力以及发动机的冷却效果。

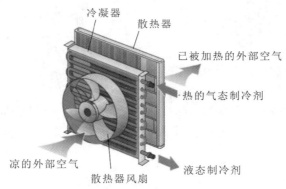

图 6-17 冷凝器工作原理

（4）储液干燥器和集液器。

压缩机转速的变化将使系统中制冷剂流量发生变化，封闭的管路系统使得实际的制冷剂流量又是固定的。为了适应工作时制冷剂流量变化的需要，系统中安装了储液干燥器或集液器。

① 储液干燥器。

储液干燥器与膨胀阀共同出现，安装在冷凝器出口和蒸发器入口之间，有过滤和干燥，以及保证制冷剂流动的稳定性和连续性的功用，如图6-18所示。

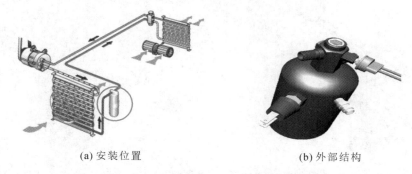

(a) 安装位置　　　　　　　(b) 外部结构

图6-18　储液干燥器安装位置及外部结构

储液干燥器功用如下。

a. 临时储存从冷凝器出来的液态制冷剂，当制冷负荷发生变化和系统有微漏或者压缩机转速发生变化时，保证制冷剂流动的稳定性和连续性。

b. 防止过多的液态制冷剂停留在冷凝器中，使得冷凝器的传热面积减小而散热效率降低。

c. 吸收和滤出制冷剂中的杂质和水分，防止制冷系统管路发生堵塞和冰堵。保护设备不被侵蚀，保证系统正常工作。

储液干燥器一般是密封焊死的钢质或铝质压力容器，由外壳、视液镜、安全熔塞和管插头等组成，如图6-19所示。

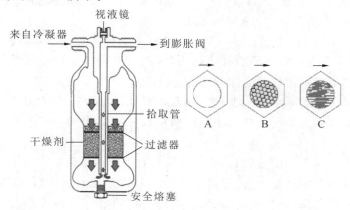

图6-19　储液干燥器结构

注：A—过满（没有气泡）；B—不足（连续气泡）；C—足量（几乎没有气泡）。

提示：在无制冷剂或制冷剂过多的情况下，也看不到气泡。

② 集液器。

用节流膨胀管代替膨胀阀时，要在汽车空调制冷系统低压侧安装集液器，将其安装在蒸发器出口和压缩机的入口之间，如图6-20所示。集液器有过滤和干燥的功用，可以捕获来自蒸发器的液态制冷剂以确保压缩机吸入的全部为气态制冷剂，因而起到了气液分离、防止压缩机发生液击的作用。

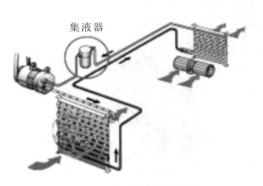

图6-20 集液器安装位置

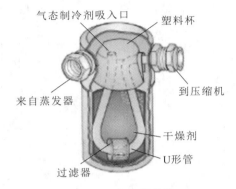

图6-21 集液器结构

集液器是一种特殊形式的储液干燥器，其结构如图6-21所示。它的出气管呈U形，出气管的吸入口在容器的顶部，并被一个塑料杯盖在上面，以改善气液分离效果。

（5）膨胀阀。

从冷凝器出来的液体处于高压状态，必须通过节流元件减压后才能变成低压的容易蒸发的雾状物，汽车空调最常用的节流元件就是热力膨胀阀与孔管，这是一种感压和感温阀，是汽车空调制冷系统中的一个主要部件。

① 膨胀阀作用。

a. 节流降压。将冷凝器冷凝后的高温高压液态制冷剂节流降压，使之成为容易蒸发的低温低压的气液混合物，进入蒸发器蒸发，吸收外界热量。

b. 调节流量。根据感温包或气箱头得到的温度信号，膨胀阀能自动调节进入蒸发器的制冷剂流量，以适应制冷负荷不断变化的需要。

c. 保持一定过热度，防止液击和异常过热。膨胀阀通过调节流量使蒸发器具有一定的过热度，保证蒸发器总容积的有效利用，避免液态制冷剂进入压缩机引起液击；同时又能控制过热度在一定范围内，防止异常过热现象的发生。

② 节流膨胀阀的结构及工作原理。节流膨胀阀的结构形式有：热力膨胀阀（分为外平衡式热力膨胀阀和内平衡式热力膨胀阀两种）、H形膨胀阀和节流膨胀管（孔管），如图6-22所示。

当蒸发器出口蒸汽温度升高时，感温元件内部制冷剂吸热膨胀压力升高，迫使球阀压缩预紧弹簧使节流阀开度增大，进入蒸发器的制冷剂流量增大，蒸发器制冷量增大，车内空气温度降低。反之，当蒸发器出口蒸气温度降低时，节流阀开度减小，制冷剂流量减小，蒸发器制冷量减小，车内空气温度升高。

a. 内平衡式热力膨胀阀。

(a) 内平衡式热力膨胀阀　　(b) 外平衡式热力膨胀阀　　(c) H形膨胀阀　　(d) 节流膨胀管

图 6-22　节流膨胀阀

内平衡式热力膨胀阀的结构如图 6-23 所示。其由感温包、毛细管、膜片、弹簧、针阀、阀体及阀座等组成。

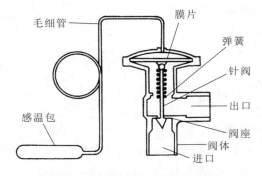

图 6-23　内平衡式热力膨胀阀的结构

固定在回气管路上的感温包内装有惰性液体或制冷剂，当蒸发器出口温度较高时，感温包内液体温度随之上升，内压升高，作用在膜片上的压力大于蒸发器进口压力和过热调整弹簧压力总和时，针阀离开阀座，阀门开启，制冷剂流入蒸发器。蒸发器内压力随之上升，回气温度降低，膜片下侧压力升高，上侧压力降低，阀门关闭。由于膜片上、下侧压力经常处于不平衡状态，因此不断地进行开启、闭合的循环。图 6-24 所示为内平衡式热力膨胀阀工作原理。

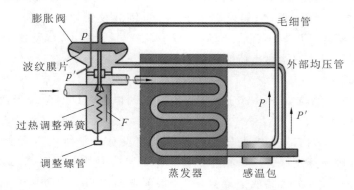

图 6-24　内平衡式热力膨胀阀工作原理

b. 外平衡式热力膨胀阀。

如图 6-25(a)所示,外平衡式热力膨胀阀由感温包、膜片、毛细管、外平衡管以及针阀等组成。

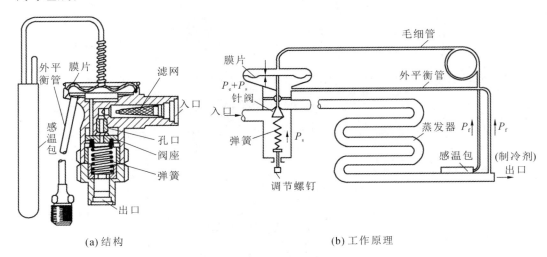

(a) 结构　　　　　　　　　　(b) 工作原理

图 6-25　外平衡式热力膨胀阀

外平衡式和内平衡式热力膨胀阀的结构是大同小异的,内平衡式热力膨胀阀膜片下方的压力是蒸发器进口压力,而外平衡式热力膨胀阀膜片下方的压力是蒸发器出口压力。由于蒸发器内部会产生压力损失,蒸发器出口压力要小于蒸发器进口压力。要达到同样的阀孔开度,外平衡式热力膨胀阀需要的过热度小些,蒸发器容积效率可以提高。大客车空调系统要选用外平衡式热力膨胀阀。

如图 6-25(b)所示,P_f 为感温包感受到的蒸发器出口温度相对应的饱和压力,P_e 为蒸发器出口蒸发压力,P_s 为过热调整弹簧的压力。当车内温度处在某一工况时,膨胀阀有一定开度,P_f、P_e 和 P_s 应处于平衡状态,即 $P_f=P_e+P_s$。如果车内温度升高,蒸发器出口过热度增大,则感受温度上升,相应的 P_f 增大,即 $P_f>P_e+P_s$,因此波纹膜片向下移,推动传动杆工作,使得膨胀阀阀孔开度增大,制冷剂流量增大,制冷量也增大,蒸发器出口过热度相应下降;反之,如果 $P_f<P_e+P_s$,则波纹膜片向上移,传动杆也随之上移,使得膨胀阀阀孔开度减小,制冷剂流量减小,制冷量也减小,蒸发器出口过热度也相应增大,从而满足了蒸发器热负荷变化的需要。

c. H 形膨胀阀。

H 形膨胀阀的结构如图 6-26 所示,其主要由阀体、感温元件、球形阀、调节螺栓和预紧弹簧等组成。

H 形膨胀阀因其内部通道呈 H 形而得名。它没有外平衡式热力膨胀阀的外平衡管和感温包,直接与蒸发器进出口相连。它有四个接口通往空调系统,其中两个接口和普通膨胀阀的一样,一个接储液干燥器,一个接蒸发器进口。另外两个接口,一个接蒸发器出口,一个接压缩机进口。感温元件处在进入压缩机的制冷剂气流中。H 形膨胀阀具有结构紧凑、使用可靠、维修简单等优点,符合汽车空调的要求。

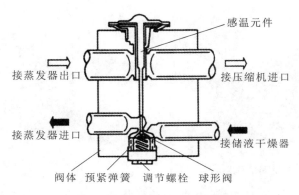

图 6-26 H 形膨胀阀的结构

d. 节流膨胀管。

节流膨胀管是应用于许多汽车制冷系统的一种固定孔口的节流装置。有人称它为孔管、固定孔管。节流膨胀管直接安装在冷凝器出口和蒸发器进口之间,用于将液态制冷剂节流降压。由于它不能调节流量,液态制冷剂很可能流出蒸发器而进入压缩机,造成压缩机液击,因此装有节流膨胀管的系统,必须同时在蒸发器出口和压缩机进口之间安装一个集液器,进行气液分离,避免压缩机发生液击。

节流膨胀管系统目前使用的温度控制系统有:循环离合器节流膨胀管系统(CCOT)、可变容积节流膨胀管系统(VDOT)、固定节流膨胀管离合器系统等。

如图 6-27 所示,节流膨胀管是一根细铜管,装在一根塑料套管内。在塑料套管外环形槽内,装有密封圈。有的还有两个外环形槽,每个槽各装一个密封圈。把塑料套管连同节流膨胀管都插入蒸发器进口管中,密封圈就是用来密封塑料套管外径和蒸发器进口管内径间的配合间隙的。节流膨胀管两端都装有滤网,以防止系统发生堵塞。

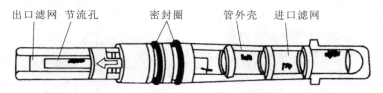

图 6-27 节流膨胀管的结构

由于节流膨胀管没有运动部件,结构简单、可靠性高,同时节省能耗,很多高级汽车都采用这种元件。但其缺点是不能根据工况变化对制冷剂流量进行调节。

(6) 蒸发器总成。

蒸发器和冷凝器一样,也是一种热交换器,又称冷却器。蒸发器是整个制冷系统中唯一制冷的器件,是制冷循环中获得冷气的直接器件。其外形近似冷凝器,但比冷凝器窄、小、厚。它的作用是让低温低压液态制冷剂在其管道中吸热并蒸发,使蒸发器和周围空气的温度降低,从而在鼓风机的风力通过它时,能输出更多的冷气,如图 6-28 所示。

蒸发器是汽车空调直接产生制冷作用的部件,一般安装在副驾驶员侧座位的一侧杂物箱下方,如图 6-29 所示。

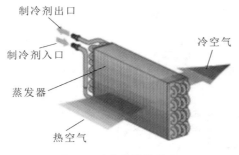

图 6-28 蒸发器的作用

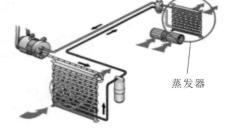

图 6-29 蒸发器的安装位置

蒸发器应具有制冷效率高、尺寸小、重量轻等特点。蒸发器设计时需要考虑：
① 管件的大小和长度；
② 蒸发器片的数量和尺寸；
③ 回转弯头的数量；
④ 穿过和通过蒸发器片的空气量。

蒸发器常见的有管片式、管带式和层叠式三种结构，如图 6-30 所示。管片式蒸发器结构简单、加工方便，但换热效率较差。管带式蒸发器比管片式蒸发器工艺复杂，但效率可提高 10% 左右。层叠式蒸发器加工难度最大，但其换热效率最高，结构最紧凑。

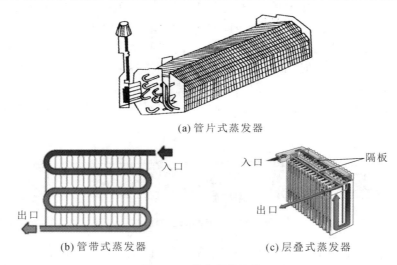

图 6-30 蒸发器的结构

2）汽车空调的制冷原理

制冷系统工作时，制冷剂以不同的状态在这个密闭系统内循环流动，制冷循环流程如图 6-31 所示，每个循环包括四个基本过程。

（1）压缩过程。

压缩机从蒸发器吸入低温低压气态制冷剂，并将其压缩成高温高压气态制冷剂送往冷凝器冷却降温。

此过程的主要作用是压缩增压，以便气体易于液化。压缩过程中，制冷剂状态不发

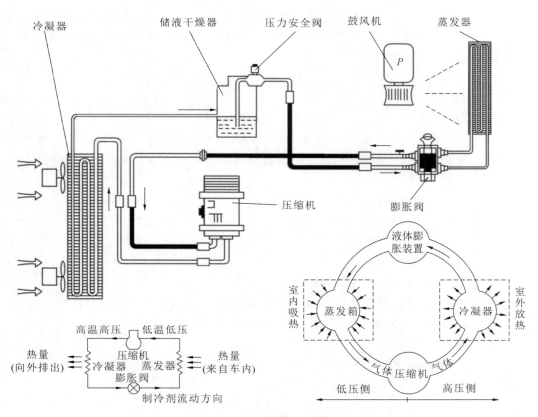

图 6-31 汽车空调的工作过程

生变化,而温度、压力不断升高,形成过热气体。

(2) 冷凝过程。

高温高压气态制冷剂由发动机散热器前面的冷凝器散热,将其冷凝成高温高压液态制冷剂。

此过程的作用是排热冷凝。冷凝过程的特点是制冷剂的状态发生变化,即在压力、温度不变的情况下,由气态逐渐向液态转变。冷凝后的制冷剂液体是高温高压液体。制冷剂液体过冷度越大,在蒸发过程中其蒸发吸热的能力也就越强,制冷效果越好,即制冷量相应增大。

(3) 膨胀过程。

冷凝后的高温高压液态制冷剂经热力膨胀阀节流降压后,转变成低温低压液态制冷剂流入蒸发器。

该过程的作用是使制冷剂降温降压,由高温高压液体迅速地变成低温低压液体,以利于吸热、控制制冷能力和维持制冷系统正常运行。

(4) 蒸发过程。

低温低压液态制冷剂流经蒸发器时,不断吸收车内空气的热量而汽化成低温低压气态制冷剂。

从蒸发器流出的气态制冷剂又被压缩机吸入而进入下一次制冷循环。而后低温低压气态制冷剂流出蒸发器等待被压缩机再次吸入。此过程的主要作用是吸热蒸发。蒸发过程的特点是制冷剂状态由液态变为气态,此时压力不变,即在定压过程中进行这一状态的转变。

3)制冷剂及冷冻油

(1)制冷剂。

① 制冷剂的作用。

制冷剂是空调制冷系统中的"热载体",在制冷系统中通过自身状态的变化,实现制冷循环。汽车空调是利用蒸气压缩制冷装置和制冷剂循环流动实现制冷的。借助制冷剂的状态变化,达到制冷目的。

② 制冷剂的性能特点。

a. 必须是易于汽化或者蒸发的物质。

b. 要求有较高的潜热。

c. 不易燃烧和爆炸。

d. 对人体无害,但是又要有特殊气味。

e. 有较高稳定性,能反复使用,对金属、橡胶和润滑油无明显的腐蚀作用。

f. 蒸发压力应该比大气压高,以免空气进入制冷系统。

③ 制冷剂的类型。

汽车空调压缩机使用的制冷剂,国际上用英文字母 R 来表示(取制冷剂 Refrigerant 的第一个字母)。常见制冷剂如表 6-1 所示。

表 6-1 常见制冷剂

制冷剂名称	R12 (二氟二氯甲烷)	R22 (二氟一氯甲烷)	R134a (四氟乙烷)	R290 (丙烷)	R600a (异丁烷)
分子式	CF_2Cl_2	CHF_2Cl	$C_2H_2F_4$	C_3H_8	C_4H_{10}
沸点	-29.8℃	-35℃	-26.48℃	—	—
毒性	无	无	无	无	无
对臭氧层的破坏	有	有	无	无	无
温室效应	有	有	有	无	无
可燃性	无	无	无	有	有

④ 汽车专用制冷剂。

汽车空调常用的制冷剂有 R12(目前已淘汰)、R134a,如图 6-32 所示。

R134a 的特性如下。

a. 热物理性。

R134a 的热力学性能,包括沸点、临界参数、饱和蒸气压和汽化潜热等,均与 R12 的相近。其具有良好的不可燃性。

b. 传热性能。

R134a 的传热性能优于 R12,R134a 蒸发和冷凝传热系数比 R12 的高 25% 以上。

图 6-32　汽车空调制冷剂

在换热器表面积不变的条件下,可减小传热温差,降低传热损失;当制冷量和放热量相等时,可减小换热器表面积。

c. 相容性。

用 R134a 替代 R12 后,系统需要改变,否则系统将损坏。

(2) 冷冻油。

冷冻油也叫冷冻机油,是制冷压缩机的专用润滑油,这是一种在高、低温工况下均能正常工作的特殊润滑油,如图 6-33 所示。

① 冷冻油的作用。

冷冻油是保证压缩机正常运转的必要物质,可延长其使用寿命。其在空调制冷系统中的作用如下。

a. 润滑作用。

压缩机是高速运转的机器,轴承、活塞、活塞环、连杆曲轴等零件表面需要润滑,减少阻力和磨损,延长使用寿命,降低功耗,增大制冷系数。

图 6-33　冷冻油

b. 密封作用。

汽车使用的压缩机都是半封闭式的,压缩机输入轴需油封,防止制冷剂泄漏。有冷冻油,油封才能起密封作用。同时,活塞环的润滑油,不仅起减摩作用,还起密封压缩蒸汽的作用。

c. 冷却作用。

运动的摩擦表面易产生高温,需要用冷冻油来冷却。冷冻油冷却不足,会引起压缩机温度过热,排气压力过高,制冷系数减小,甚至烧坏压缩机。

d. 降低压缩机噪声。

制冷剂是溶解冷冻油的,小型制冷设备的冷冻油和制冷剂一起进行循环。不同的制冷设备有不同的排气温度和压力。对冷冻油的性能要求也不尽相同。正确选用冷冻油是非常重要的。

② 与制冷剂相溶的冷冻油。

与制冷剂 R134a 相溶的冷冻油有两大类:聚烃基乙二醇(PAG)和聚酯油(ESTER),如表 6-2 所示。

表 6-2 聚烃基乙二醇(PAG)和聚酯油(ESTER)对照

性能	PAG	ESTER
与 R134a 互溶性	较好	很好
热稳定性	差	—
吸湿性	差	较差
润滑性	差	较好
与橡胶相溶性	差	差
电绝缘性	差	较好

5. 汽车空调暖风系统

1) 暖风系统的作用

对车内空气或进入车内的外部空气进行加热的装置,称为汽车空调暖风系统。目前汽车空调多采用冷暖一体化的装置。汽车空调暖风系统的作用可概括为以下三个方面。

(1) 冬季供暖。

暖风系统可向车内提供暖气,以提高车内的温度,使人感到温暖舒适。

(2) 冷暖一体化。

冷暖一体化空调可以全年对车内空气温度进行调节,提高乘车的舒适性。

(3) 风窗玻璃除霜。

暖风系统的热风可用于迅速除霜,通常在前风窗玻璃下方(仪表板上方)装有除霜用的暖气吹出口,通过吹出较干燥的热风迅速除去前风窗玻璃上的霜或雾。后风窗玻璃通常装有电热除霜线,通过电加热除霜。有的汽车则是在行李舱中安装热交换器,让暖气通过后面吹风口对后风窗玻璃进行除霜。

2) 暖风系统的类型

暖风系统将某种热源的能量通过热交换装置传递给空气,再通过送风装置把热空气送入车内。

暖风系统按使用热源不同分以下几种类型。

(1) 水暖式。

水暖式暖风系统是指利用发动机高温冷却液来获取热量,以提高车内空气温度的暖风系统,也称余热式暖风系统。从发动机出来的冷却液温度为 80~90 ℃,让其中一部分冷却液通过加热器来加热空气,并将热风送入车内,以提高车内空气的温度。水暖式暖风系统的优点是发动机余热得以利用,节约了能源。其在汽车、货车和供暖要求不高的大客车上被广泛使用。水暖式暖风系统的不足之处是产热量不稳定,受发动机工况的影响。

(2) 气暖式。

气暖式暖风系统利用发动机排气系统的热量采暖,因此也属于热式暖风系统。气暖式暖风系统是将发动机排出的废气引入加热器,通过热交换加热空气,并将热风吹入车内升温。气暖式暖风系统多在风冷发动机或有其他特殊要求的车上使用。

(3) 独立热源式。

独立热源式暖风系统是在汽车上设置专门的燃烧装置,通过燃烧燃料(汽油、柴油、煤油、天然气等)发出的热量来加热空气,并将热空气送入车内以提高车内空气的温度,这种暖风系统也称燃烧式暖风系统。这种暖风系统的优点是热源不受汽车运行工况的限制。独立热源式暖风系统在客车上有着较多的应用。

(4) 混合式。

混合式暖风系统是指汽车空调既有水暖式暖风系统,又配置了独立热源式暖风系统。混合式暖风系统综合了水暖式和独立热源式暖风系统的优点。混合式暖风系统通常在豪华大客车上使用。

暖风系统按空气循环方式不同可分为内循环、外循环、混合循环三种类型。

一般汽车的暖风系统都与空调的制冷系统合成一体构成冷暖一体化结构的空调装置。如图6-34所示,进入暖风系统的空气有三种方式:一种是吸入车内的空气,称为内循环;一种是吸入车外新鲜空气,称为外循环;还有一种是同时吸入内、外两种空气,称为混合循环。

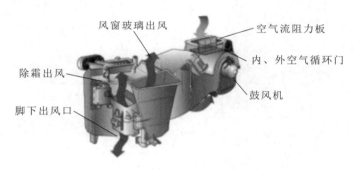

图 6-34 空气循环方式

3) 暖风系统的结构及工作原理

目前除了少数风冷式发动机的汽车,绝大部分汽车采用水暖式暖风系统,下面将主要介绍水暖式暖风系统。

(1) 水暖式暖风系统。

① 组成。

水暖式暖风系统的基本组成有加热器、鼓风机、热水阀、通风道等,如图6-35所示。

水暖式暖风系统的热源是发动机冷却液,将发动机冷却后的一部分高温冷却液通过热水阀和加热器软管引入加热器,加热器通过热交换将冷却液的热量传递给周围空气,并由鼓风机将热空气吹入车内以提高车内空气的温度。水泵除了使发动机冷却系统的冷却液循环流动,还提供水暖式暖风系统冷却液循环的动力。热水阀用于调节加热器的高温冷却液循环流量,以控制加热器的供热量。

② 工作原理。

水暖式暖风系统的工作原理如图6-36所示。发动机启动后,在温度未达到正常工

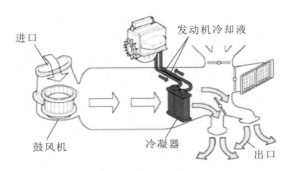

图 6-35 水暖式暖风系统的组成

作温度以前,节温器关闭水泵与散热器的通道,连通水泵与发动机冷却液出口通道,使发动机冷却液处于小循环状态,由于进入发动机的冷却液温度较高,发动机温度迅速升高。当发动机温度达到正常工作温度(80~90℃)时,节温器接通水泵与散热器的通道,同时关闭水泵与发动机冷却液出口通道,冷却液通过散热器形成大循环。与此同时,部分高温冷却液进入加热器,并通过热传导和热对流将热量传递给周围的空气,再由鼓风机将加热后的空气吹入车内。在加热器中已释放了热量的中温冷却液由水泵抽回发动机,如此循环进行取暖。

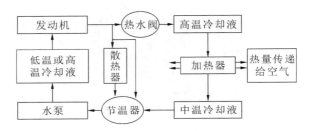

图 6-36 水暖式暖风系统的工作原理

③ 部件。

a. 加热器。

加热器的作用是通过热交换将循环流动的高温冷却液的热量传递给周围的空气,并通过鼓风机将热空气送入车内,以提高车内空气的温度,如图 6-37 所示。加热器的热交换部件(又称加热器芯)基本组成与冷凝器、蒸发器的相似,也由管子与散热片组成,按结构不同分为管片式和管带式两种类型,如图 6-38 所示。当高温冷却液流进加热器时,通过管壁和散热片的热传导,将热量传递给加热器外表面周围的空气,再通过鼓风机的强制热对流,使车内空气的温度升高。新式加热器芯的管道上有凹坑,可改善热量输出性能。

b. 热水阀。

热水阀也称热水开关,装在加热器入水管之前,用于通断热水通道和调节流入加热器高温冷却液的流量,通过热水阀可打开或关闭暖气,并可调节进入车内热空气的温度。热水阀的操作方式有拉绳控制式和真空控制式两种,如图 6-39 所示。

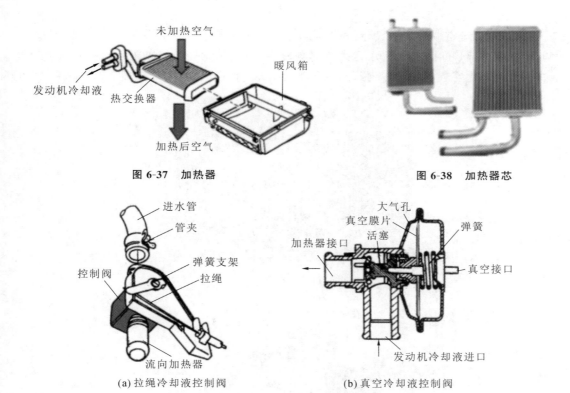

图 6-37 加热器　　　　　图 6-38 加热器芯

(a) 拉绳冷却液控制阀　　(b) 真空冷却液控制阀

图 6-39 热水阀的两种操作方式

c. 鼓风机。

鼓风机由电动机和风扇组成,如图 6-40 所示。其作用是将加热器表面的热空气吹入车内,以提高车内空气的温度。鼓风机通常安装在有通风通道和风门的壳体内,与同样安装在壳体内的加热器一起组成了暖风装置。

d. 恒温器(节温器)。

恒温器也称节温器,如图 6-41 所示。一般安装在发动机冷却液的出口处,感温元件在发动机冷却水套中感应发动机冷却液的温度。目前恒温器大多为石蜡式恒温器。

图 6-40 鼓风机　　　　　图 6-41 节温器

e. 出风口及系统软管通道。

在整个汽车空调系统中，风道和出风口组成空调的通风系统。其将经过处理（温度调节、湿度调节、净化）的气流送到汽车驾驶舱内，以实现驾驶舱内的通风、制冷、加热、除霜除雾、净化空气等，如图6-42、图6-43所示。

图 6-42　出风口

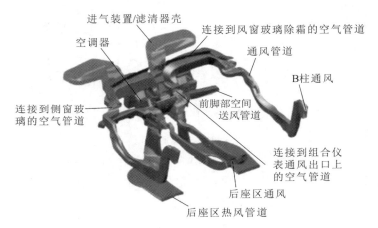

图 6-43　通风系统

风道与出风口是空调系统中制冷和制热空气的通道。空调出风口的布置、大小、形式直接影响到车内气流速度、流动方向等，对空调系统性能、车内安静程度、乘客舒适性有着重要的影响。

（2）气暖式暖风系统。

气暖式暖风系统是利用发动机排气管中的废气余热或发动机冷却后的灼热空气作为热源，通过热交换器加热空气，把加热后的空气输送到车内取暖用的装置。这种暖风系统受车速变化的影响大，对热交换器的密封性、可靠性要求高。

如图6-44所示，废气余热暖风系统在发动机排气管上装一段肋片管，管外套上外壳，管内通发动机排气，外壳与管子之间的夹层中通空气，这段管子就是热交换器。在鼓风机的作用下，将空气吸入并加热后送入车内。加肋片管的目的在于增大换热面积以强化换热。值得注意的是，排气中含有二氧化硫和水分等杂质，具有腐蚀性。因此，这段管必须是耐腐蚀的,连接处应密封严实,且应经常检查。如果管因受腐蚀而穿孔,废气将和空气一起进入车内危及人体健康和安全。现在这种系统已经较少使用。

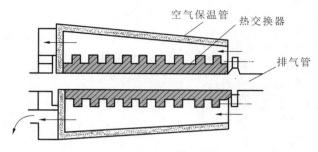

图 6-44 废气余热暖风系统

（3）独立热源式暖风系统。

图 6-45 所示为独立热源式暖风系统。独立热源式暖风系统有直接式和间接式之分。直接式是指把燃料燃烧产生的热量在换热器中直接传递给空气,然后用鼓风机将热空气送入车内；而间接式则是指先用燃料燃烧的热量把水加热,再利用水与空气的热交换向车内提供暖风。

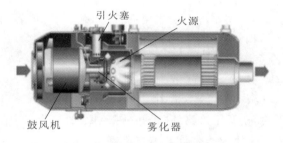

图 6-45 独立热源式暖风系统

（4）混合式暖风系统。

这种装置取暖快,不受汽车行驶工况的影响。用空气作换热介质,暖风处于高温干热状态,舒适性差；用水作换热介质提供暖风,出风柔和,舒适感好,还可以预热发动机等零部件,如图 6-46 所示。

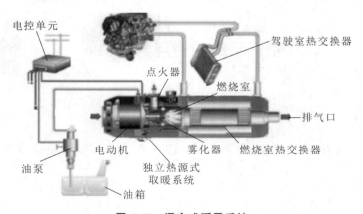

图 6-46 混合式暖风系统

6.1.2 任务实施

1. 前期准备

安全防护:实训着装、完成车辆防护。
工具设备:举升机、常用工具套装。
实训设备:实训车或实训台架总成。
辅助资料:维修手册、教材。

2. 实施过程

1)认识空调系统组成

(1)在实训车上认识空调通风系统、空调暖风系统、空调制冷系统、空气净化系统和空调控制系统,并能准确地找到各系统元件所在的位置。

(2)描述汽车空调通风系统、空调暖风系统、空调制冷系统、空气净化系统和空调控制系统的结构及各系统元件的作用。

2)认识空调制冷系统结构并分析其工作原理

(1)在实训车上找到空调制冷系统的主要部件。

在实训车上找到汽车空调制冷系统主要元件:压缩机、冷凝器、储液干燥器、膨胀阀和蒸发器等,并观察其结构,描述其工作原理。

(2)分析空调制冷系统的工作过程。

① 打开发动机舱盖。

② 启动发动机,运行空调制冷系统。

③ 分别找出空调的高、低压管路部分,并分析制冷剂在管路中的运行状态。

3)认识空调暖风系统结构并分析其工作原理

(1)在实训车上找到空调暖风系统的主要部件。

在实训车上找到汽车空调暖风系统主要元件:加热器、热水阀、鼓风机、膨胀阀和蒸发器等,并观察其结构,描述其工作原理。

(2)分析空调暖风系统的工作过程。

启动发动机,运行空调暖风系统,描述空调暖风系统的工作过程。

任务 6.2 汽车空调系统的使用与维护

6-5 汽车空调系统
的使用与维护

任务导入

车主李先生称他不知道如何对新购置的速腾轿车进行空调系统的维护,想请你给他指导一下。

任务分析

要完成此任务,要会正确操作汽车空调,掌握汽车空调日常维护的流程和注意事项。

任务要求

（1）知识要求。掌握汽车空调的正确使用方法；掌握汽车空调的维护方法。

（2）能力要求。能够正常地使用汽车空调；能够按照正确的操作规程完成汽车空调维护。

6.2.1 知识链接

1. 手动空调的规范使用

1）空调开启

夏天,启动车辆,发动机运行几分钟,稳定后,再打开空调,一定要按 A/C 键,即可打开冷风。

冬天,不开 A/C 键,因为利用汽车发动机工作运转时产生的热量即可提供暖风,不用启动空调压缩机。

2）空调风量大小控制

风速按键的图标是一个"小风扇",通过转动旋钮来选择合适的风量。

3）空调温度调节

通过转动旋钮来选择合适的温度,红色区域表示逐渐升高温度,而蓝色区域表示逐渐降低温度,如图 6-47 所示。

图 6-47　空调温度调节

4）空调风向调节

风向调节一般有按键式、旋钮式两种类型,图标非常直接,通过"坐的人加上风向箭头"来显示,一般可以选择吹头部、吹脚部、吹头部和脚部、吹风窗玻璃(除霜)、吹风窗玻璃(除霜)和脚部等。

5) 空调内、外循环调节

在内循环状态下,内、外空气不会流通,制冷效果更好。在外循环状态下,外界高温空气被吸入,通过蒸发器冷却后吹出,出风口温度就比较高,制冷效果差。

6) 风窗及侧窗除霜

冬季,汽车在室外停放一夜,第二天风窗玻璃经常会出现结霜现象。此时应该怎样对手动空调进行调节?

(1) 将出风模式选择旋钮调至前窗除霜( )。

(2) 鼓风机风量开至最大(4挡)。

(3) 温度调至最高(最右)。

7) 风窗及侧窗除雾

空气潮湿致使风窗和侧窗结雾时,应该怎样对手动空调进行调节?

(1) 将出风模式选择旋钮调至除雾及吹脚( )。

(2) 根据温度情况,将温度调节旋钮调至合适的位置(蓝色区域)。

(3) 鼓风机风量开至最大(4挡)。

(4) 将空调开至制冷模式,使压缩机运行(开关上的信号灯亮起),从而能够快速有效消除风窗及侧窗玻璃上的雾气,确保行车安全。

8) 车内快速取暖

如果希望将车内空气的温度迅速升高,应该如何对手动空调进行调节?

(1) 将出风模式选择旋钮调至吹脚( )。

(2) 温度调至最高(最右)。

(3) 鼓风机风量开至最大(4挡)。

(4) 开启内循环。

9) 车内舒适取暖

当车窗已明朗且所需温度已达到时,应该如何调节手动空调?

(1) 根据温度情况,将温度调节旋钮调至合适的位置(蓝色区域)。

(2) 将出风模式选择旋钮调至除雾及吹脚( )。

(3) 鼓风机风量开至合适挡位(1～3挡)。

10) 通风

暖风切断后,关闭内循环,打开外循环模式,各出风口输出的都是新鲜空气,如图6-48所示。

11) 最大制冷

当车外环境温度较高,驾驶员希望将车内空气温度最大限度降低时,应该如何调节手动空调?

(1) 关闭所有车门和车窗。

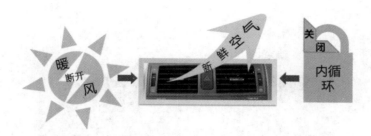

图 6-48 汽车空调的通风

(2) 将空调开至制冷模式。
(3) 将出风模式选择旋钮调至正面出风。
(4) 温度调至最低。
(5) 鼓风机风量开至最大。
(6) 正面出风口拨叉位于全开位置。

12) 一般制冷

(1) 将空调开至制冷模式,使压缩机运行。
(2) 将出风模式选择旋钮调至正面出风。
(3) 根据温度情况,将温度调节旋钮调至合适位置。
(4) 鼓风机风量开至合适挡位(1~3挡)。
(5) 正面出风口拨叉可以选择性地位于合适位置。

2. 自动空调的规范使用

1) 自动空调的手动调节

(1) 调节温度设置。

按下开关上的升高温度、降低温度。

(2) 改变出风口。

按下"MODE",每按一下此按钮,可切换出风口。

(3) 给风窗玻璃除雾。

在风窗玻璃需要除雾的情况下,空气再循环模式可能会自动切换至车外空气模式。

(4) 调节鼓风机转速。

按下开关上的提高风扇转速、降低风扇转速,风扇转速显示在屏上,按下关闭风扇。

(5) 空气模式切换。

按一下此按钮,空气模式在车外空气模式(指示灯熄灭)和空气再循环模式(指示灯点亮)之间切换。

2) 使用自动模式时,需按下"AUTO"键

鼓风机转速根据温度设置和环境状况自动调节,可能发生下列情况。

(1) 在夏季。

当选择最低温度设置时,系统将自动切换到空气再循环模式。

(2) 按下"AUTO"键后。

鼓风机可能不会立即转动,直到暖风或冷气准备妥当才会进行送风操作。

（3）加热器打开时。

冷气可能会吹向上身周围。

图 6-49 所示为汽车自动空调调节面板。

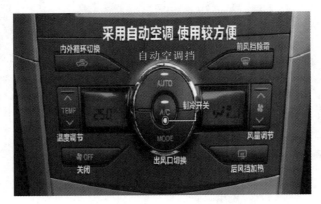

图 6-49　汽车自动空调调节面板

3. 汽车空调日常使用注意事项

（1）启动发动机时，空调开关应处在关闭位置。

（2）发动机熄火后，应关闭空调，以免耗尽蓄电池的电能，造成再次启动困难。

（3）夏天停车时，应尽量避免阳光直晒，以免加重空调的负担；如果在阳光下长时间停车，在开空调之前，应先打开门窗和鼓风机，把车内的热气赶出。

（4）开空调后，车门和车窗应关闭，以降低热负荷。

（5）在使用空调时，切勿将功能键选在制冷量最大位置而将调风挡选在最小位置，如果这样，则冷气排不出去，蒸发器易结霜，严重时会使压缩机发生液击。

（6）上长坡时，应暂时关闭压缩机，以免水箱"开锅"。

（7）超车时，应了解本车是否装有超速停转装置。超速停转装置开关一般安装在油门踏板下面，可先试一下，突然重重踩一下踏板，压缩机停转，说明有，否则无。如果无超速停转装置，在超车时，应先关闭压缩机。

（8）应经常清洗冷凝器。清洗时使用压缩空气或冷水冲洗，不可用热蒸汽冲洗。

（9）冬季不使用空调时，也应定期开启压缩机（每两周一次，每次 10 min 左右），以避免压缩机轴封处因油干而发生泄漏，转轴因油干而咬死。如果气温过低，空调系统中温控保护起作用而使压缩机不能启动时，可将保护开关短接或用一根导线直接给离合器通电，使压缩机工作，待运行结束后，再将电路恢复原样。

（10）在空调运行过程中，若听到空调装置有异响或发现其他异常情况，应立即关闭空调系统，并及时请有关维修人员进行检修。

总之，在使用汽车空调系统时要认真阅读使用说明书，严格按照使用说明书的要求进行操作。

4. 汽车空调系统的维护

车辆进行首次维护和常规维护时，均应对其空调系统进行维护。作为专业汽车空调维护人员，应做到问、听、看、摸和检查。

1）问

在维护汽车空调时，首先应询问车主在使用时是否发现或听到异常情况，如果有，则应问清异常情况发生的时间、地点、现象和出现的频率；其次询问上次维护的时间和维修过的地方及原因，并一一记录下来。虽然车主往往不具备汽车空调的专业知识，只能讲出故障的表面现象，但是这些信息对后期维修时判断故障的原因和部位具有非常重要的参考价值。

2）听

启动发动机并稳定 1500 r/min 左右，打开空调开关，听压缩机工作声响，判断其运行情况。如果听到"嗞嗞"的尖叫声，则是皮带过松产生的滑动异响，应及时检查，调整皮带松紧度；若发现皮带过松而无法调整或磨损过剧，应更换。如果听到抖动声，一般是压缩机固定螺栓和托架安装螺栓松动，应及时加固。用试棒探听压缩机内部，如果正常运转，则只能听到压缩机清脆而均匀的阀片跳动声；如果有敲击声，则一般是制冷剂的"液击"或奔油（冷冻机油过多）敲缸声等；如果机体内有严重的摩擦声，以及离合器工作时发出的摩擦声，则是压缩机负荷过重、润滑油不足以及离合器打滑等；如果在停机时，听到清晰的机体内运动部件的连续撞击声，则是内部的运动部件严重磨损，引起轴与轴之间、活塞与缸体之间、连杆与轴之间间隙过大或松动等。另外，还要听一下空调系统中的鼓风机有无异响。

3）看

观察冷凝器表面是否清洁。如果冷凝器表面有碎片、杂物、油渍、泥污，要注意清理，以免影响制冷效果。如果翅片弯曲，要用尖嘴钳小心拨正。在空调蒸发器的进风处，一般汽车都装有空气过滤网，经常观察过滤网，发现其较脏时，应进一步检查蒸发器，并清理其杂物。清理蒸发器表面泥土时，不能用水清洗，要用压缩空气吹。观察空调制冷系统管路的连接处是否有油渍，一旦有油渍，则说明此处有制冷剂渗漏。另外，还要注意压缩机上的压缩机轴封、前后盖板的密封轴等处有无渗漏的油渍。

4）摸

用手感受正在工作的空调系统管路及各部件的温度。正常情况下，低压管路处于低温状态，高压管路处于高温状态。低温区是从膨胀阀出口经蒸发器到压缩机进口处。这些部件表面应该由凉到冷再到凉，连接部分有露水，但不应有霜冻。如果有霜冻，则说明空调制冷系统有问题，有可能是膨胀阀感温包内液体漏失，需要重新换一个膨胀阀；也可能是制冷剂太多，需要放一点制冷剂；还有可能是蒸发器表面温度传感器或恒温器出现了故障。

高温区是从压缩机的出口经冷凝器、储液干燥器到膨胀阀的入口处。这些部件表面有 40~85 ℃ 的高温。用手小心触摸高温区，特别是金属部件，如压缩机的出口、冷凝器、储液干燥器等，都是热的，手感热而不烫，则为正常；若感到烫手，则要检查冷凝器的冷却是否良好，看看冷凝器表面是否清洁，冷凝器风扇的风力是否过小。此时可向冷凝器上浇少量的水，若还烫手，则可能是制冷剂过多。若高温区手感不够热，则为制冷剂过少；若没有温度变化，则说明制冷剂已漏光。

储液干燥器在正常情况下是热的,如果其表面出现露水,则说明干燥剂破碎,堵住了制冷剂流通的管路。若其进口处是热的,出口处是冷的,也说明其内部堵塞,必须马上更换储液干燥器。

高温区与低温区的分界线是压缩机和膨胀阀。正常情况下,压缩机的进口处是低温区,手感冰凉,出口处是高温区,手感较热;膨胀阀则正好相反。用手触摸压缩机的进出口处,它们之间应有明显的温差。若温差不大,说明制冷剂不足;若没有,说明制冷剂漏失。用手触摸膨胀阀的进出口处,一般进口处是热的,出口处是冰凉的,有露水。若发现膨胀阀出口处有霜冻现象,则说明膨胀阀的阀口已堵塞,其原因可能是杂物堵塞,也可能是冰堵。触摸的时候,一定要注意安全,防止烫伤或皮带等运动件碰伤人体。

5) 检查

通过上述四个步骤后,还要做进一步的检查,准确判断空调系统的故障,认真完成空调系统保养工作。检查的具体内容如下。

(1) 检查皮带的张力。

检查皮带张力(松紧度)是否适宜,表面是否完好,配对的皮带盘是否在同一平面上。皮带新装上时长度正好,运转一段时间会伸长,因而需要再次上紧。结构不同,皮带长度不同,有不同的张力要求。皮带张力应按各种车型说明书上的规定调整。皮带过紧会使皮带过早磨损,并导致有关总成的轴承损坏;过松则使转速降低、制冷量过小、风速(风量)过低以及发电机的发电量不足。

压缩机带轮的调整方法根据不同的安装结构而不同。对于长形半圆槽孔,调整时只要松开即可。目前大多数的安装方式是压缩机直接安装在缸体的凸台上固定不动,中间惰轮安装在一个可调整的支架上。调整时,只要调整中间惰轮与曲轴带轮和压缩机带轮的位置即可。调整值因车型不同而不同,一般而言,在 10 kg 的压力下,曲轴张紧轮与压缩机皮带间的压下距离为 10 mm 左右。

(2) 检查电磁离合器。

接通空调 A/C 开关,压缩机应立即工作;断开空调 A/C 开关,压缩机应立即停止工作。在短时间内断开、接合几次,可检查电磁离合器工作是否正常。如果不正常,应先检查空调电路是否有故障,再检查电磁离合器是否正常。

天冷时,若压缩机不启动,可能是环境温度开关或低压开关起作用,可将电瓶正极与电磁离合器直接连接。若压缩机仍不转动,则说明电磁离合器有故障。在环境温度开关规定的气温(2~4 ℃)以下正常启动压缩机,若能启动,则说明环境温度开关损坏,应更换。可以直接用万用表测量电磁线圈的电阻值,其应在正常范围内。

(3) 检查高、低压保护开关。

高、低压保护开关在制冷系统发生故障的时候,保护压缩机和制冷系统不被破坏。它们与压缩机电磁离合器、冷凝器风扇联系在一起。当系统工作压力太高,或者环境温度太低,制冷剂泄漏完时,高、低压保护开关就切断压缩机电磁离合器的电路。正常时,低压开关是闭合的,检查时,用万用表欧姆挡测量其值应为 0,若测量值为无穷大,则表明低压开关断开。这时用导线跨接低压开关,打开空调 A/C 开关,制冷系统能正常工作,则说明低压开关损坏,应更换低压开关。

高压开关正常时是断开的,随着制冷系统的压力上升,当压力达到一定值时闭合,这时接通冷凝器风扇的高速挡,如果压力继续上升,上升到 2 MPa 时,高压开关就断开,切断压缩机电磁离合器的电源。检查时,用万用表测量其两端,其电阻值应为无穷大。打开空调 A/C 开关,制冷系统正常工作,然后用导线跨接其两端,冷凝器风扇应高速转动,否则说明高压开关损坏,应更换。

(4) 检查冷冻机油油面。

压缩机有视油窗时,查看油平面是否在刻度线以上。在侧面有放油塞时,可略松开放油塞,如果有油流出就是油量正好;若没有油流出,则需要添加油。如果有油尺,则应根据说明书规定用油尺检查。

(5) 检查膨胀阀。

检查膨胀阀感温包与蒸发器出口管路是否贴紧,隔热保护层是否包扎牢固。

(6) 检查暖风系统。

首先应该保证有足够的冷却液,查看散热器和水箱中是否有足够的冷却液,然后启动发动机怠速 5 min 后,打开鼓风机,拨动调温键,查看出风口的温度是否有变化,操纵机构是否移动自如。如果温度不变,操纵吃力,则应该修理。最后观察暖风系统是否存在漏水等问题。

(7) 检查鼓风机及调速器。

按下鼓风机开关后,检查鼓风机工作时是否有异常声响,是否有异物塞住叶片或碰到其他部件。

然后从低挡到高挡分别拨动调速开关,每挡让鼓风机停留 5 min,检查其吹出的风量是否有变化。若没有变化,则可能是调速器损坏或调速电阻损坏,应更换。

(8) 装配螺栓、螺母等紧固件应定期检查并紧固。

(9) 检查观察孔视液窗。

汽车空调大多数装有观察孔视液窗,用来观察制冷系统内部工质流动的情况。汽车的观察孔视液窗大多安装在储液干燥器上。通过观察孔视液窗来检查制冷系统工况的方法如下:启动发动机,稳定在 1500 r/min 左右,制冷系统运行 5 min,把空调温度键调到最低位置,鼓风机调到最高转速,查看观察孔中制冷剂流动情况。

① 清晰,孔内无气泡,又分为三种情况。

a. 孔内无气泡,也看不见液体流动,表示系统内制冷剂全部漏光。用手触摸压缩机进排气口,没有冷热感觉,出风口无冷风,这时应立即关闭压缩机,检查制冷剂泄漏的原因并修理,否则压缩机会因缺润滑油而咬死。

b. 孔内无气泡,看见液体快速流动,表示制冷剂过多。用手触摸压缩机进排气口,两边有明显的温差,而且高压侧有烫手感,低压侧有冰霜;用歧管压力表检测,高、低压都过高,这时应排出过多的制冷剂。

c. 孔内无气泡,看见有液体,处于紊流状态,表明制冷剂适量。用手触摸压缩机进排气口,两边有明显的温差,而且高压侧热,低压侧凉;用歧管压力表检测,高、低压都正常。

② 偶尔有气泡,或偶尔看到有气泡流过。这种情况说明制冷剂稍微不足或储液干

燥器的干燥剂已饱和,制冷系统中有水分。

a. 若膨胀阀有冰堵,则表明制冷系统中有水分,应更换储液干燥器。

b. 若膨胀阀没有冰堵和结霜现象,而用歧管压力表检测,高、低压都偏低,则说明制冷系统中制冷剂不足,这时应检查有无泄漏的地方并补充适量的制冷剂。

③ 有大量气泡或泡沫状物,这种情况说明制冷剂严重不足并有大量的水分,此时必须检漏修理,修好后应抽真空,加制冷剂。

④ 观察孔的玻璃上有条纹状的油渍或黑油状泡沫。出现这种现象可能有三种原因。

a. 若压缩机进排气口有明显的温差,而关闭压缩机,孔内油渍干净,则说明制冷系统内的冷冻机油过多,应排掉一些冷冻机油。

b. 若压缩机进排气口有明显的温差,而关闭压缩机,孔内仍有油渍或其他杂物,则说明制冷系统内冷冻机油变质、脏污,应清洗制冷系统,重新注入冷冻机油和制冷剂。

c. 若压缩机进排气口无温差,空调出风口无冷风,则说明制冷系统无制冷剂,在视窗镜上的是冷冻机油。

6.2.2 任务实施

1. 前期准备

安全防护:实训着装、完成车辆防护。

工具设备:举升机、常用工具套装。

实训设备:实训车或实训台架总成、吹尘枪。

辅助资料:维修手册、教材。

2. 实施过程

1)更换空调滤清器

(1)关闭发动机。

(2)打开杂物箱,滑下阻尼器。

(3)向里推开杂物箱的两边,脱开卡爪。

(4)拆下滤清器盖。

(5)如果滤清器过脏,则从底侧吹压缩空气进行清洁,或拆下更换新的滤清器。

2)检查皮带的张力

汽车压缩机皮带的张力一般为 392～588 N,使用皮带张紧表检测压缩机皮带的张力。

3)检查电磁离合器

(1)操作 A/C 开关,在短时间内断开、接通几次,可检查电磁离合器工作是否正常。

(2)如果不正常,应先检查电路是否有故障,再检查电磁离合器是否正常。

4)检查暖风系统

(1)看看散热器和水箱中是否有足够的冷却液。

(2)启动发动机,使其急速 5 min 后,打开鼓风机开关。

(3) 拨动调温键,看出口的温度是否有变化,操纵机构是否移动自如。如果温度不变,操纵吃力,则应该修理。最后观察暖风系统是否漏水等。

5) 检查鼓风机及调速器

(1) 按下鼓风机开关后,检查鼓风机工作时是否有异常声响。

(2) 然后从低挡到高挡分别拨动调速开关,检查其每挡吹出的风量是否有变化。若无风或风速没有变化,则可能是调速器损坏或调速电阻损坏,应更换。

6) 检查制冷剂观察孔

将观察孔中所看见的情况与表 6-3 进行比较。

表 6-3 检查制冷剂观察孔

项目	症状	制冷剂量	处理方法
1	有气泡	不足	检查有无漏气,必要时进行维修; 重新加注适量制冷剂
2	不存在气泡	空、适量或过多	检查有无制冷剂、有无漏气,必要时进行维修,而后重新加注适量制冷剂; 制冷剂过多,适量放出制冷剂
3	压缩机的进气口和排气口没有温差	空或很少	检查有无漏气,必要时进行维修; 排空空调系统,重新加注适量制冷剂
4	压缩机进气口和排气口有明显温差	适量或过量	制冷剂太多,适量放出制冷剂
5	空调关闭后,制冷剂立即变清澈	过量	制冷剂太多,适量放出制冷剂
6	空调关闭后,制冷剂立即有气泡,然后变清澈	适量	—

拓展练习

(1) 汽车空调制冷效果差,该如何检修?

(2) 打开空调车内有异味儿,该如何处理?

任务 6.3 汽车空调系统常见故障检修

6-6 汽车空调系统电路分析及故障检修

任务导入

夏天到了,车内温度升高,为了提高行驶舒适性,车主李先生打开空调系统,发现出风口没有冷风,车内温度没有降低。经过 4S 店工作人员检测,发现是冷凝器破损导致制冷剂泄漏而引发的故障。

汽车电气系统检测与维修

> **任务分析**

要排除空调系统不制冷的故障,首先,要会正确操作空调,其次,要掌握空调的结构和工作原理,能够对空调系统的电路进行分析,能够对常见故障进行检修。

> **任务要求**

(1)知识要求。掌握空调系统电路图的分析方法;掌握空调故障检修方法。

(2)能力要求。能够分析空调系统电路;能够按照正确的操作步骤对空调故障进行检修。

6.3.1 知识链接

1. 分析空调系统控制电路

丰田卡罗拉空调鼓风机转速控制、压缩机电磁离合器控制及各传感器控制的电路如图 6-50 所示。

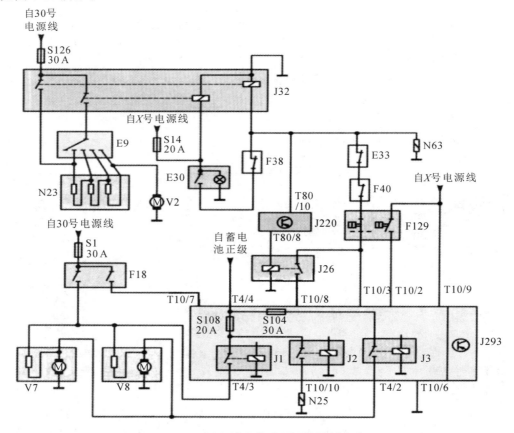

图 6-50　丰田卡罗拉空调系统控制电路

接通点火开关,熔丝 S14 通电,然后分成以下两路。

(1) 到鼓风机继电器(J32)中的一个线圈,使相应的触点吸合,从而使熔丝 S126 上的电源经过触点到鼓风机开关(E9),操作 E9,鼓风机以不同的挡位运转。

(2) 到 A/C 开关(E30),接通 E30,A/C 开关指示灯点亮,然后电源到环境温度开关(F38)。

电源经 F38 后分成以下 4 路。

(1) 到 J32,使里面另一个线圈通电,使熔丝 S126 上的电源不经过 E9 直接到鼓风机电阻(N23),这样在接通 E30 后,即使不接通 E9,鼓风机也能以最低挡运转。

(2) 到发动机控制单元(J220),使 J220 端子 T80/10 接收 A/C 开关信号。

(3) 到空气内循环风门电磁阀(N63),接通真空通道,使发动机进气管处的真空度作用于活塞,活塞推动风门,使空调在空气内循环模式下工作,缩短了制冷时间。即按下 E9 后,空调始终在空气内循环模式下工作。

(4) 到蒸发器温度控制开关(E33),此开关在蒸发器上,当温度低于 0 ℃时,开关断开,以防止蒸发器结霜;然后电源到冷却液温度控制开关(F40),当空调压力过高(大于 115 ℃)时,开关断开,空调压缩机停止工作,减小发动机负荷;接着电源到空调压力开关(F129)中的高、低压开关,当空调压力过高(大于 32 MPa)或过低(低于 2 MPa)时,开关断开。

电源经 F129 中的高、低压开关后分成以下 2 路。

(1) 到散热风扇控制器端子 T10/3,电源作用于散热风扇低速挡继电器(J1)线圈端,使其触点吸合,控制散热风扇(V7、V8)低速运转。

(2) 到空调压缩机切断继电器(J26)触点端。在 J220 端子 T80/10 接收到 A/C 开关信号后,J220 若判断发动机转速、负荷、工况等适合启用空调压缩机,则控制其端子 T80/8 输出电源,使 J26 控制线圈端通电,J26 触点闭合,J293 端子 T10/8 通电,电源作用于空调压缩机电磁离合器继电器(J2)线圈端,使其触点吸合,控制空调压缩机电磁离合器(N25)吸合,空调压缩机工作。

当空调压力达到一定程度(1.6 MPa 左右)时,F129 中的中压开关闭合,J293 端子 T10/2 通电,电源作用于散热风扇高速挡继电器(J3)线圈端,使其触点吸合,控制散热风扇(V7、V8)高速运转。

当冷却液温度达到 95 ℃时,热敏开关(F18)中的一对触点闭合,控制散热风扇(V7、V8)低速运转。当冷却液温度达到 105 ℃时,F18 中的另一对触点闭合,J293 端子 T10/7 通电,电源作用于散热风扇高速挡继电器(J3)线圈端,使其触点吸合,控制散热风扇(V7、V8)高速运转。

大众桑塔纳空调开关、鼓风机、压力开关、散热器风扇、压缩机、电磁离合器等电路如图 6-51 所示。

(1) 鼓风机电路分析。

鼓风机电机由蓄电池电压经 HTR 继电器供电,电流经过鼓风机电阻器后改变大小,电机可以形成四种不同的转速。

6-7 汽车空调的电路分析

0 挡:没有电流流经鼓风机电机,电机不转。

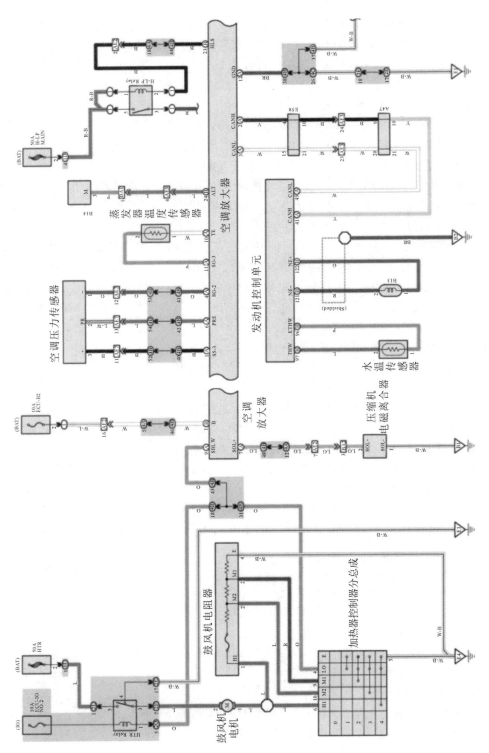

图6-51 大众桑塔纳汽车空调系统控制电路

1挡：蓄电池正极→HTR保险丝→HTR继电器→鼓风机电机→鼓风机电阻器（流经三段电阻）→搭铁。

2挡：蓄电池正极→HTR保险丝→HTR继电器→鼓风机电机→鼓风机电阻器（流经两段电阻）→加热器控制器→搭铁。

3挡：蓄电池正极→HTR保险丝→HTR继电器→鼓风机电机→鼓风机电阻器（流经一段电阻）→加热器控制器→搭铁。

4挡：蓄电池正极→HTR保险丝→HTR继电器→鼓风机电机→加热器控制器→搭铁。

（2）压缩机电磁离合器电路分析。

压缩机电磁离合器是由空调放大器直接供电工作的。当空调系统运行时，压力传感器、蒸发器温度传感器、环境温度传感器、水温传感器，发射信号给空调放大器，空调放大器判断是否符合压缩机运行的条件。空调放大器通过端子SQL＋输出蓄电池电压使电磁离合器工作。

其工作电路如下：蓄电池正极→ECU-B2保险丝→空调放大器→压缩机电磁离合器→搭铁。

图6-52所示为迈腾轿车自动空调鼓风机控制电路。新鲜空气鼓风机控制单元J126上有两个插接器，分别为T2ge与T6be。

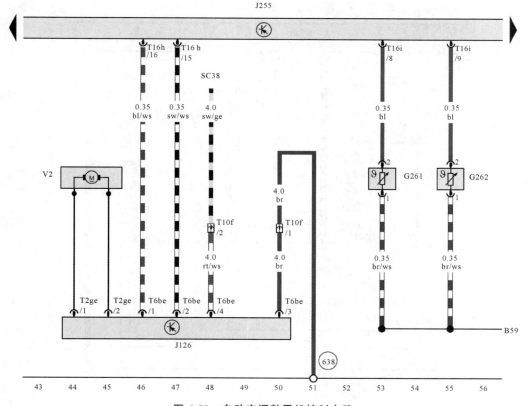

图6-52 自动空调鼓风机控制电路

① T2ge 为 2 针插接器,连接新鲜空气鼓风机 V2,其中 T2ge/1 为正极,T2ge/2 为负极。

② T6be 为 6 针插接器,各针脚连线功能归纳如下。

a. T6be/1 与空调控制单元 J255 相连接,蓝/白色线,鼓风机控制单元 J126 通过此线向 J255 反馈鼓风机的工作情况,称为反馈信号线。

b. T6be/2 也与空调控制单元 J255 相连接,黑/白色线,J255 通过此线向 J126 发送鼓风机调速信号,称为调速信号线。

c. T6be/3 与搭铁线相连接,搭铁点为车辆右侧 A 柱。

d. T6be/4 通过保险丝 SC38 与蓄电池正极"B+"相连接,为 J126 提供电源。

e. T6be/5、T6be/6 两针脚为空脚。

③ 工作原理。

a. 调速控制原理。迈腾轿车自动空调鼓风机开关共有 7 个挡位,1 挡风速最慢,7 挡风速最快。当按动空调控制面板的鼓风机转速键给控制单元 J255 输入鼓风机挡位信号时,J255 即通过调速信号线向 J126 发送调速信号,调速信号加在晶体三极管基—射极之间,如图 6-53 所示。通过改变基—射极电压 U_{be} 即可改变基极电流 I_b,根据三极管的电流放大原理,I_b 的微小变化会使集电极电流 I_c 发生较大的变化($I_c = \beta I_b$,β 为电流放大系数,数值一般为 50~100)。鼓风机串联在三极管的集电极上,通过控制集电极电流 I_c 即可控制通过鼓风机的电流,从而控制其转速。

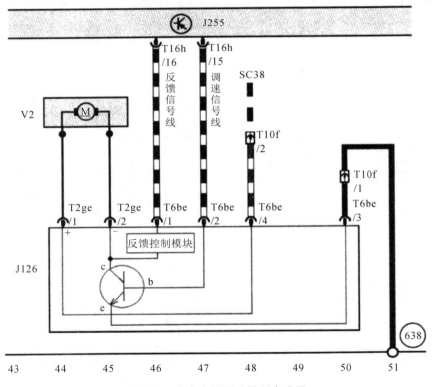

图 6-53 汽车空调调速控制电路图

b. 反馈控制原理。J255给J126发送调速信号，J126控制鼓风机的转速。实际中，鼓风机能否按照设定的目标工作？答案是不一定。比如J126的电源线没电、搭铁不良或调速信号线断路等都会导致鼓风机不工作，而此时J255根本无法感知，这是比较危险的。

补充：当空调制冷系统工作时，倘若鼓风机不转，热空气无法送到蒸发器，蒸发器会结冰，此时进入蒸发器的液态制冷剂无法气化而直接以液态形式进入空调压缩机，将造成压缩机的液击损坏。因此，当鼓风机停转时，必须立即停止制冷系统的工作。

2. 汽车空调高、低压管路压力测量及制冷剂的添加

汽车空调高、低压管路的压力测量常用设备是空调歧管压力表以及空调维修机等。

1) 空调歧管压力表

6-8 汽车空调压力检测及制冷剂添加

空调歧管压力表主要用来检测制冷系统高、低压侧的压力，以及回收制冷剂、抽真空、加注制冷剂等工作。

如图6-54所示，空调歧管压力表由低压表、高压表、高压手动阀、低压手动阀、调节螺丝、三根检测软管及接头组成。

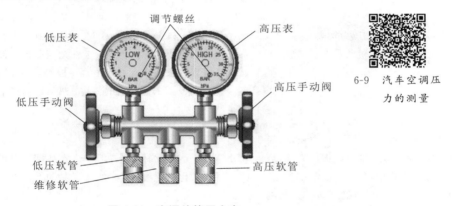

6-9 汽车空调压力的测量

图6-54 空调歧管压力表

空调歧管压力表用胶皮软管与汽车空调系统连接，在胶皮软管末端接头上带有顶销，用于顶开压缩机上的气门阀。胶皮软管有多种颜色，按规定蓝色软管用于低压侧（压缩机吸入检修阀，一般用S表示），红色软管用于高压侧（压缩机排出检修阀，一般用O表示），黄色（或绿色）软管用于连接真空泵或制冷剂罐；胶皮软管应耐油、耐压。

（1）低压手动阀开启，高压手动阀关闭，此时可以从低压侧向制冷系统充注气态制冷剂。

（2）低压手动阀关闭，高压侧手动阀开启，此时可使系统放空，排放制冷剂，也可以从高压侧向制冷系统充注液态制冷剂。

（3）两个手动阀均关闭，可用于检测高压侧和低压侧的压力。

（4）两个手动阀均开启，内部通道全部相同。如果接上真空泵，就可以对系统抽真空。

2）制冷系统压力状况分析

（1）制冷系统工作正常情况。

以 R134a 的空调制冷系统为例，汽车空调系统正常运行的情况下低压为 0.15～0.25 MPa，高压为 1.35～1.57 MPa。汽车空调的压力值受所在的环境、发动机的转速、冷凝器的冷却条件等因素的影响，并没有一个不变的标准。

（2）制冷系统工作异常情况。

制冷系统工作异常情况分析如表 6-4 所示。

表 6-4　制冷系统工作异常情况分析

故障现象	可能原因	故障排除方法
低压侧和高压侧压力均低； 观察孔可以看到气泡； 冷却不足	制冷剂不足； 系统可能发生泄漏	补加制冷剂； 检查泄漏点，修复； 若压力显示为 0 左右，检查泄漏点，修复，抽真空
低压侧和高压侧压力均高； 低速运转时，观察孔看不到气泡； 冷却不足	制冷剂过多，大量堆积在冷凝器内部，造成冷凝器散热的有效面积减小，系统压力升高，制冷效果变差； 冷凝器本身散热不足，如阻塞、风扇故障、冷凝器表面脏污等	清洁冷凝器； 检查制冷剂剩余量，充注适当的制冷剂； 检查冷凝器和冷凝器散热风扇运转情况
在空调运行开始阶段，压力正常，经过一段时间后，低压读数指示真空，经过几分钟或几秒，又恢复正常； 出风口温度忽高忽低，即一会儿制冷一会儿不制冷	进入系统的潮气在节流装置处结冰，循环暂时停止，但过一会儿融化又恢复正常，如此反复； 干燥剂处于饱和状态	更换储液干燥器； 抽真空，清除水分，然后注入适量新的制冷剂
低压侧和高压侧表压均高于标准值； 感到低压管路是热的； 制冷效果不佳	空气渗透； 抽真空不彻底	更换制冷剂； 彻底对系统排空
低压侧的压力变得明显高于标准值，高压侧显示几乎无变化； 有霜附着在低压管路； 制冷效果不佳	膨胀阀故障； 热传导管安装位置不正确	检查热传导管的安装情况； 检修膨胀阀，若有故障，则进行更换
低压侧压力高、高压侧压力低； 无冷气	压缩机有缺陷； 内部密封不良； 阀门渗漏或损坏等	修理或更换压缩机

3) 汽车空调制冷系统工作压力的检测

(1) 注意事项。

在运行情况下进行测试。

① 发动机已经经过预热,所有车门均关闭。

② 将空调设置为内循环,R134a 的空调系统发动机转速控制在 1500 r/min,R12 的空调系统发动机转速控制在 2000 r/min。

③ 鼓风机转速调至最大,温度控制开关调至最冷。

正常压力范围如下。

① R134a 空调系统的正常压力范围:低压侧读数为 0.15～0.25 MPa,高压侧读数为 1.37～1.57 MPa。

② R12 空调系统的正常压力范围:低压侧读数为 0.15～0.20 MPa,高压侧读数为 1.45～1.50 MPa。

(2) 压力表的校准。

用一个小螺丝刀在任意一个方向上转动调整螺钉,使得指针指向 0,如图 6-55 所示。

(3) 空调歧管压力表连接。

① 关闭空调歧管压力表组高、低压侧手动阀门。

② 将空调歧管压力表的检测软管连接到制冷系统检修阀上,高压侧软管与高压侧检修阀相连,低压侧软管与低压侧检修阀相连。

图 6-55 校核压力表

③ 连接时,要保证连接牢固,接头能顶开检修阀的气门芯。

④ 中间黄色检测软管按需要连接真空泵、制冷剂罐,或者密封、放空。

⑤ 用手松开歧管压力表上的高、低压侧注入软管的连接螺母,让系统内的制冷剂将高、低压侧注入软管内的空气排出,再将连接螺母拧紧。

⑥ 启动发动机并使发动机转速保持在 1000～1500 r/min,然后打开空调 A/C 开关和鼓风机开关,设置到空调最大制冷状态,鼓风机高速运转,温度调节到最低。

⑦ 关闭车门、车窗和发动机舱盖,发动机预热。

⑧ 把温度计插进中间出风口并观察空气温度,在外界温度为 27 ℃时,运行 5 min 后出风口温度应接近 7 ℃。

⑨ 观察高、低压侧压力,压缩机的吸气压力应为 20～24 kPa,排气压力应为 1103～1633 kPa。应注意,外界高温高湿将造成高温高压的条件。

4) 汽车空调抽真空流程

汽车空调抽真空时一般配合使用真空泵和汽车空调歧管压力表,下面是汽车空调抽真空的操作方法。

注意:抽真空前要把空调系统内的制冷剂回收。

（1）将歧管压力表的高、低压侧软管分别接在高、低压侧气门阀上,将中间软管与真空泵相连接。

（2）打开歧管压力表上的高、低压侧手动阀,启动真空泵,观察低压表(过程表)的指针,应该有真空显示。

（3）连续抽 5 min 后,低压应达到 0.03 MPa(真空度),高压略低于零,如果高压表指针不能低于零刻度,表明系统内有堵塞,应停止抽真空,修复后,再抽真空。

（4）真空泵工作 15 min 后,低压应为 0.001～0.02 MPa。如果达不到此数值,应关闭高、低压侧手动阀,观察低压表的读数,如果读数增大,说明真空有损失,系统有漏点,应停止抽真空,修复后才能继续抽真空。

（5）系统压力接近于真空时,关闭高、低压侧手动阀,保压 5～10 min。如果低压表指针不动,则打开高、低压侧手动阀,开启真空泵,继续抽真空,抽真空的时间不得少于 30 min。

真空泵停止后,高压侧和低压侧的阀门关闭 5 min,歧管压力表的读数应保持不变;关闭歧管压力表高压侧和低压侧的阀门,关停真空泵。

注意:如果关停真空泵时两侧(高压侧和低压侧)的通道都开着,则空气会进入空调系统。

提示:如果显示压力增大,则有空气进入空调系统,检查"O"形圈和空调系统的连接状况。

注意:如果抽真空不足,空调管道内的水分会冻结,这将阻碍制冷剂的流动并导致空调系统内表生锈。

（6）抽真空结束时,先关闭高、低压手动阀,再关闭真空阀系统,这样,就可以向系统中加注冷冻油或制冷剂。

5）汽车空调制冷剂加注

（1）高压侧充注法。

高压侧充注法,就是制冷剂从空调系统高压的一端加入系统中。具体步骤如下:

① 发动机处于熄灭状态,检查泄漏,抽完真空后,关闭歧管压力表上的高、低压侧手动阀,将歧管压力表与系统检修阀、制冷剂罐连接好,如图 6-56 所示。

② 将中间软管的一端与制冷剂注入阀的接头连接起来,打开制冷剂罐开关,再拧开歧管压力表软管一端的螺母,让气体溢出几分钟,把空气排出,然后拧紧螺母。

③ 拧开高压侧手动阀至全开位置,将制冷剂罐倒立,以便从高压管充注液态制冷剂。从高压管充注规定量的液态制冷剂后,关闭制冷剂罐注入阀及歧管压力表上的手动高压阀。

④ 启动发动机,打开空调 A/C 开关,将鼓风机开关和温度控制开关调至最大位置。

⑤ 若制冷剂不足,则补充制冷剂时,将制冷剂罐正置,打开低压阀,从低压管继续充注气态制冷剂。

观察高、低压表。当发动机转速为 1500～2000 r/min,气温为 30～35 ℃时,制冷系统正常压力为:低压侧 0.17～0.2 MPa,高压侧 0.88～1.10 MPa。

⑥ 关闭发动机,使用肥皂水检测是否有泄漏,或用荧光检漏仪检测是否有泄漏。

⑦ 装回所有保护帽和保护罩。

特别要注意:从高压侧向系统充注制冷剂时,发动机处于不启动状态(压缩机停转),更不可拧开歧管上的手动低压阀,以防止产生液压冲击。另外,如果低压表不从真空量程移动到压力量程,表示系统堵塞,则应按要求清除堵塞物后重新抽真空并继续充注制冷剂。

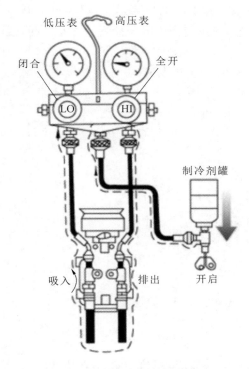

图 6-56　从高压侧加注制冷剂

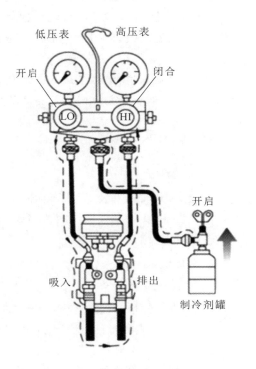

图 6-57　从低压侧加注制冷剂

(2)低压侧充注法。

低压侧充注法,就是制冷剂从空调系统低压的一端加入系统中。

① 检查泄漏、抽真空后,关闭高、低压侧手动阀。

② 将歧管压力表组与系统检修阀、制冷剂罐连接好,如图 6-57 所示。打开制冷剂罐注入阀,拧开空调歧管压力表中间软管一端的螺母,让气体溢出几秒,把空气顶出,然后拧开螺母。

③ 将制冷剂罐直立于磅秤上,并记录起始质量。打开制冷剂罐阀门,然后打开低压侧手动阀,向系统充注气态制冷剂,当系统压力达到 0.4 MPa 时,关闭手动低压阀。

④ 启动发动机并将其转速调整为 1250~1500 r/min,接通空调开关,把鼓风机开关和温度控制开关开至最大挡。

⑤ 打开手动低压阀,让气态制冷剂继续流入制冷回路,当制冷剂充至规定质量时,先关闭低压手动阀,再关闭制冷剂罐阀门。

通过储液干燥器的观察窗,确认没有气泡、无过量制冷剂。此时,高压表读数应为 0.88~1.10 MPa,低压表读数应为 0.17~0.2 MPa,此数值根据环境温度有所变化,如果注入制冷剂适量,制冷剂在流动中仅有少量气泡,当发动机转速提高到 1500 r/min 时气泡应完全消失,且制冷剂呈透明状;如果制冷剂注入过量,则制冷剂流动时完全看不到气泡;而注入量不足时,制冷剂流动时会出现明显的气泡。

⑥ 关闭制冷剂罐注入阀,关闭歧管压力表的手动低压阀。使发动机停止运转,关闭空调开关,迅速将高、低压侧软管从检修阀上拆下。卸下时动作要迅速,以免过多制冷剂排出,关闭发动机,使用肥皂水检测是否有泄漏,或用荧光检漏仪检测是否有泄漏,装回所有保护帽和保护罩。

注意:启动压缩机后,禁止从高压侧给空调系统充注制冷剂,否则会造成制冷剂罐的爆裂。给空调少量充注制冷剂会降低制冷效率。

6.3.2 任务实施

1. 前期准备

安全防护:实训着装、完成车辆防护。

实训设备:实训车或实训台架总成、压力表、空调维修机。

辅助资料:维修手册、教材。

2. 实施过程

1) 确认故障现象

(1) 打开空调开关,操作空调控制面板,空调出风口有风,但是无冷风。

(2) 用压力表测量高、低压侧管路的静态压力,均正常。

2) 分析故障原因

因高、低压侧管路的静态压力正常,出风口出风正常,可以判定鼓风机及风门控制装置正常,制冷剂无泄漏。可能是压缩机及其控制电路出现了问题。

3) 故障检修过程

第一步:使用解码器,读取故障码。

打开点火开关,用解码器进入空调/暖风电子装置,读取故障码为:B10AE14 高压传感器断路/对地短路。

第二步:结合故障码查找维修手册。

(1) 查找高压传感器电路的供电及搭铁线路。

迈腾轿车的鼓风机控制电路如图 6-58 所示,供电保险丝为 SC2,搭铁点为 685。

6-10 汽车空调故障的检修过程

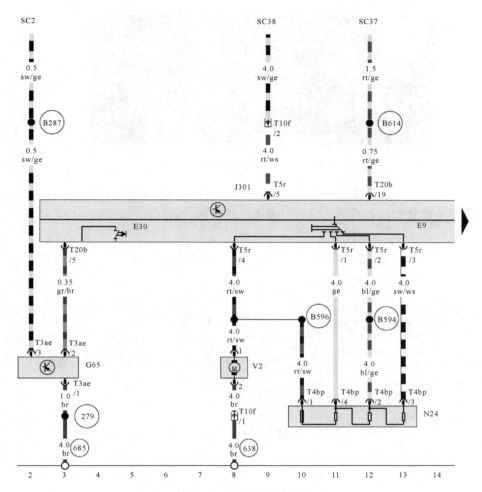

图 6-58 鼓风机控制电路

（2）根据维修手册找到 SC2 具体安装位置。

根据图 6-59，在实训车上找到保险丝 SC2。

第三步：检测高压传感器的供电及搭铁情况。

打开点火开关，用万用表电压挡检测 T3ae/2 与搭铁之间的电压，为 0 V；用万用表测量 SC2 两端与搭铁之间的电压，测量的结果为：一端电压为蓄电池电压，一端电压为 0 V，供电异常。用万用表的电阻挡测量端子 T3ae/1 与搭铁之间的电阻值，为 0.3 Ω，搭铁正常。

第四步：验证保险丝故障并更换或维修。

拔下保险丝，用万用表电阻挡测量其两端的电阻值，如图 6-60 所示，测量结果为无穷大，说明 SC2 已损坏，更换新的保险丝。

图 6-59 保险丝位置图

图 6-60　测量保险丝 SC2

第五步：试车。

试车，无故障现象出现。再次读取故障码，无故障码出现，故障排除。

4）总结反思

通过本任务，我们学习空调不制冷故障的诊断与检修，该故障是保险丝 SC2 损坏，空调离合器不工作，导致空调不制冷。

拓展练习

（1）如何利用空调维修机回收制冷剂、抽真空？

（2）如何加注冷冻机油？

模块 6 测评

参 考 文 献

[1] 李春明.汽车电气系统检测与维修[M].3版.北京:高等教育出版社,2019.
[2] 董宏国.汽车电路分析[M].3版.北京:北京理工大学出版社,2013.
[3] 陶荣伟.怎样识读汽车电路图[M].北京:中国电力出版社,2016.
[4] 上海通用汽车有限公司.汽车空调系统及检修[M].北京:高等教育出版社,2016.
[5] 刘春晖.汽车电气设备检修与技术详解[M].北京:机械工业出版社,2011.
[6] 杨智勇,惠怀策.图解汽车电器维修[M].北京:化学工业出版社,2016.
[7] 上汽通用汽车有限公司.汽车电子与电气系统及检修[M].北京:高等教育出版社,2016.
[8] 管海兵,张光磊.汽车电气故障诊断与修复[M].北京:人民交通出版社,2017.
[9] 李海斌,江军,黄鹏,等.汽车电路与电气系统的检测与维修[M].武汉:华中科技大学出版社,2017.
[10] 陈清.汽车电气设备检修[M].北京:北京理工大学出版社,2019.
[11] 周慧霖,邱霖,张斌.汽车车身电气设备检修[M].福州:福建科学技术出版社,2016.
[12] 胡光辉,仇雅莉.汽车电气[M].3版.北京:北京理工大学出版社,2021.
[13] 李卫,王俊红,刘奉坤.新能源汽车电池及管理系统检修[M].天津:天津科学技术出版社,2022.
[14] 张军.汽车舒适安全与信息系统检修[M].2版.北京:北京理工大学出版社,2015.
[15] 弋国鹏,赵宇,张颖,等.汽车检测与维修竞赛案例集[M].北京:机械工业出版社,2018.
[16] 孟范辉.汽车车身电气设备检修[M].北京:北京理工大学出版社,2016.

汽车电气系统检测与维修任务工单

姓　名　_____

学　号　_____

班　级　_____

学　院　_____

任务 1.1　汽车用导线、线束与插接器的认知

任务工单

姓名		班级		组序	
实训设备				日期	
任务目的	认识汽车用导线、线束与插接器				
实习地点					

一、前期准备及相关知识

1.前期准备

安全防护：实训着装、完成车辆防护。

实训设备：实训车或实训台架总成。

辅助资料：维修手册、教材。

2.相关知识

(1) 汽车电路的五个特点分别是：_____、单线制、_____、_____、_____。

(2) 用电设备不同，所选用的导线的颜色也不同。各国汽车厂商在电路图上多以字母(主要是英文字母)来表示导线外皮的颜色及其条纹的颜色。黑色用字母 B 表示,红色用字母_____表示,蓝色用字母_____表示,黄色用字母_____表示。

(3) 汽车电路的线束可分为发动机部分线束、_____部分线束、_____部分线束。

二、任务实施

1.汽车导线线束的认识

在实训车上找到不同用电设备的导线。

用电设备	导线颜色	线束插接器位置
近光灯		
远光灯		
喇叭		
刮水器		

2.插接器的拆装及识别

(1) 插接器的拆卸方法。

拆卸插接器时,首先要解除闭锁装置,然后把插接器拉开,不允许在未解除闭锁的情况下用力拉导线,这样会损坏闭锁装置或连接导线。

(2) 插接器的连接方法。

插接器接合时,应把插接器的导向槽重叠在一起,使插头和插孔对准,然后平行插入即可十分牢固地连接在一起。

(3) 插接器针脚的识别。

如下图所示,在每一个插接器上都有若干插头和插孔,不同的线路采用不同的针孔进行连接。在分析故障时,必须清楚知道各针脚所对应连接的电路,便于故障诊断。在插接器上,一般对各针

脚进行了标注,便于识别。写出以下字母代表的连接点。

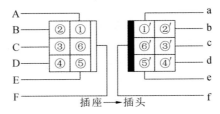

A：_____；B：_____；C：_____；D：_____；E：_____；F：_____

三、任务评价

序号	评价项目	评价指标	分值/分	自评(30%)	互评(30%)	师评(40%)	合计
1	职业素养 (30分)	制定计划能力强,严谨认真	5				
		责任意识、服从意识	5				
		团队合作、交流沟通、分享能力	5				
		遵守行业规范,现场12S管理	5				
		完成任务积极主动	5				
		采取多种手段收集信息,解决问题	5				
2	理论知识 (30分)	掌握汽车用导线的选型依据	15				
		掌握汽车常用插接器的结构	15				
3	实践能力 (30)分	能够独立拆装汽车用线束	15				
		能够依据维修手册快速地找到需要检修的线束、插接器及导线	15				
4	创新意识 (10分)	创新性思维和行动	10				
	合计		100				
	综合得分						

任务1.2 汽车电路保护装置的检测

任务工单

姓名		班级		组序	
实训设备				日期	
任务目的	汽车保护元件的认识及检修				
实习地点					

一、前期准备及相关知识

1. 前期准备

安全防护：实训着装、完成车辆防护。

工具设备：万用表、常用工具套装。

实训设备：实训车或实训台架总成。

辅助资料：维修手册、教材。

2. 相关知识

(1) 汽车上常见的熔断器有熔管式熔断器、_____、_____、_____、_____。

(2) 熔断器的检测方法有目测法、_____、_____。

(3) 熔断器的检修注意事项有哪些？

_____

_____

_____

二、任务实施

1. 在实训车上找到以下熔断器，并完成下表

熔断器编号	熔断器的名称	熔断器的位置	熔断器的规格	熔断器的颜色
SB3				
SB9				
SB14				

2. 喇叭电路的熔断器的检测方法及步骤

检测方法	检测步骤	检测结果
观察法		
电阻检测法		
电压检测法		

三、任务评价

序号	评价项目	评价指标	分值/分	自评(30%)	互评(30%)	师评(40%)	合计
1	职业素养（30分）	制定计划能力强，严谨认真	5				
		责任意识、服从意识	5				
		团队合作、交流沟通、分享能力	5				
		遵守行业规范，现场12S管理	5				
		完成任务积极主动	5				
		采取多种手段收集信息，解决问题	5				
2	理论知识（30分）	掌握熔断器的类型及特点	15				
		掌握汽车熔断器的选型方法	15				
3	实践能力（30分）	能够按照正确的操作规范检测熔断器	15				
		能够正确地更换熔断器	15				
4	创新意识（10分）	创新性思维和行动	10				
	合计		100				
	综合得分						

任务1.3 汽车开关、继电器及中央配电盒的认知

任务工单

姓名		班级		组序	
实训设备				日期	
任务目的	汽车继电器的认识及检修				
实习地点					

一、前期准备及相关知识

1. 前期准备

继电器检测使用的工具:万用表、常用维修工具。

2. 相关知识

(1) 常见四脚继电器由哪些元件组成?(　　)

A.线圈　　　B.电阻或二极管　　　C.触点　　　D.铁芯

(2) 汽车上一般有两个配电盒,分别位于_____和_____。

(3) 继电器的作用是什么?

_____

二、任务实施

1. 在实训车上找到不同继电器

继电器名称	继电器的位置	检测结果

2. 转向继电器的检测方法及步骤

检测方法	检测步骤	检测结果
电阻检测法		
性能检测法		
负载检测法		

三、任务评价

序号	评价项目	评价指标	分值/分	自评(30%)	互评(30%)	师评(40%)	合计
1	职业素养(30分)	制定计划能力强,严谨认真	5				
		责任意识、服从意识	5				
		团队合作、交流沟通、分享能力	5				
		遵守行业规范,现场12S管理	5				
		完成任务积极主动	5				
		采取多种手段收集信息,解决问题	5				
2	理论知识(30分)	掌握汽车各电器开关的操作方法	15				
		能准确地描述汽车继电器的工作原理	15				
3	实践能力(30分)	能够熟练地找到中央配电盒及其里面的熔断器、继电器	15				
		能够正确地检测汽车继电器	15				
4	创新意识(10分)	创新性思维和行动	10				
	合计		100				
	综合得分						

任务2.1 蓄电池的使用与维护

任务工单

姓名		班级		组序	
实训设备				日期	
任务目的	按照规范的操作规程维护和检测蓄电池				
实习地点					

一、前期准备及相关知识

1. 前期准备

蓄电池检测使用的工具：万用表、钳形万用表、充电设备和常用维修工具。

2. 相关知识

（1）电流选择表。

蓄电池容量/(A·h)	放电电流/A	放电时间/s	端电压/V
＞100	200～300	15	10.2
50	100～170	15	9.6
30	70～120	15	9.0

（2）电压选择表。

蓄电池开路电压/V	≥12.6	12.4	12.2	12.0	≤11.7
高率放电计检测蓄电池电压/V	10.6～11.6	9.6～10.6			≤9.6
高率放电计(100 A)检测单格电压/V	1.7～1.8	1.6～1.7	1.5～1.6	1.4～1.5	1.3～1.4

指针位置	蓄电池状态
蓝色区域	端电压高于9.6 V，状态良好
红色区域	端电压低于9.6 V，存电不足
不稳定或电流急剧减小至0	蓄电池故障

二、任务实施

1. 前期准备

所有用电设备关闭：是□　否□

驻车制动手柄拉紧：是□　否□

换挡杆置于P挡：是□　否□

2. 检查蓄电池外观

1) 蓄电池外观检查

（1）检查蓄电池外壳是否有裂纹：正常□　损伤□

（2）检查加液孔盖通气孔是否通畅：正常□　堵塞□

（3）检查正、负极柱是否腐蚀:正常□　腐蚀□

2) 蓄电池油污及破损情况检查

检查项目	检查结果		
	正常	不正常	处理结果
蓄电池壳体破损、漏液	□	□	
蓄电池表面是否清洁	□	□	

3. 检查蓄电池电解液

1) 蓄电池液面高度检查记录

检查项目	检查结果		
	正常	液面高	液面低
液面高度	□	□	□
处理措施			

2) 蓄电池观察镜显示颜色

检查项目	检查结果		
	绿色	黑色	浅黄色或白色
颜色	□	□	□
存电情况或液面高度			
处理措施			

4. 检查蓄电池技术状况

1) 检测蓄电池电压

名称	检测结果	
	标准值	测量值
蓄电池开路电压（静态）		
蓄电池启动电压（动态）		
漏电状况		
分析		

2) 检查蓄电池相关部件

检查项目	检查结果		
	正常	不正常	处理措施
电缆破损	□	□	
端头松动	□	□	

5.蓄电池充电
1）测量充电电压

挡位	1	2	3	4
电压 U				

2）测量充电电流

挡位	1	2	3	4
电流 I				

6.更换蓄电池
1）拆卸蓄电池
（1）拆卸蓄电池正、负极电缆接头时，必须先拆负极接线柱。是□ 否□
（2）取下蓄电池时，要防止跌落，严禁在地上拖拽、翻转。是□ 否□
2）安装蓄电池
（1）检查蓄电池底座有无裂纹和破损。应更换□ 继续使用□
（2）检查蓄电池支撑座有无腐蚀或变形。应清洁或修复□ 继续使用□
（3）检查蓄电池型号是否正确。更换与维修手册一致的蓄电池型号□ 可使用型号不一致的蓄电池□

7.项目检查
通过以上步骤的检查与维修，工作结束时，进行维修质量的验证，启动车辆，检查车辆运行是否正常。具体要熟悉 6S 管理的模式，做到整理、整顿、清扫、规范、安全和素养。

三、任务评价

序号	评价项目	评价指标	分值/分	自评（30%）	互评（30%）	师评（40%）	合计
1	职业素养（30分）	制定计划能力强，严谨认真	5				
		责任意识、服从意识	5				
		团队合作、交流沟通、分享能力	5				
		遵守行业规范，现场 12S 管理	5				
		完成任务积极主动	5				
		采取多种手段收集信息，解决问题	5				
2	理论知识（30分）	掌握蓄电池的作用、结构和工作原理	15				
		掌握蓄电池的选型方法	15				
3	实践能力（30分）	能够正确地使用和维护蓄电池	15				
		能够依据维修手册规范地检测和更换蓄电池	15				
4	创新意识（10分）	创新性思维和行动	10				
合计			100				
综合得分							

任务 2.2 交流发电机的检修

任务工单

姓名		班级		组序	
实训设备				日期	
任务目的	按照规范的操作检修发电机				
实习地点					

一、工具准备

实训车辆、万用表、游标卡尺和常用拆装工具套装。

二、任务实施

1. 前期准备

所有用电设备关闭：是□　否□

驻车制动手柄拉紧：是□　否□

换挡杆置于 P 挡：是□　否□

2. 不解体的检查

(1) 检查传动带松紧度。

正常□　　　　　过松□　　　　　过紧□

(2) 检查导线连接。

正常□　　　　　松动□　　　　　脱落□

(3) 检查有无噪声。

正常□　　　　　运转噪声□

(4) 测试发电机电压。

蓄电池静态电压值_____；空载充电电压值_____；接负载时的电压值_____。

正常□　　　　　故障□

(5) 测试 B 接线柱电流。

发电机在略高于额定负荷转速下工作,这时电流表读数_____；电压表读数_____。

接通汽车主要用电设备(如前照灯、远光灯、暖风机、空调、刮水器等),使电流表读数大于 30 A,此时电压表读数_____。

3. 交流发电机的不解体检测

(1) 目测交流发电机外壳是否有破损。

正常□　　　　　损伤□

(2) 用手转动发电机带轮,检查发电机轴承完好情况。

正常□　　　　　运转噪声□

(3) 用万用表检测发电机"B"端子与外壳之间的电阻,判断整流器的好坏。

正向测量值：_____；反向测量值：_____。

正常□　　　　不同极性二极管被击穿□　　　　同一极性二极管被击穿□

4.发电机解体后的检查
(1)转子的检查。
① 转子绕组短路与断路的检查:
正常□　　　　短路□　　　　断路□
测量值:_____。
② 转子绕组绝缘检查:
正常□　　　　不绝缘□
测量值:_____。
③ 滑环的检查:
正常□　　　　脏污□　　　　损坏□
(2)定子的检查。
① 定子绕组短路与断路的检查:

测量点	A-N	B-N	C-N
测量值			
正常			
短路			
断路			

② 定子绕组绝缘检查:
正常□　　　　不绝缘□
测量值:_____。
(3)整流器的检查。
① 检测正极管:
正常□　　　　损坏□
正向测量值:_____;　　反向测量值:_____。
② 检测负极管:
正常□　　　　损坏□
正向测量值:_____;　　反向测量值:_____。
(4)电刷组件的检查。
长度测量值:_____;　　长度标准值:_____;　　异常磨损情况:_____。
5.安装发电机
安装发电机到车上,连接发电机线束插头,安装发电机正极电缆螺母,安装发电机和空调压缩机皮带,安装蓄电池负极。
6.检查发电机外围
(1)发电机离合器带轮安装是否牢靠:
正常□　　　　松动□
(2)发电机配线是否连接牢靠:
正常□　　　　松动□
(3)发电机是否有异响:
正常□　　　　异响□

（4）充电警告灯电路：
亮起□　　　　未点亮□

7.项目检查

启动车辆,检查车辆运行是否正常,充电指示灯是否点亮：
正常□　　　　充电指示灯点亮□　　　充电指示灯熄灭□

三、任务评价

序号	评价项目	评价指标	分值/分	自评(30%)	互评(30%)	师评(40%)	合计
1	职业素养（30分）	制定计划能力强,严谨认真	5				
		责任意识、服从意识	5				
		团队合作、交流沟通、分享能力	5				
		遵守行业规范,现场12S管理	5				
		完成任务积极主动	5				
		采取多种手段收集信息,解决问题	5				
2	理论知识（30分）	掌握发电机的结构及拆装方法	15				
		掌握发电机的工作原理	15				
3	实践能力（30分）	能够按照正确的操作规程拆装发电机	15				
		能够按照正确的操作规程检修发电机	15				
4	创新意识（10分）	创新性思维和行动	10				
	合计		100				
	综合得分						

任务 3.1 起动机的检修

任务工单

姓名		班级		组序	
实训设备				日期	
任务目的	汽车起动机故障检修				
实习地点					

一、前期准备及相关知识

1. 前期准备

安全防护：实训着装、完成车辆防护。

工具设备：举升机、常用工具套装。

实训设备：实训车或实训台架总成。

辅助资料：维修手册、教材。

2. 相关知识

（1）起动机的结构。

（2）起动机的工作原理。

（3）起动机拆装和检测方法。

二、任务实施

1. 起动机的工作原理

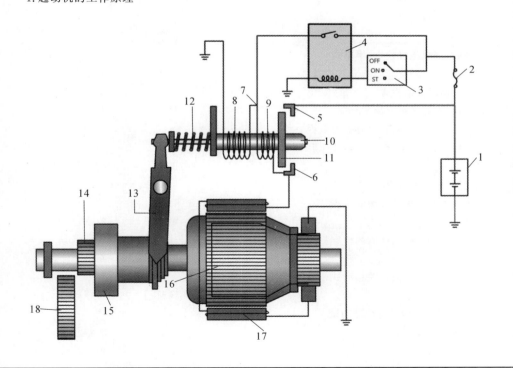

写出图示编号代表的名称：
_____
_____
_____
_____
_____
_____
_____

2. 起动机的检测
1) 直流电动机的检查
(1) 电枢的检查。
① 目测换向器表面是否出现异常磨损和脏污。　　　　　　有☐　　　　无☐
② 目测换向器片绝缘槽深度。
测量值：_____　　　　　　　　　　　　正常☐　　　　小于极限值☐
③ 电枢绕组断路的检查。
测量值：_____　　　　　　　　　　　　正常☐　　　　断路☐
④ 电枢绕组绝缘检查。
测量值：_____　　　　　　　　　　　　正常☐　　　　不绝缘☐
(2) 励磁绕组的检查。
① 励磁绕组断路检查。
测量值：_____　　　　　　　　　　　　正常☐　　　　断路☐
② 励磁绕组绝缘检查(串励式)。
测量值：_____　　　　　　　　　　　　正常☐　　　　不绝缘☐
(3) 电刷组件的检查。
① 目测电刷是否有异常磨损。　　　　　　　　　　　　有☐　　　　无☐
② 用手按压各弹簧,检查弹力是否一致。　　　　　　　一致☐　　　不一致☐
③ 电刷长度的检查。
测量值：_____　　　　　　　　　　　　正常☐　　　　小于极限值☐
2) 操纵机构的检查
(1) 电磁开关保持线圈的检查。
测量值：_____　　　　　　正常☐　　　短路☐　　　断路☐
(2) 电磁开关吸引线圈的检查。
测量值：_____　　　　　　正常☐　　　短路☐　　　断路☐
(3) 用手压下电磁开关移动铁芯,检查主接线柱是否导通。
　　　　　　　　　　　　　　　　　　　　　　　　　　导通☐　　　　不导通☐
3. 装配起动机后进行性能测试
起动机运转情况。　　　　　　　　　　　　　　　　　正常☐　　　　断路☐
4. 整理工位　　　　　　　　　　　　　　　　　　　　是☐　　　　　否☐

三、任务评价

序号	评价项目	评价指标	分值/分	自评（30%）	互评（30%）	师评（40%）	合计
1	职业素养（30分）	制定计划能力强，严谨认真	5				
		责任意识、服从意识	5				
		团队合作、交流沟通、分享能力	5				
		遵守行业规范，现场12S管理	5				
		完成任务积极主动	5				
		采取多种手段收集信息，解决问题	5				
2	理论知识（30分）	了解起动机的结构	15				
		掌握起动机的工作原理	15				
3	实践能力（30分）	能够按照正确的操作流程拆装起动机	15				
		能够按照正确的操作规程检测起动机	15				
4	创新意识（10分）	创新性思维和行动	10				
	合计		100				
	综合得分						

任务 3.2 起动系统电路检修

任务工单

姓名		班级		组序	
实训设备				日期	
任务目的	汽车起动系统故障检修				
实习地点					

一、前期准备及相关知识

  1.前期准备
  安全防护：实训着装、完成车辆防护。
  工具设备：举升机、常用工具套装。
  实训设备：实训车或实训台架总成。
  辅助资料：维修手册、教材。
  2.相关知识
  (1)起动系统工作原理。
  (2)起动系统电路分析方法。

二、任务实施

车况	项		操作内容与结果
起动继电器控制线断开	功能测试	启动功能测试	挡杆置于"P"挡,踩住刹车,按下"启动"键:□不能启动 □可以启动
		挡杆性能与挡位指示验证	踩住刹车,能否移动换挡杆:□能 □否
			仪表挡位显示,是否正常:□是 □否
			挡杆旁边挡位显示灯是否正常:□是 □否
	故障码验证	进入02B转向柱锁止装置	能否正常进入系统:□能 □不能
			有无启动相关故障码:□有 □无
			如有启动相关故障码,请写出故障码:_____。
		进入09电子中央电气系统	能否正常进入系统:□能 □不能
			有无启动相关故障码:□有 □无
			如有启动相关故障码,请写出故障码:_____。
	测量值验证	进入02B转向柱锁止装置,读取相关测量值	端子15,线路状态。注:此为开匙信息。
			打开点火开关时,显示为:_____。
			关闭点火开关时,显示为:_____。
			端子50,线路状态。注:此为启动控制信息。
			踩住刹车踏板,按下启动键时,显示为:_____。
			端子50R(读取信号)导线状态。注:此为起动继电器反馈信息。
			踩住刹车踏板,按下启动键时,显示为:_____。

	故障现象描述	
	项	操作内容与结果
起动继电器插座端子测量（从继电器盒拆下插座,不要拆下起动继电器,从继电器插座后面测量）		1号端子启动控制信号电压测量,红表笔接1号端子,黑表笔搭铁,踩住刹车踏板,按下启动键,电压为：_____。是否正常：□是　□否
		2号端子与搭铁端的电阻为：_____。
		3号端子12 V供电电压测量,打开点火开关,电压为：_____。
		5号端子50号线输出电压测量,红表笔接5号端子,黑表笔搭铁,踩住刹车踏板,按下启动键,电压为：_____。是否正常：□是　□否
		6号端子启动反馈信号电压测量,红表笔接6号端子,黑表笔搭铁,踩住刹车踏板,按下启动键,电压为：_____。是否正常：□是　□否
进入02B转向柱锁止装置,读取相关测量值		端子15,线路状态。注：此为开匙信息。打开点火开关时,显示为：_____。关闭点火开关时,显示为：_____。
		端子50,线路状态。注：此为启动控制信息。踩住刹车踏板,按下启动键时,显示为：_____。
		端子50R(读取信号),导线状态。注：此为起动继电器反馈信息。踩住刹车踏板,按下启动键时,显示为：_____。

三、任务评价

序号	评价项目	评价指标	分值/分	自评(30%)	互评(30%)	师评(40%)	合计
1	职业素养(30分)	制定计划能力强,严谨认真	5				
		责任意识、服从意识	5				
		团队合作、交流沟通、分享能力	5				
		遵守行业规范,现场12S管理	5				
		完成任务积极主动	5				
		采取多种手段收集信息,解决问题	5				
2	理论知识(30分)	掌握起动系统工作原理	15				
		掌握起动系统电路分析方法	15				
3	实践能力(30分)	能够熟练分析起动系统电路	15				
		能够结合起动系统电路排除起动系统电路故障	15				
4	创新意识(10分)	创新性思维和行动	10				
	合计		100				
	综合得分						

任务 4.1　汽车照明装置的检修

任务工单

姓名		班级		组序	
实训设备				日期	
任务目的	近光灯常见故障检测				
实习地点					

一、前期准备

　　安全防护:实训着装、完成车辆防护。
　　实训设备:实训车辆。
　　辅助资料:维修手册、教材。

二、任务实施

1.读取故障码并记录

使用工具:万用表、解码器。

故障码	故障码含义	故障原因

2.检查灯光开关信号输入是否正常

使用工具:万用表、解码器。

打开点火开关,将灯光开关旋转至示宽灯、近光灯挡位,用解码器读取相关数据流。

检测内容	检测项目	显示结果
09-49/1 灯光开关	接通→断开→断开	
09-49/2 示宽灯挡	断开→接通→断开	
09-49/3 近光灯挡	断开→断开→断开	

实测发现,当打开近光灯挡时,J519 未收到灯光开关(近光灯挡)信号,可能原因如下:

_____

_____

　　注意:也可以用万用表测量 J519 的信号输入是否正常,但这样测试需要对车辆进行必要的拆装,因此最好用解码器进行检测。

3.检查灯光开关是否正常

　　打开点火开关,操作灯光开关由关闭挡换为近光灯挡,用万用表测量灯光开关 T10j/1 搭铁电压。在正常情况下应为 0→+B,实测为_____,实测结果_____。灯光开关在其他挡位时信号输出正常,因此排除开关电源电路故障,判断故障在于开关自身。更换灯光开关后,应急保护模式消除,但左前近光灯依然不亮。右前近光灯工作异常,因此排除灯光开关及其信号输入电路故障,可能原因为:

4. 检查左前近光灯工作电压是否正常

打开点火开关,将灯光开关旋转至近光灯挡时,用万用表测量左前近光灯连接器 T14d/6 与 T14d/7 端子之间的电压。

在正常情况下应为 0→+B,实测为_____,实测结果_____,说明左前近光灯电源电路存在故障,可能原因为:
_____
_____
_____

5. 检查左前近光灯正极或负极工作电压

打开点火开关,将灯光开关旋转至近光灯挡时,用万用表测量左前近光灯连接器 T14d/6 端子(或 T14d/7 端子)的搭铁电压。

在正常情况下应为 0→+B。如果始终为_____,则说明左前近光灯正极电路存在故障;如果始终为_____,则说明左前近光灯负极电路存在故障;如果实测结果为从 0 变化到部分蓄电池电压,则说明正极电路虚接。实测结果为 0,故障原因可能为:_____
_____
_____
_____

6. 检查 J519 控制信号输出是否正常

打开点火开关,将灯光开关旋转至近光灯挡时,用万用表测量 J519 的 T52a/11 端子的搭铁电压。在正常情况下为_____,实测结果_____。

J519 输出电压为+B,而左前近光灯连接器 T14d/6 端子的搭铁电压为 0,说明 J519 到左前近光灯插头线束存在断路故障。维修线束后,故障排除,系统恢复正常。

三、任务评价

序号	评价项目	评价指标	分值/分	自评(30%)	互评(30%)	师评(40%)	合计
1	职业素养 (30 分)	制定计划能力强,严谨认真	5				
		责任意识、服从意识	5				
		团队合作、交流沟通、分享能力	5				
		遵守行业规范,现场 12S 管理	5				
		完成任务积极主动	5				
		采取多种手段收集信息,解决问题	5				

2	理论知识 （30分）	掌握汽车照明系统的组成及各种类型的灯的工作原理	15				
		掌握灯光系统的电路分析方法	15				
3	实践能力 （30分）	能够规范操作照明系统	15				
		能够规范操作排除照明系统故障	15				
4	创新意识 （10分）	创新性思维和行动	10				
		合计	100				
		综合得分					

任务 4.2 汽车灯光信号装置的检修

任务工单

姓名		班级		组序	
实训设备				日期	
任务目的	汽车灯光信号系统故障检修				
实习地点					

一、前期准备及相关知识

1. 前期准备

安全防护:实训着装、完成车辆防护。

工具设备:举升机、常用工具套装。

实训设备:实训车辆。

辅助资料:维修手册、教材。

2. 相关知识

(1) 迈腾轿车灯光信号系统的控制电路分析。

(2) 迈腾轿车灯光信号系统控制逻辑。

二、任务实施

1. 前期准备

车辆停放在停车位:是□ 否□

安装车轮挡块:是□ 否□

安装尾气收集器:是□ 否□

安装车内三件套:是□ 否□

拉紧驻车制动器:是□ 否□

2. 安全准备及基础检查

简单描述:

_____

_____

_____

【 】已确定　　【 】未确定　　【 】下一步

3. 读取故障码,并记录

使用工具:万用表、解码器。

故障码	故障码含义	故障原因

4. 检查右后转向灯的电源输入是否正常

打开点火开关,转向拨动转向灯开关,用示波器测量右后转向灯的 T4z/3 端子的对搭铁波形。在正常情况下,应可以测得 0 到蓄电池电压之间的方波脉冲信号。画出波形图:

实测结果说明,M8 接收到了工作电压信号,但自身还是不能正常工作,故怀疑转向灯自身故障。检查更换后发现右后转向灯可以正常工作,但操作危险报警闪光灯开关时,前、后转向灯不能点亮。由于所有转向灯在危险报警模式下均不能工作,而在转向模式下可以正常工作,说明故障在信号输入阶段,可能原因为:
_____
_____
_____

5. 测量 E229 信号输出是否正常

打开点火开关,按下危险报警闪光灯开关,用万用表测量 T6dh/6 的搭铁电压。在正常情况下,应从+B→0。实测结果为+B→+B,实测结果异常。由于可以检测到蓄电池电压,说明测试点到 J519 之间的电路未见异常,开关无法输出搭铁信号,可能原因为:
_____
_____
_____

6. 测量 E229 搭铁是否正常

打开行车灯时,危险报警闪光灯开关控制的照明灯可以正常点亮,说明_____没有问题,同时由于危险报警闪光灯开关及其控制的照明灯共用搭铁,可以暂时认为 E229 搭铁没有问题。在基于开关搭铁正常而信号输出异常的情况下,就可以判定开关损坏,需要更换。稳妥起见,可以用两种方法来确保诊断结果的稳定性:一种方法是测量搭铁电路是否正常;另一种方法是对开关进行单件测试。这里倾向于对开关进行单件测试。

7. E229 单件测试

关闭_____,拔下 E229 电气连接器,反复操作_____,用万用表测量 T6dh/6 和 T6dh/4 之间的_____,其应在 0 和无穷大之间来回切换,否则说明开关损坏。实测结果为 T6dh/6 和 T6dh/4 之间的电阻始终为无穷大,由此可以判定_____。更换危险报警闪光灯开关后,系统恢复正常。

【 】已确定　　【 】未确定　　【 】下一步

8. 维修故障(写出具体过程)
_____
_____

9. 试车,再次读取故障码,确认故障排除　　是□　否□
10. 恢复车辆,整理工位　　是□　否□

三、任务评价							
序号	评价项目	评价指标	分值/分	自评(30%)	互评(30%)	师评(40%)	合计
1	职业素养（30分）	制定计划能力强，严谨认真	5				
		责任意识、服从意识	5				
		团队合作、交流沟通、分享能力	5				
		遵守行业规范，现场12S管理	5				
		完成任务积极主动	5				
		采取多种手段收集信息，解决问题	5				
2	理论知识（30分）	掌握灯光信号系统控制电路分析方法	15				
		掌握灯光信号系统工作原理	15				
3	实践能力（30分）	能够独立诊断与排除灯光信号系统常见故障	15				
		能够正确地使用灯光信号装置	15				
4	创新意识（10分）	创新性思维和行动	10				
		合计	100				
		综合得分					

任务4.3 汽车声音信号装置的检修

任务工单

姓名		班级		组序	
实训设备				日期	
任务目的	汽车声音信号装置的故障检修				
实习地点					

一、前期准备及相关知识

    1.前期准备

    安全防护:实训着装、完成车辆防护。

    工具设备:举升机、常用工具套装。

    实训设备:实训车辆。

    辅助资料:维修手册、教材。

    2.相关知识

    (1) 汽车声音信号装置的结构及工作原理。

    (2) 汽车声音信号装置的控制电路分析。

二、任务实施

    1.前期准备

    车辆停放在停车位:是□ 否□

    安装车轮挡块:是□ 否□

    安装尾气收集器:是□ 否□

    安装车内三件套:是□ 否□

    拉紧驻车制动器:是□ 否□

    2.安全准备及基础检查

    简单描述:

_____

_____

_____

_____

【 】已确定   【 】未确定   【 】下一步

    3.打开点火开关,检测故障喇叭信号

    使用工具:万用表。

检测条件	检测项目	实际测量值
打开 系统电源	万用表直流电压挡,按下喇叭键,测试在喇叭插头1号端子与2号端子之间的电压	
分析测量结果,喇叭电信号是否正常:是□ 否□		

4.测量喇叭电阻

使用工具:万用表。

检测条件	检测项目	测量值
打开系统电源	万用表电阻挡,测量喇叭电阻	左侧喇叭电阻值:_____ 右侧喇叭电阻值:_____

分析测量结果,哪个喇叭损坏:左侧□　右侧□

5.更换故障喇叭

使用工具:套筒。

项目内容
使用10 mm套筒拆卸喇叭固定螺栓,更换新的喇叭
喇叭螺栓紧固扭力:20 N·m

6.验证喇叭声音

检测项目
拆下左侧喇叭插头,按动喇叭开关,发出的声音:较尖锐□　较低沉□
拆下右侧喇叭插头,按动喇叭开关,发出的声音:较尖锐□　较低沉□
左、右两个喇叭是高音喇叭还是低音喇叭? 左侧喇叭:高音□　低音□ 右侧喇叭:高音□　低音□

【　】已确定　　【　】未确定　　【　】下一步

7.维修故障(写出具体过程)

_____

_____

_____

8.试车,再次读取故障码,确认故障排除　　是□　否□

9.恢复车辆,整理工位　　是□　否□

三、任务评价

序号	评价项目	评价指标	分值/分	自评(30%)	互评(30%)	师评(40%)	合计
1	职业素养(30分)	制定计划能力强,严谨认真	5				
		责任意识、服从意识	5				
		团队合作、交流沟通、分享能力	5				
		遵守行业规范,现场12S管理	5				
		完成任务积极主动	5				
		采取多种手段收集信息,解决问题	5				

2	理论知识 （30分）	掌握喇叭的结构和工作原理	15			
		掌握喇叭电路的分析方法	15			
3	实践能力 （30分）	能够独立诊断与排除汽车喇叭常见故障	15			
		能够正确地使用喇叭警示装置	15			
4	创新意识 （10分）	创新性思维和行动	10			
合计			100			
综合得分						

任务 4.4　汽车组合仪表的故障检修

任务工单

姓名		班级		组序	
实训设备				日期	
任务目的	汽车组合仪表的故障检修				
实习地点					

一、前期准备及相关知识

1. 前期准备

安全防护：实训着装、完成车辆防护。

工具设备：举升机、常用工具套装。

实训设备：实训车或实训台架总成。

辅助资料：维修手册、教材。

2. 相关知识

(1) 常见的汽车仪表有转速表、_____、_____、_____、_____、_____等。

(2) 汽车上大多数仪表(如机油压力表、冷却液温度表、燃油表)均由指示表和_____两部分组成。

(3) 当油箱无油时，右线圈被短路。左线圈中的电流达到最大，产生的电磁吸力最大，吸引转子使指针指向"_____"位。

(4) 当油箱装满油时，右线圈的电磁吸力最大，指针指向"1"，当油箱中剩半箱油时，指针指向"_____"。

二、任务实施

1. 确认故障现象

打开点火开关，观察组合仪表上的机油压力表的油压，是否正常。正常□　不正常□

2. 分析故障原因

(1) _____

(2) _____

(3) _____

(4) _____

(5) _____

3. 操作流程

根据制定的计划实施，完成以下任务并记录。

(1) 机油压力表动作测试。

测试结果：_____

结论：_____

(2)诊断仪器检测。

故障码读取：_____

数据流检测：_____

结论：_____

(3)机油压力传感器的万用表检测。

电阻阻值：_____

信号电压：_____

结论：_____

(4)故障排除。

(5)机油压力表动作再次测试。

测试结果：_____

结论：_____

三、任务评价

序号	评价项目	评价指标	分值/分	自评(30％)	互评(30％)	师评(40％)	合计
1	职业素养(30分)	制定计划能力强，严谨认真	5				
		责任意识、服从意识	5				
		团队合作、交流沟通、分享能力	5				
		遵守行业规范，现场12S管理	5				
		完成任务积极主动	5				
		采取多种手段收集信息，解决问题	5				
2	理论知识(30分)	掌握组合仪表的结构	15				
		掌握仪表盘上的机油压力表、冷却液温度表、燃油表的工作原理	15				
3	实践能力(30分)	能够认识并看懂组合仪表	15				
		能够按照正确的操作规程排除故障	15				
4	创新意识(10分)	创新性思维和行动	10				
	合计		100				
	综合得分						

任务4.5 汽车报警灯的故障检修

任务工单

姓名		班级		组序	
实训设备				日期	
任务目的	报警灯的故障检修				
实习地点					

一、前期准备及相关知识

1.前期准备

安全防护:实训着装、完成车辆防护。

工具设备:举升机、常用工具套装。

实训设备:实训车或实训台架总成。

辅助资料:维修手册、教材。

2.相关知识

(1) 机油指示灯用来显示发动机内机油的压力状况。当打开钥匙门,车辆自检时,指示灯点亮,启动后_____。该指示灯常亮,说明_____。

(2) ABS指示灯用来显示ABS工作状况。当打开钥匙门,车辆自检时,ABS指示灯点亮数秒,启动后_____。如果未闪亮或者启动后仍不熄灭,表明_____。

(3) 写出下列图标的名称。

符号	名称	符号	名称	符号	名称

二、任务实施

1. 确认故障现象

打开点火开关,观察组合仪表上的油量指示灯,正常情况下,当点火开关打开,车辆进行自检时,该指示灯会短时间点亮,随后熄灭。是否正常。正常□　不正常□

2. 分析故障原因

(1) _____
(2) _____
(3) _____
(4) _____
(5) _____

3. 操作流程

根据制定的计划实施,完成以下任务并记录。

(1) 油量指示灯动作测试。

测试结果：_____

结论：_____

(2) 诊断仪器检测。

故障码读取：_____

数据流检测：_____

结论：_____

(3) 热敏电阻的万用表检测。

电阻值					
温度					

结论：_____

4. 故障排除

5. 油量指示灯动作再次测试

测试结果：_____

结论：_____

三、任务评价

序号	评价项目	评价指标	分值/分	自评(30%)	互评(30%)	师评(40%)	合计
1	职业素养(30分)	制定计划能力强,严谨认真	5				
		责任意识、服从意识	5				
		团队合作、交流沟通、分享能力	5				
		遵守行业规范,现场12S管理	5				
		完成任务积极主动	5				
		采取多种手段收集信息,解决问题	5				

2	理论知识（30分）	掌握各种报警灯的结构	15				
		掌握各种报警灯的工作原理	15				
3	实践能力（30分）	能够识别汽车上的各种报警灯	15				
		能够按照正确的操作规程排除报警灯常见故障	15				
4	创新意识（10分）	创新性思维和行动	10				
	合计		100				
	综合得分						

任务5.1 汽车电动刮水器及风窗洗涤器的检修

任务工单

姓名		班级		组序	
实训设备				日期	
任务目的	汽车电动刮水器及风窗洗涤器的拆装及检修				
实习地点					

一、前期准备及相关知识

   1.前期准备
   安全防护:实训着装、完成车辆防护。
   工具设备:举升机、常用工具套装。
   实训设备:实训车或实训台架总成。
   辅助资料:维修手册、教材。
   2.相关知识
   (1)电动刮水器和风窗洗涤器的检查、调整步骤及规范。
   (2)电动刮水器操纵机构的拆装步骤及注意事项。
   (3)风窗洗涤器的拆装步骤及注意事项。

二、任务实施

   1.电动刮水器和风窗洗涤器的检查和调整
   (1)前期准备。
   车辆停放在实训工位:是□ 否□
   安装车轮挡块:是□ 否□
   安装尾气收集器:是□ 否□
   安装车内三件套:是□ 否□
   拉紧驻车制动器:是□ 否□
   (2)启动发动机,操作电动刮水器及风窗洗涤器开关。

检查项目		检查结果		处理结果
		正常 (描述状态)	不正常 (描述状态)	
打开电动刮水器及风窗洗涤器	风窗玻璃喷洗器喷洗压力	□	□	
	刮水器是否协同工作	□	□	
	喷洗器喷射方向	□	□	
关闭电动刮水器及风窗洗涤器	刮水器刮拭情况	□	□	
	刮水器自动停止位置	□	□	

(3) 关闭发动机,检查刮水器传动装置及刮水片。

检查项目	检查结果				
	正常	损坏	老化	刮不干净	其他情况(请描述)
刮水片	☐	☐	☐	☐	
处理措施					

2. 电动刮水器的拆装

拆装并检查项目	完成情况	
	检查结果	情况描述
抬起刮水片	是☐ 否☐	
拆下刮水片	是☐ 否☐	
清洁刮水片	是☐ 否☐	
取下塑料盖	是☐ 否☐	
拆下刮水器臂螺母	是☐ 否☐	
取下左、右刮水器臂	是☐ 否☐	
取下密封胶条	是☐ 否☐	
取下塑料板	是☐ 否☐	
拔下刮水器插头	是☐ 否☐	
拆卸刮水电动机固定螺母	是☐ 否☐	
取下刮水电动机总成	是☐ 否☐	
对损坏部分进行修复或更换新件	是☐ 否☐	
按照与拆卸相反的顺序安装电动刮水器各部分	是☐ 否☐	

3. 风窗洗涤器的拆装

将车辆开至实训工位,然后将驻车制动装置置于工作状态:是☐ 否☐
在车辆后轮放上掩木块:是☐ 否☐
打开发动机前舱盖,查看洗涤器各部分的安装位置,准备好拆装工具:是☐ 否☐

拆装并检查项目	完成情况	
	检查结果	情况描述
举升车辆,拆卸轮胎	是☐ 否☐	
拆卸轮拱内衬上的卡扣和紧固螺丝,取下轮拱内衬	是☐ 否☐	
拆卸玻璃水储液壶的紧固螺母,取下玻璃水加注口管路及其下部连接的橡胶管	是☐ 否☐	

续表

拆装并检查项目	完成情况	
	检查结果	情况描述
取出玻璃水储液壶	是□ 否□	
修复或更换损坏件,再按照正确的顺序装复	是□ 否□	

4. 项目检查

通过以上步骤的拆装及检修,工作结束时,进行维修质量的验证,启动车辆,检查车辆电动刮水器和风窗洗涤器是否能正常工作。

三、评价与反馈

序号	评价项目	评价指标	分值/分	自评(30%)	互评(30%)	师评(40%)	合计
1	职业素养(30分)	制定计划能力强,严谨认真	5				
		责任意识、服从意识	5				
		团队合作、交流沟通、分享能力	5				
		遵守行业规范,现场12S管理	5				
		完成任务积极主动	5				
		采取多种手段收集信息,解决问题	5				
2	理论知识(30分)	能够分析汽车电动刮水器及风窗洗涤器控制电路	15				
		能准确地描述汽车电动刮水器及风窗洗涤器的工作原理	15				
3	实践能力(30分)	能够独立诊断与排除汽车电动刮水器及风窗洗涤器常见故障	15				
		能够正确地使用汽车电动刮水器及风窗洗涤器	15				
4	创新意识(10分)	创新性思维和行动	10				
	合计		100				
	综合得分						

任务 5.2 汽车电动车窗的检修

任务工单

姓名		班级		组序	
实训设备				日期	
任务目的	汽车电动车窗故障检修				
实习地点					

一、前期准备及相关知识

1. 前期准备

安全防护:实训着装、完成车辆防护。

工具设备:举升机、常用工具套装。

实训设备:实训车或实训台架总成。

辅助资料:维修手册、教材。

2. 相关知识

(1)迈腾轿车电动车窗的控制电路分析。

(2)迈腾轿车电动车窗控制逻辑分析。

二、任务实施

1. 前期准备

车辆停放在实训工位:是□ 否□

安装车轮挡块:是□ 否□

安装尾气收集器:是□ 否□

安装车内三件套:是□ 否□

拉紧驻车制动器:是□ 否□

2. 安全准备及基础检查

简单描述:

_____

_____

_____

【 】已确定 【 】未确定 【 】下一步

3. 确认故障现象

操作项目	运行状态	操作项目	运行状态
操作左前车窗控制开关		操作门锁开关	
操作右前车窗控制开关		操作后视镜调节开关	
操作左后车窗控制开关		观察车窗玻璃升降器开关小灯	
操作右后车窗控制开关		—	—

确认故障现象：
_____
_____

4.分析车窗控制逻辑以及迈腾轿车车窗控制电路结合故障现象得出结论
_____
_____

5.检测驾驶员侧车门电子装置
(1) 检测驾驶员侧车门电子装置故障码。
使用工具：解码器。

检测条件	检测项目	标准数据	实际测量值
打开系统电源	用解码器进入驾驶员侧车门电子装置，读取故障码	无故障码	

(2) 检测驾驶员侧车门电子装置数据流。
使用工具：解码器。

检测条件	检测项目	标准数据	实际测量值
打开系统电源	选择前车窗调节器按钮，按压或上拉	左侧前车窗有动作	
	选择后车窗调节器按钮，按压或上拉	左侧后车窗有动作	

根据以上检测，判断出的故障范围是：
_____
_____

6.检测左前车门控制单元供电线路
使用工具：万用表。 量程：DC 20 V 直流电压挡。

检测条件	检测项目	标准数据	实际测量值
打开系统电源	检测左前车门控制单元 J386 的端子 T20g/18 与蓄电池负极之间的电压	11～14 V	
	检测左前车门控制单元 J386 的端子 T20g/20 与蓄电池负极之间的电压	11～14 V	

7.检测左前车门控制供电保险丝 SC12
使用工具：万用表。 量程：通断挡位。

检测条件	检测项目	标准数据	实际测量值
打开系统电源	检测左前车门控制单元 J386 的供电保险丝 SC44 两端与搭铁之间的电压	均为 11～14 V	
关闭系统电源	拔下 SC44 保险丝，用万用表电阻挡测量 SC44 保险丝两个插脚之间的电阻值	接近于 0	

故障原因为：
_____
_____

【 】已确定　　【 】未确定　　【 】下一步
8.维修故障(写出具体过程)
_____
_____

9.试车,再次读取故障码,确认故障排除　　是□　否□
10.恢复车辆,整理工位　　是□　否□

三、任务评价

序号	评价项目	评价指标	分值/分	自评(30%)	互评(30%)	师评(40%)	合计
1	职业素养(30分)	制定计划能力强,严谨认真	5				
		责任意识、服从意识	5				
		团队合作、交流沟通、分享能力	5				
		遵守行业规范,现场12S管理	5				
		完成任务积极主动	5				
		采取多种手段收集信息,解决问题	5				
2	理论知识(30分)	能够分析汽车电动车窗控制电路	15				
		能准确地描述电动车窗的工作原理	15				
3	实践能力(30分)	能够独立诊断与排除电动车窗常见故障	15				
		能够正确地使用电动车窗装置	15				
4	创新意识(10分)	创新性思维和行动	10				
	合计		100				
	综合得分						

任务5.3 汽车电动后视镜的检修

任务工单

姓名		班级		组序	
实训设备				日期	
任务目的	汽车电动后视镜故障检修				
实习地点					

一、前期准备及相关知识

1. 前期准备

安全防护:实训着装、完成车辆防护。

工具设备:举升机、常用工具套装。

实训设备:实训车或实训台架总成。

辅助资料:维修手册、教材。

2. 相关知识

(1) 迈腾轿车电动后视镜控制逻辑分析。

(2) 迈腾轿车电动后视镜控制电路分析。

二、任务实施

1. 前期准备

车辆停放在实训工位:是□ 否□

安装车轮挡块:是□ 否□

安装尾气收集器:是□ 否□

安装车内三件套:是□ 否□

拉紧驻车制动器:是□ 否□

2. 安全准备及基础检查

简单描述:

_____

【 】已确定 【 】未确定 【 】下一步

3. 确认故障现象

操作项目	运行状态	操作项目	运行状态
操作选挡开关而后操作后视镜调节开关		操作门锁开关	
操作车窗玻璃升降器开关		观察车窗玻璃升降器开关小灯	

确认故障现象:

_____

4.分析汽车后视镜控制逻辑以及迈腾轿车后视镜控制电路结合故障现象得出结论

_____

_____

5.检测驾驶员侧车门电子装置

(1)检测驾驶员侧车门电子装置故障码。

使用工具:解码器。

检测条件	检测项目	标准数据	实际测量值
打开系统电源	用解码器进入驾驶员侧车门电子装置,读取故障码	无故障码	

(2)检测驾驶员侧车门电子装置数据流。

使用工具:解码器。

检测条件	检测项目	标准数据	实际测量值
打开系统电源	旋转后视镜选挡开关,选择 L 挡,而后再向上、向下、向左、向右调节后视镜开关	左前车窗有动作	
	旋转后视镜选挡开关,选择 R 挡,而后再向上、向下、向左、向右调节后视镜开关	左后车窗有动作	

根据以上检测,判断出的故障范围是:

_____

_____

_____

6.检测端子 T6aq/5 与搭铁之间的电压

使用工具:示波器。

检测条件	检测项目	标准数据	实际测量值
打开系统电源	用示波器测量 T6aq/5 与搭铁之间的电压信号	0~12 V 之间脉冲信号	

7.检测 E48 开关是否正常

使用工具:万用表。 量程:通断挡位。

检测条件	检测项目	标准数据	实际测量值
关闭系统电源	旋转选挡开关,用万用表电阻挡测量端子 T6aq/5 与端子 T6aq/3 之间的电阻值	接近于 0	

8.检查 T6aq 插接器

检测条件	检测项目	标准数据	实际检测状况
关闭系统电源	检查 T6aq 插接器	插接器正常连接	

故障原因：_____

【 】已确定　　【 】未确定　　【 】下一步

9.维修故障（写出具体过程）

_____

10.试车，再次读取故障码，确认故障排除　　是□　否□

11.恢复车辆，整理工位　　是□　否□

三、任务评价

序号	评价项目	评价指标	分值/分	自评（30％）	互评（30％）	师评（40％）	合计
1	职业素养（30分）	制定计划能力强，严谨认真	5				
		责任意识、服从意识	5				
		团队合作、交流沟通、分享能力	5				
		遵守行业规范，现场12S管理	5				
		完成任务积极主动	5				
		采取多种手段收集信息，解决问题	5				
2	理论知识（30分）	能够分析汽车电动后视镜控制电路	15				
		能准确地描述电动后视镜的工作原理	15				
3	实践能力（30分）	能够独立诊断与排除电动后视镜常见故障	15				
		能够正确地使用电动后视镜装置	15				
4	创新意识（10分）	创新性思维和行动	10				
		合计	100				
		综合得分					

任务5.4 汽车电动座椅的检修

任务工单

姓名		班级		组序	
实训设备				日期	
任务目的	汽车电动座椅故障检修				
实习地点					

一、前期准备及相关知识

1. 前期准备
安全防护:实训着装、完成车辆防护。
工具设备:举升机、常用工具套装。
实训设备:实训车或实训台架总成。
辅助资料:维修手册、教材。

2. 相关知识
（1）不带存储功能的迈腾轿车电动座椅控制逻辑分析。
（2）不带存储功能的迈腾轿车电动座椅控制电路分析。

二、任务实施

1. 前期准备
车辆停放在实训工位:是□ 否□
安装车轮挡块:是□ 否□
安装尾气收集器:是□ 否□
安装车内三件套:是□ 否□
拉紧驻车制动器:是□ 否□

2. 安全准备及基础检查
简单描述:
_____
_____

【 】已确定　　【 】未确定　　【 】下一步

3. 确认故障现象

操作项目	运行状态	操作项目	运行状态
操作驾驶员侧电动座椅前后调节开关		操作驾驶员侧电动座椅高低调节开关	
操作驾驶员侧电动座椅腰托调节开关		操作驾驶员侧电动座椅靠背角度调节开关	

确认故障现象:
_____
_____

4. 分析迈腾轿车电动座椅控制逻辑以及控制电路结合故障现象得出结论
_____
_____
_____

5. 检测 V138 电阻值
使用工具:万用表。

检测条件	检测项目	标准数据	实际测量值
关闭系统电源	用万用表测量端子 T4dd/1 和 T4dd/2 之间的电阻值	2.5~2.7 Ω	

6. 检测电动机两端到调节开关的导线导通情况
使用工具:万用表。 量程:电阻挡。

检测条件	检测项目	标准数据	实际测量值
关闭系统电源	拔下开关插接器,用万用表电阻挡测量端子 T4dd/2 与 T10al/4 之间的电阻值	接近于 0	
	拔下开关插接器,用万用表电阻挡测量端子 T4dd/1 与 T10al/7 之间的电阻值	接近于 0	

7. 检测电动座椅高低调节开关

检测条件	检测项目	标准数据	实际检测状况
打开系统电源	把座椅高低调节开关向上调节,测量 T10al/7 与搭铁之间的电压	12~14 V	
	把座椅高低调节开关向下调节,测量 T10al/4 与搭铁之间的电压	12~14 V	

故障原因:
_____
_____

【 】已确定 【 】未确定 【 】下一步

8. 维修故障(写出具体过程)
_____
_____

9. 试车,操作电动座椅调节开关,确认故障排除 是□ 否□
10. 恢复车辆,整理工位 是□ 否□

三、任务评价

序号	评价项目	评价指标	分值/分	自评（30%）	互评（30%）	师评（40%）	合计
1	职业素养（30分）	制定计划能力强，严谨认真	5				
		责任意识、服从意识	5				
		团队合作、交流沟通、分享能力	5				
		遵守行业规范，现场12S管理	5				
		完成任务积极主动	5				
		采取多种手段收集信息，解决问题	5				
2	理论知识（30分）	能够分析汽车电动座椅控制电路	15				
		能准确地描述电动座椅的工作原理	15				
3	实践能力（30分）	能够独立诊断与排除电动座椅常见故障	15				
		能够正确地使用电动座椅装置	15				
4	创新意识（10分）	创新性思维和行动	10				
		合计	100				
		综合得分					

任务5.5　汽车中控门锁的检修

任务工单

姓名		班级		组序	
实训设备				日期	
任务目的	汽车中控门锁故障检修				
实习地点					

一、前期准备及相关知识

　　1.前期准备
　　安全防护:实训着装、完成车辆防护。
　　工具设备:举升机、常用工具套装。
　　实训设备:实训车或实训台架总成。
　　辅助资料:维修手册、教材。
　　2.相关知识
　　(1)迈腾轿车中控门锁控制逻辑分析。
　　(2)迈腾轿车中控门锁控制电路分析。

二、任务实施

　　1.前期准备
　　车辆停放在实训工位:是□　否□
　　安装车轮挡块:是□　否□
　　安装尾气收集器:是□　否□
　　安装车内三件套:是□　否□
　　拉紧驻车制动器:是□　否□
　　2.安全准备及基础检查
　　简单描述:
　　_____
　　_____

【　】已确定　　【　】未确定　　【　】下一步
　　3.确认故障现象

操作项目	运行状态
打开点火开关,操作中控门锁开关	
操作遥控钥匙上的开锁键和闭锁键	
观察中控门锁开关按键的背景照明灯	

　　确认故障现象:
　　_____
　　_____

4.分析汽车中控门锁控制逻辑以及迈腾轿车中控门锁控制电路结合故障现象得出结论
_____
_____

5.检测驾驶员侧车门电子装置
(1)检测驾驶员侧车门电子装置故障码。
使用工具:解码器。

检测条件	检测项目	标准数据	实际测量值
打开系统电源	用解码器进入驾驶员侧车门电子装置,读取故障码	无故障码	

(2)检测驾驶员侧车门电子装置数据流。
使用工具:解码器。

检测条件	检测项目	标准数据	实际测量值
打开系统电源	按压中控门锁的开锁键和闭锁键,读取中控门锁按钮状态数据	显示开锁或闭锁	
	按压中控门锁的开锁键和闭锁键,读取车门锁中的按键开关	按下	

根据以上检测,判断出的故障范围是:
_____

6.检测驾驶员侧车内的按钮 E308
使用工具:万用表、示波器。

检测条件	检测项目	标准数据	实际测量值
关闭系统电源	用万用表电阻挡测量端子 T4ao/1 与搭铁之间的电阻值	接近于 0	
打开系统电源	用示波器测量端子 T4ao/4 与搭铁之间的波形	0~5 V 的脉冲波形	

故障原因:
_____

【 】已确定   【 】未确定   【 】下一步
7.维修故障(写出具体过程)
_____

8.试车,再次读取故障码和数据流,确认故障排除   是□ 否□
9.恢复车辆,整理工位   是□ 否□

三、任务评价

序号	评价项目	评价指标	分值/分	自评(30%)	互评(30%)	师评(40%)	合计
1	职业素养(30分)	制定计划能力强,严谨认真	5				
		责任意识、服从意识	5				
		团队合作、交流沟通、分享能力	5				
		遵守行业规范,现场12S管理	5				
		完成任务积极主动	5				
		采取多种手段收集信息,解决问题	5				
2	理论知识(30分)	掌握汽车中控门锁控制电路分析方法	15				
		能准确地描述中控门锁的工作原理	15				
3	实践能力(30分)	能够独立诊断与排除中控门锁常见故障	15				
		能够正确地使用中控门锁装置	15				
4	创新意识(10分)	创新性思维和行动	10				
	合计		100				
	综合得分						

任务 6.1 汽车空调系统的组成与工作原理认知

任务工单

姓名		班级		组序	
实训设备				日期	
任务目的	汽车空调系统的组成与工作原理认知				
实习地点					

一、前期准备及相关知识

  1.前期准备

  安全防护:实训着装、完成车辆防护。

  工具设备:举升机、常用工具套装。

  实训设备:实训车或实训台架总成。

  辅助资料:维修手册、教材。

  2.相关知识

  (1)汽车空调系统的组成。

  (2)汽车空调制冷系统的结构及工作原理。

  (3)汽车空调暖风系统的结构及工作原理。

二、任务实施

  1.前期准备

  车辆停放在实训工位:是□　否□

  安装车轮挡块:是□　否□

  安装尾气收集器:是□　否□

  安装车内三件套:是□　否□

  拉紧驻车制动器:是□　否□

  2.在实训车上观察空调各部分的组成并简述其作用

汽车空调的组成	作用

  3.在实训车上观察空调制冷系统结构,填写下表,并简述空调制冷系统的工作原理

汽车空调制冷系统的结构	各部分的作用

续表

汽车空调制冷系统的结构	各部分的作用

描述空调制冷系统的工作原理：
_____
_____
_____

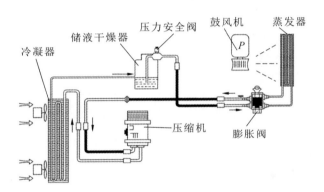

4.在实训车上观察空调暖风系统结构,填写下表,并简述空调暖风系统的工作原理

汽车空调暖风系统的组成	各部分的作用

描述空调暖风系统的工作原理：
_____
_____
_____
_____

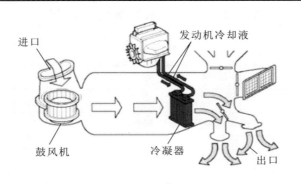

三、任务评价

序号	评价项目	评价指标	分值/分	自评（30%）	互评（30%）	师评（40%）	合计
1	职业素养（30分）	制定计划能力强，严谨认真	5				
		责任意识、服从意识	5				
		团队合作、交流沟通、分享能力	5				
		遵守行业规范，现场12S管理	5				
		完成任务积极主动	5				
		采取多种手段收集信息，解决问题	5				
2	理论知识（30分）	掌握汽车空调系统的结构	15				
		掌握汽车空调系统的工作原理	15				
3	实践能力（30分）	能够在实训车上找到汽车空调系统的各组成元件	15				
		能够描述汽车空调系统的运行原理	15				
4	创新意识（10分）	创新性思维和行动	10				
	合计		100				
	综合得分						

任务6.2 汽车空调系统的使用与维护

任务工单

姓名		班级		组序	
实训设备				日期	
任务目的	学会汽车空调系统的规范使用以及定期维护				
实习地点					

一、前期准备及相关知识

    1.前期准备
    安全防护:实训着装、完成车辆防护。
    工具设备:举升机、常用工具套装。
    实训设备:实训车或实训台架总成、吹尘枪。
    辅助资料:维修手册、教材。
    2.相关知识
    (1)手动/自动空调规范使用方法及注意事项。
    (2)汽车空调维护方法及注意事项。

二、任务实施

    1.前期准备
    车辆停放在实训工位:是□　否□
    安装车轮挡块:是□　否□
    安装尾气收集器:是□　否□
    安装车内三件套:是□　否□
    拉紧驻车制动器:是□　否□
    2.规范操作手动空调

操作项目	操作步骤
开启空调	
调节空调出风量	
调节空调温度	
调节空调风向	
调节空调内、外循环	
风窗及侧窗玻璃除霜	
风窗及侧窗玻璃除雾	
车内快速取暖	
车内舒适取暖	
通风	

续表

操作项目	操作步骤
最大制冷	
一般制冷	

3.规范使用自动空调

操作项目	操作步骤
设置温度	
调节出风口	
调节出风量	
切换空气模式	

4.空调系统的维护

项目	具体操作	情况描述	处理方法
问	车辆是否异常		
听	压缩机工作声响		
	试棒探听压缩机内部声音		
	离合器工作声音		
	空调停机以后的声音		
看	冷凝器表面状态		
	空调蒸发器的进风口处的空气过滤网状态		
	空调制冷系统管路的连接处是否有油渍		
	压缩机油封,前、后盖板的密封轴处是否有油渍		
摸	空调系统管路及各部件的温度		
检查及处理	检查压缩机皮带张力		
	检查电磁离合器		
	检查高、低压保护开关		
	检查冷冻机油油面		
	检查膨胀阀		
	检查暖风系统		
	检查鼓风机及调速器		
	检查装配螺栓、螺母		
	检查观察孔视液窗		

5.写出空调维护过程中的注意事项

三、任务评价

序号	评价项目	评价指标	分值/分	自评(30%)	互评(30%)	师评(40%)	合计
1	职业素养（30分）	制定计划能力强,严谨认真	5				
		责任意识、服从意识	5				
		团队合作、交流沟通、分享能力	5				
		遵守行业规范,现场12S管理	5				
		完成任务积极主动	5				
		采取多种手段收集信息,解决问题	5				
2	理论知识（30分）	能够分析汽车空调系统控制电路	15				
		能准确地描述汽车空调系统的工作原理	15				
3	实践能力（30分）	能够独立诊断与排除汽车空调系统常见故障	15				
		能够正确地使用汽车空调系统装置	15				
4	创新意识（10分）	创新性思维和行动	10				
	合计		100				
	综合得分						

任务6.3 汽车空调系统常见故障检修

任务工单

姓名		班级		组序	
实训设备				日期	
任务目的	汽车空调不制冷故障检修				
实习地点					

一、前期准备及相关知识

1. 前期准备

安全防护:实训着装、完成车辆防护。

实训设备:实训车或实训台架总成、压力表、空调维修机。

辅助资料:维修手册、教材。

2. 相关知识

(1) 掌握迈腾轿车空调电路分析。

(2) 掌握汽车空调压力测量、抽真空、加注制冷剂等方法。

二、任务实施

1. 前期准备

车辆停放在实训工位:是□ 否□

安装车轮挡块:是□ 否□

安装尾气收集器:是□ 否□

安装车内三件套:是□ 否□

拉紧驻车制动器:是□ 否□

2. 安全准备及基础检查

简单描述:
_____
_____

【 】已确定   【 】未确定   【 】下一步

3. 确认故障现象

操作项目	运行状态	操作项目	测量结果
启动发动机,打开空调A/C开关,调节温度到最大制冷,打开鼓风机到最大挡		用空调歧管压力表测量高、低压侧管路静态压力	

确认故障现象:
_____
_____
_____

4.结合故障现象分析空调不制冷故障的原因并得出结论

5.具体检修过程

(1)检测空调系统故障码。

使用工具:解码器。

检测条件	检测项目	标准数据	实际测量值
打开系统电源	用解码器进入空调/暖风电子装置,读取故障码	无故障码	

(2)结合故障码查找维修手册。

操作步骤	具体任务	完成情况
查阅维修手册	分析高压传感器的供电电路和搭铁电路	是□ 否□
在实训车上查找与故障相关的元件	根据维修手册保险丝和搭铁的位置图在实训车上找到它们	是□ 否□

(3)检测高压传感器供电及搭铁情况。

使用工具:万用表。

检测条件	检测项目	标准数据	实际测量值
打开系统电源	用万用表电压挡检测 T3ae/2 与搭铁之间的电压;检测保险丝 SC2 的供电情况	12～14 V 12～14 V	
关闭系统电源	用万用表的电阻挡测量端子 T3ae/1 与搭铁之间的电阻值	接近于 0	

(4)验证保险丝故障并更换或维修。

使用工具:万用表。

检测条件	检测项目	标准数据	实际测量值
关闭系统电源	拔下保险丝 SC2,用万用表电阻挡测量两个插脚之间的电阻值	接近于 0	

故障原因:

【 】已确定　　【 】未确定　　【 】下一步

6.维修故障(写出具体过程)

7.试车,再次读取故障码,确认故障排除　　是□ 否□

8.恢复车辆,整理工位　　是□ 否□

三、任务评价

序号	评价项目	评价指标	分值/分	自评(30%)	互评(30%)	师评(40%)	合计
1	职业素养（30分）	制定计划能力强,严谨认真	5				
		责任意识、服从意识	5				
		团队合作、交流沟通、分享能力	5				
		遵守行业规范,现场12S管理	5				
		完成任务积极主动	5				
		采取多种手段收集信息,解决问题	5				
2	理论知识（30分）	能够分析汽车空调系统控制电路	15				
		能准确地描述汽车空调系统的工作原理	15				
3	实践能力（30分）	能够独立诊断与排除汽车空调系统常见故障	15				
		能够正确地使用汽车空调系统的功能	15				
4	创新意识（10分）	创新性思维和行动	10				
		合计	100				
		综合得分					